Ce que disent les fluides

La science des écoulements en images

Étienne Guyon • Jean-Pierre Hulin • Luc Petit

BELIN • POUR LA SCIENCE

8, rue Férou - 75278 Paris cedex 06
www.editions-belin.com – www.pourlascience.com

Sommaire

ISSN 0224-5159 ISBN 2-7011-**3557**-5

PARTIE 5

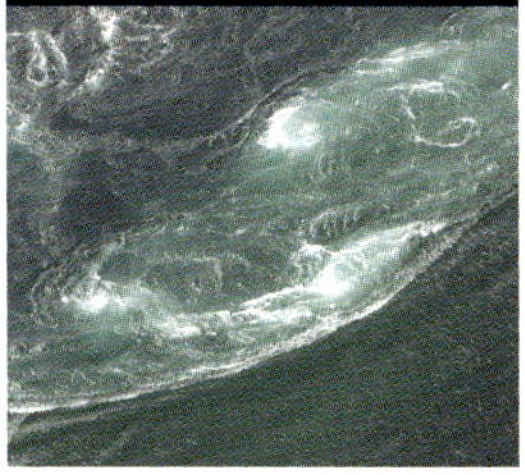

Turbulence

PARTIE 6

Ondes

PARTIE 7

Instabilités

PARTIE 8

Écoulements granulaires

Préface

Nous sommes sortis à grand peine de la mer, en rampant (la limule) ou en sautant (la grenouille). Mais nous avons gardé le culte de l'eau, si bien analysé jadis par Bachelard. Et aussi celui de la boue, du miel : tous ces *fluides* informes qui, une fois mis en situation, engendrent des structures étonnantes. Des formes que nous avons notées depuis l'enfance, le plus souvent sans les comprendre : pourquoi la buée se condense en gouttes sur la toile de l'araignée ? Pourquoi la plage, découverte à marée descendante, est-elle ridée ? Pourquoi les nuages se groupent si souvent en rouleau ? Comment naissent les larmes au bord d'un verre de vin ? On trouve dans le présent album une superbe illustration de tels exemples. Et, à côté, une explication lisible sans effort – sans les équations (souvent lourdes) dont les professionnels ont besoin.

Ce livre d'images rendra service : d'abord en éveillant la curiosité, en montrant aux jeunes que notre monde quotidien reste plein de mystères ; que pour défendre la nature il faut d'abord la comprendre. Et en leur faisant sentir que la science n'est pas forcément construite sur des calculs compliqués, mais plutôt sur des idées simples.

Certains observateurs admirables mériteraient qu'on en parle plus abondamment : par exemple le physicien suédois Ekman, suivant la dérive des glaces sur la Baltique au moment du dégel, et notant qu'elles ne vont *pas exactement dans le sens du vent* – un effet assez faible, difficile à voir (qu'il expliquera peu après comme une conséquence de la rotation de la Terre).

Mais l'essentiel est dans cet album, où É. Guyon, J.-P. Hulin et L. Petit ont combiné images et explications dans un langage accessible à tous. J'espère que leur livre poussera les esprits curieux à quitter (pour quelques instants) leur écran de télévision ou d'ordinateur ; les conduira à la fois à voir et à *réfléchir*.

Pierre-Gilles de Gennes
Prix Nobel de physique

Avant-propos

L'image occupe une place essentielle à l'intérieur des sciences. Elle accompagne et prolonge l'observation qui, elle-même, est à la source de l'inspiration. Dès la fin du XIXe siècle, Talbot, Marey et Demeny adoptèrent la photographie, fixe ou animée, comme outil d'investigation et d'analyse scientifiques. Si son utilisation connut par la suite une période de déclin, de nouvelles méthodes d'acquisition, de traitement et de diffusion lui ont donné une seconde jeunesse et en ont fait un outil fondamental de découvertes scientifiques.

La mécanique des fluides est un des champs disciplinaires où le recours à l'image a été le plus constant. Léonard de Vinci se servait déjà du dessin pour décrire un phénomène comme la turbulence, dont la complexité n'a permis des descriptions théoriques que bien plus tard. Les mécaniciens des fluides ont longtemps employé l'image de façon annexe, pour compléter des mesures de champs de vitesse ou de pression dans les écoulements. Mais les dernières décennies ont connu une explosion et l'image est utilisée aujourd'hui de façon quantitative comme support premier d'un projet de recherche.

Sur le plan de la diffusion de la connaissance, ce regain de l'image a été marqué dans les années 1980 par la publication d'un *Album of fluid motion* ainsi que par la réalisation d'une série de films (du *National Committee for Fluid Mechanics Films*) sur les thèmes principaux de la mécanique des fluides. Ces documents ont été très utiles dans les formations universitaires pour l'initiation de nombreux scientifiques – dont les auteurs de ce livre. Plus récemment, un Cd-Rom suivant une approche similaire, tout en y ajoutant une dimension d'interactivité, a vu le jour. Enfin, chaque année, une *Gallery of fluid motion* recueille des photographies proposées par les participants au congrès de dynamique des fluides de l'*American Physical Society*. Les meilleurs documents sont publiés par la revue *Physics of Fluids* : plusieurs de ces photos sont reproduites dans ce livre.

Le titre du présent ouvrage a été inspiré par un livre de la même collection, *Ce que disent les pierres* écrit par le géologue Maurice Mattauer. Comme lui, nous présentons chaque sujet dans une double page autour d'une photographie « vedette ». Ces documents nous ont été fournis par des collègues ou des amateurs du monde entier auxquels cet ouvrage doit beaucoup. Certaines ont été réalisées spécialement pour le livre au prix d'un travail de préparation et de mise en forme considérable ; d'autres sont des classiques et, plus anciennes, n'ont pas une qualité technique comparable. Mais chacune nous « parle » d'une facette spécifique des écoulements !

La première partie de chaque double page raconte et présente l'analyse simple d'une observation, correspondant à la photo « vedette ». La seconde partie – « Le phénomène en détail » – donne des explications plus avancées, illustrées par des schémas et d'autres images.

Le livre traite d'abord des phénomènes liés à la *viscosité*, cette grandeur qui contrôle les écoulements lents des fluides simples, avant d'évoquer les fluides complexes dont l'étude a requis la création d'une nouvelle science : la rhéologie. Lorsque les écoulements deviennent plus rapides, nous verrons que *l'inertie* prend le relais et joue un rôle-clé. Des mousses aux jets d'eau, les forces de *capillarité* interviennent quand les liquides ont une surface libre ou une interface avec un autre fluide : elles peuvent influencer la géométrie des écoulements liquides, voire les initier. Des mouvements de rotation locale du fluide, ou *tourbillons,* accompagnent souvent les effets de l'inertie. Ces structures tourbillonnaires peuvent prendre des formes géométriques bien définies autour de lignes ouvertes ou fermées comme des cyclones ou, de façon plus paisible, des anneaux de tourbillons. Au contraire, elles peuvent être enchevêtrées dans tout le volume du fluide et évoluer de manière imprévisible au cours du temps : c'est la situation de la *turbulence*. La transition vers cette dernière s'opère fréquemment par le développement d'*instabilités*, souvent, au départ, périodiques dans l'espace et dans le temps. Basées sur les mouvements des fluides mais animées d'une dynamique propre, les *ondes* à la surface d'un liquide présentent des fortes analogies avec les ondes acoustiques ou lumineuses. Mais elles donnent aussi lieu à de nombreux phénomènes originaux, liés aux variations de leur vitesse de propagation et aux non-linéarités qui se font jour dès que leur amplitude augmente. Ce livre se termine par des écoulements riches en observations paradoxales en apparence : ce sont ceux des *milieux granulaires* dont les propriétés étranges sont liées à leur nature même, à la frontière entre liquides et solides.

Nous n'avons pas cherché à écrire un livre de cours, qui aurait complété *Hydrodynamique physique* (CNRS éditions-EDP sciences, 2001), ouvrage des trois mêmes auteurs, même si on y retrouve un style commun dans les discussions et les analyses simplifiées que nous proposons ici. Notre projet a été simplement de faire partager au lecteur, par l'image, notre fascination et notre passion pour la diversité et la beauté des écoulements de la matière présents tout autour de nous.

Étienne Guyon, Jean-Pierre Hulin et Luc Petit

Remerciements

Ce livre doit beaucoup à nos nombreux collègues et amis. Les discussions que nous avons eues avec eux, les éclairages, les corrections et les documents qu'ils nous ont fournis ont été vitaux pour l'écriture de ce livre-album.

Tout d'abord, nous sommes redevables à nos collègues de l'ESPCI (Paris), du FAST (Orsay) et du LPMC (Nice) qui nous ont accompagnés et aidés tout au long de cette aventure et, en particulier, à Catherine Allain, Marc Fermigier, Philippe Gondret, Hans Herrmann, Patrice Jenffer, Michel Martin, Frédéric Moisy, Marc Rabaud, Germain Rousseaux et José Eduardo Wesfreid.

La préparation d'un ou plusieurs sujets a bénéficié des conseils d'un grand nombre de collègues du monde entier et, souvent, de leurs relectures ainsi que de documents réalisés tout spécialement pour ce livre. Citons en particulier, parmi beaucoup d'autres : Jean-Luc Aider, Thomas Bohr, Stéphane Bourlès, John Bush, Anne-Marie Cazabat, Christophe Clanet, Philippe Coussot, Philippe Dantan, Marie Farge, John Hinch, Hamid Kellay, Franck Laloë, Dominique Langevin, Bernard Legras, Gérard Liger Belair, L. Mahadevan, Hernan Mahkse, Jean-Paul Parisot, Hassan Peerhossaini, David Quéré, Neil Ribe, Geoff Searby, Joël Sommeria, Sandra Troian, Denis Weaire, Hezi Yisdah.

Nombreux sont nos autres amis qui se reconnaîtront dans telle ou telle partie de ce travail qui, de fait, rend compte de l'effort de recherche d'un large communauté de physiciens des fluides. Qu'ils en soient collectivement remerciés.

L'élaboration de ce livre a été conduite avec l'aide des Éditions Belin. En plus d'un travail technique complexe de mise en forme de l'ouvrage composé d'une soixantaine de sujets très illustrés, nous avons bénéficié de leurs nombreux conseils éditoriaux et documentaires tout au cours d'une longue excursion scientifique.

Enfin, nous sommes reconnaissants à notre ami Pierre-Gilles de Gennes qui a accepté de préfacer cet ouvrage. C'est autour de lui, il y a trente ans, que s'est structurée en France une activité d'hydrodynamique physique (ou physico-chimique) dont ce livre souhaite témoigner.

PARTIE 1

Viscosité

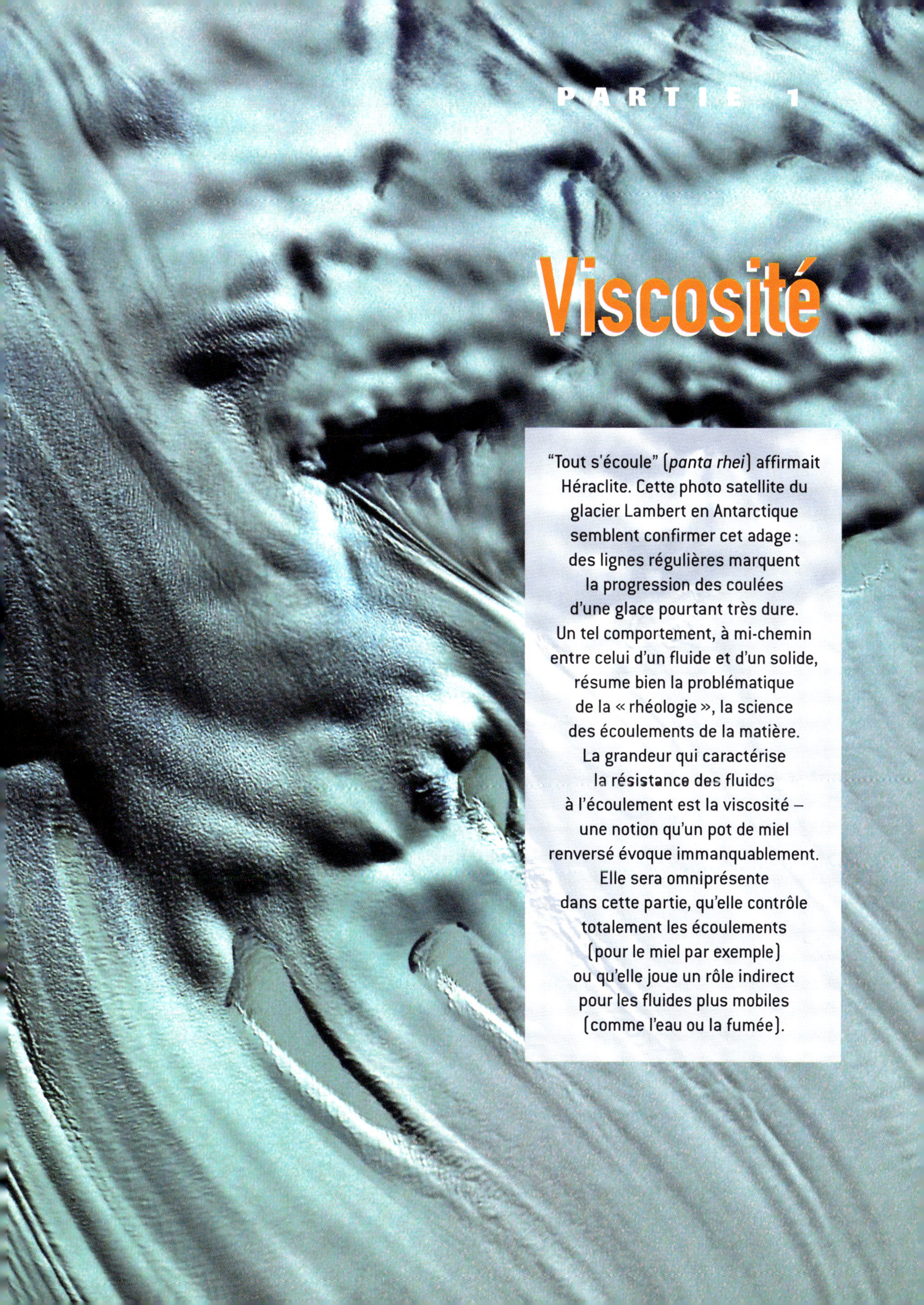

"Tout s'écoule" (*panta rhei*) affirmait Héraclite. Cette photo satellite du glacier Lambert en Antarctique semblent confirmer cet adage : des lignes régulières marquent la progression des coulées d'une glace pourtant très dure. Un tel comportement, à mi-chemin entre celui d'un fluide et d'un solide, résume bien la problématique de la « rhéologie », la science des écoulements de la matière. La grandeur qui caractérise la résistance des fluides à l'écoulement est la viscosité – une notion qu'un pot de miel renversé évoque immanquablement. Elle sera omniprésente dans cette partie, qu'elle contrôle totalement les écoulements (pour le miel par exemple) ou qu'elle joue un rôle indirect pour les fluides plus mobiles (comme l'eau ou la fumée).

Sur les traces d'Osborne Reynolds

D'un écoulement laminaire vers la turbulence : le nombre de Reynolds

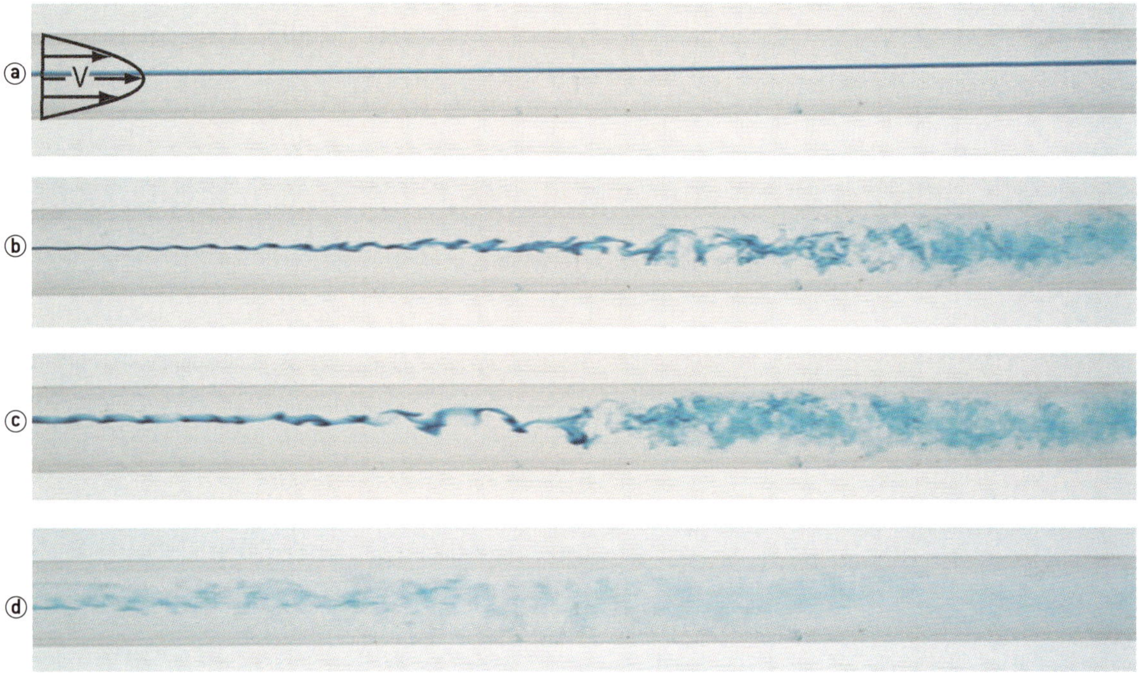

1. **Vues des déformations d'un filet de colorant bleu injecté par la gauche dans l'axe d'un écoulement d'eau dans un tube horizontal.** Le débit d'écoulement augmente de (a) vers (d). Notez le passage d'un écoulement complètement laminaire (en haut) à un écoulement turbulent (en bas). Le profil de vitesse en écoulement laminaire est indiqué à gauche de la vue (a).

En ouvrant plus ou moins un robinet, on distingue facilement deux types d'écoulements : aux faibles débits, la forme du jet émergeant est régulière et invariable au cours du temps. Aux débits plus importants, elle devient irrégulière et fluctuante. Le physicien anglais Osborne Reynolds a analysé pour la première fois en 1880 ces deux régimes dans un tube de verre horizontal (Figure 2). Reproduisons ses observations en injectant un filet de colorant dans l'axe d'un tube où s'écoule un fluide visqueux (Figure 1). Aux faibles débits (a), le colorant suit des *lignes de courant* parallèles à l'axe du tube, sans se mélanger avec le fluide environnant : cet écoulement lent est dit *laminaire*. Pour les forts débits en revanche (d), le colorant exécute un ballet irrégulier entre l'axe et les bords du tube tout en dérivant le long de ce dernier. Ce mouvement transverse entraîne un mélange efficace, caractéristique de la *turbulence*. Aux débits intermédiaires (b, c), on observe un écoulement intermittent où se succèdent aléatoirement des « bouffées » turbulentes et des phases d'écoulement laminaire.

Le phénomène en détail

La première étude d'écoulements laminaires dans un tube cylindrique est due à Jean-Louis Marie Poiseuille en 1844. Ce médecin s'intéressait à l'écoulement dans les vaisseaux sanguins que nous évoquerons p. 24. Ses expériences montrèrent que, pour une même surpression appliquée, le débit du liquide augmente d'un facteur 16 si le diamètre d du tube est multiplié par 2 (l'expérience de la figure 3 le confirme). Cette loi reflète le contrôle des écoulements laminaires par la *viscosité*. Cette grandeur traduit la résistance du liquide au *cisaillement*, c'est-à-dire au glissement des couches de fluides les unes par rapport aux autres (caractérisé par la variation de la vitesse dans une direction transverse à l'écoulement). Les forces par unité de surface correspondantes (les contraintes de cisaillement) sont proportionnelles à ce gradient de vitesse, et sont nulles dans un écoulement uniforme. Le coefficient de proportionnalité est précisément appelé viscosité, et est une caractéristique du fluide considéré.

De plus, la vitesse des fluides visqueux s'annule sur les parois du tube. Pour une vitesse moyenne U donnée, le cisaillement (et donc les forces visqueuses) est ainsi d'autant plus élevé que le diamètre d du tube est petit : la variation très rapide du débit avec d en résulte. Enfin, dans un écoulement comme celui de la figure 1a, on montre que la loi de variation de la vitesse est parabolique, avec un maximum sur l'axe du tube.

Dans ses expériences, Reynolds étudia le lien entre la vitesse seuil d'apparition de la turbulence, le diamètre d du tuyau et la viscosité η du liquide. Il constata que la turbulence apparaissait au-delà d'une même valeur seuil du nombre sans dimension $Re = U\rho d/\eta$ (de l'ordre de quelques milliers dans ses conditions expérimentales). Ce nombre combine le diamètre d, la vitesse U du liquide, sa masse volumique ρ et sa viscosité η : c'est le *nombre de... Reynolds*. De tels nombres sans dimension sont très utiles : ce sont en effet eux qui déterminent les écoulements et non les paramètres individuels qui les composent. On peut ainsi reproduire un écoulement à grande échelle à l'aide d'un modèle réduit, à condition que les nombres sans dimension qui régissent ces écoulements soient les mêmes. Ainsi, pour rendre turbulent un écoulement laminaire, il faut accroître le nombre de Reynolds, soit en augmentant la vitesse moyenne ou la taille du canal, soit en employant un fluide moins visqueux.

2. Expérience historique d'Osborne Reynolds qui lui a permis d'étudier en 1880 la transition de l'écoulement d'un régime laminaire à un régime turbulent, dans un tube cylindrique horizontal. L'entonnoir convergent limite les perturbations induites par l'arrivée du courant d'eau dans le tube. Le colorant est injecté via un tube séparé, à l'entrée de l'entonnoir. (La gravure est extraite de l'article original de O. Reynolds).

3. Les deux écoulements laminaires dans des tubes capillaires horizontaux résultent d'une même différence de pression, mais le tube de droite a un diamètre égal à 2 fois celui de gauche. Le rapport des débits, reflété par le rapport des volumes contenus dans les éprouvettes, est de 16, ce qui correspond à la puissance quatre du quotient des diamètres. Il serait égal au quotient des sections en l'absence de viscosité.

Serre-Ponçon : un barrage poreux

Henry Darcy et l'écoulement de l'eau dans le sol

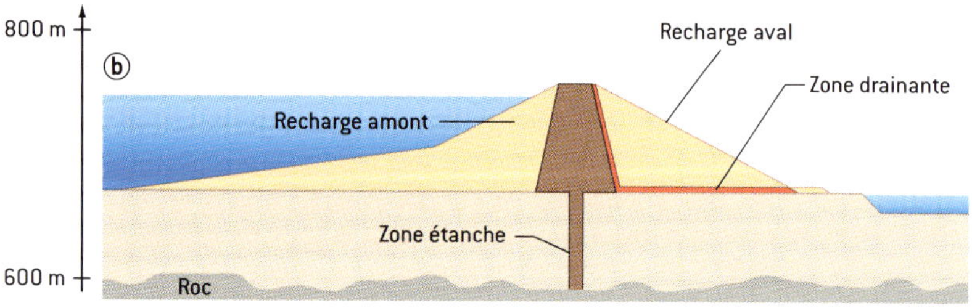

1. (a) Vue de l'aval du barrage de Serre-Ponçon sur la Durance, dans les Hautes-Alpes. La hauteur totale du barrage est de 120 mètres et son épaisseur à la base est de 600 mètres. (b) Coupe transversale du barrage : il est constitué de plusieurs couches dont un noyau central imperméable et des talus latéraux (les *recharges*) poreux.

Les sols, tout comme les empilements de cailloux ou de roches, sont poreux, c'est-à-dire formés d'interstices (ou pores) connectés entre eux et présentant des chemins continus à travers le matériau. Versons de l'eau sur leur surface : le liquide ne tarde pas à pénétrer et disparaître, d'autant plus rapidement que la taille des interstices est grande. C'est un ingénieur des Ponts et Chaussées, Henry Darcy, qui a établi vers 1850 les lois de base de tels écoulements, en s'intéressant aux nappes d'eau alimentant les fontaines publiques de Dijon.

N'est-il pas étonnant dès lors que certains barrages, comme celui de Serre-Ponçon sur la Durance (Figure 1a), soient construits en terre et en blocs de pierre empilés ? En fait, l'étanchéité est assurée par un « noyau » central non visible, constitué d'argile imperméable et de béton, qui descend jusqu'au roc (Figure 1b). Les talus de terre (ou recharges) en amont et en aval permettent au barrage de résister à la poussée de l'eau du lac de retenue. Paradoxalement, l'eau doit pouvoir s'écouler facilement à travers ces talus. Supposons en effet qu'il soit nécessaire de vider très rapidement le lac : le niveau de l'eau contenue dans les pores de la recharge amont devra suivre cette baisse sans retard. Autrement, les différences de niveau induiraient des écoulements intérieurs provoquant des glissements de terrain dans le talus. En aval, l'eau filtrant à travers le noyau ou apportée par la pluie s'accumule entre le noyau central et la recharge: elle doit elle aussi être évacuée par des drains.

La conception d'un tel barrage requiert donc une parfaite maîtrise des écoulements dans les poreux: bel exemple de la continuité entre la mission de l'ingénieur et celle du savant, qu'illustre l'œuvre d'Henry Darcy.

Le phénomène en détail

La loi de Darcy exprime la proportionnalité entre le débit Q de fluide passant à travers une surface S d'un milieu poreux (Figure 2), et la « perte de charge » (i.e. la différence de pression par unité de longueur) $\Delta P/L$:

$$Q/S = (K/\eta)\ (\Delta P/L)$$

η est la viscosité du fluide ; K est appelée *perméabilité* et caractérise le matériau. Cette loi est formellement similaire à celle qui régit le passage du courant électrique dans un matériau conducteur. Dans cette analogie, l'intensité du courant, la différence de potentiel et la conductivité électriques remplacent respectivement le débit Q/S, la différence de pression $\Delta P/L$ et le quotient K/η. La perméabilité K dépend de la géométrie du réseau de pores, et particulièrement de leur taille : plus précisément, K varie comme le carré de la taille moyenne des pores pour une géométrie donnée. Ainsi, un empilement de gros blocs est beaucoup plus perméable qu'une couche de terre fine.

Visualiser les écoulements à l'intérieur des milieux poreux est chose ardue, même si des outils comme le scanner X ou l'imagerie RMN sont maintenant disponibles. Pour représenter ces écoulements, on a donc longtemps fait appel à des systèmes modèles, comme les cellules de Hele-Shaw constituées de deux plaques transparentes parallèles et proches. Comme pour un milieu poreux, la vitesse d'écoulement moyennée sur l'intervalle entre les plaques est proportionnelle au gradient de pression, même en présence d'obstacles : la loi de Darcy est donc aussi valable pour ce dispositif. Pour modéliser l'écoulement à travers une digue poreuse, il suffit de placer la cellule verticalement entre deux réservoirs de niveaux différents (Figure 3) : on observe alors que l'interface I est un segment de parabole d'axe horizontal.

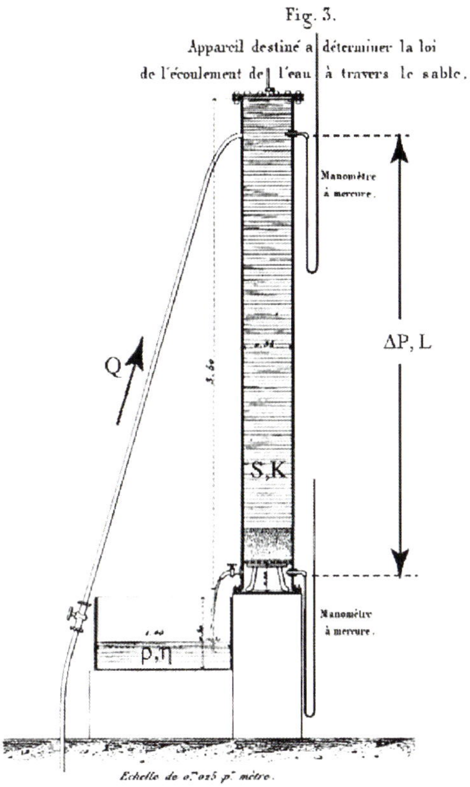

2. Schéma de l'expérience historique utilisée par Henry Darcy pour établir la loi qui porte son nom. La variation de la chute de pression ΔP associée à l'écoulement d'un débit Q d'eau dans une colonne remplie de sable est mesurée à l'aide de deux manomètres à mercure (à droite).

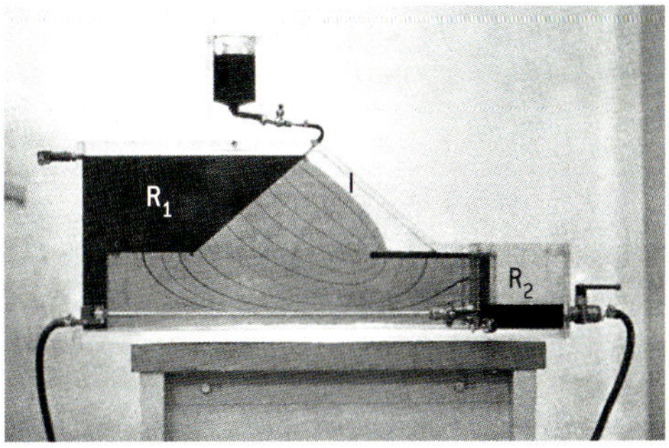

3. Modèle de digue poreuse constitué d'une cellule de Hele-Shaw verticale reliant deux réservoirs R_1 et R_2. Celui de gauche contient un liquide coloré et simule un lac de retenue. Les lignes d'écoulement du liquide dans le modèle sont visualisées par plusieurs injections locales de colorant.

Réversibilité ou chaos ?

Des trajectoires complexes obtenues à partir de mouvements simples

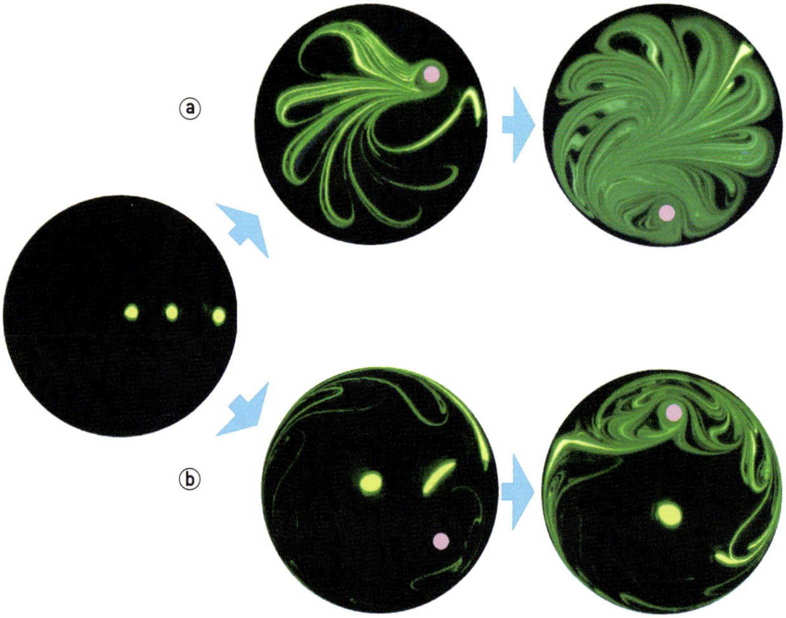

1. Deux exemples d'étalement chaotique de trois gouttes de colorant fluorescent dans le dispositif de la figure 3 (vue de dessous). On a $\alpha = \pi/2$, $\beta = \pi/4$ (a) et $\alpha = \pi/4$, $\beta = \pi/2$ (b). La section du cylindre tournant apparaît en rose. Dans les deux cas, la photo du milieu correspond à 7 rotations dans chaque sens, et celle de droite à 18 rotations.

Les écoulements laminaires des fluides visqueux semblent, avec leurs lignes d'écoulement régulières (Figure 1a p. 10), être un modèle de simplicité. Pourtant, en les combinant, on parvient à créer des formes comme celles de la figure 1, qui reflètent des trajectoires très complexes du fluide.

Une manifestation de la simplicité de ces écoulements laminaires semblerait pourtant être leur réversibilité, démontrée par une expérience classique de G.I. Taylor. Injectons une goutte de colorant dans l'espace entre deux cylindres coaxiaux, rempli d'un liquide incolore (Figure 2a). Faisons tourner le cylindre intérieur de quelques tours : le colorant se distribue sur toute la circonférence (Figure 2b), car la vitesse du fluide est plus grande près du cylindre mobile que du cylindre extérieur fixe. Inversons alors le sens de rotation : après le même nombre de tours, on recrée presque exactement la goutte de départ (Figure 2c). Toutes les parties de la goutte suivent en sens inverse leur trajectoire aller, comme si on passait le film à l'envers !

La figure 1 a été obtenue grâce à un dispositif similaire, mais avec deux cylindres décentrés (Figure 3). Le cylindre intérieur est en rotation autour de son axe, et tourne en outre autour de l'axe de l'autre cylindre, alternativement dans un sens puis dans l'autre (respectivement d'un angle α et d'un angle β). Suivant la séquence de mouvements et la position initiale d'une tache de colorant, cette dernière reste presque inchangée (Figure 1b au centre) ou se distribue dans tout l'espace entre les cylindres (Figure 1a). Dans ce second cas, même si on reproduit exactement en l'inversant la séquence de mouvements des cylindres, la tache ne retrouve pas sa forme initiale : les trajectoires sont alors très sensibles à la moindre erreur de positionnement ou à la diffusion moléculaire, et ne s'inversent jamais parfaitement.

Ces trajectoires complexes créées par des combinaisons de mouvements simples sont bien connues des spécialistes de la dynamique non linéaire : elles sont qualifiées de "chaotiques" et sont décrites par l'arsenal mathématique qu'ils ont développé. Comme quoi l'écoulement des fluides visqueux donne une leçon inattendue de physique du chaos !

2. Réversibilité de l'étalement d'une goutte de fluide visqueux coloré entre deux cylindres concentriques. (a) Configuration initiale ; (b) après rotation de quelques tours dans le sens direct ; (c) après rotation supplémentaire du même angle en sens inverse.

Le phénomène en détail

Comment expliquer que les résultats diffèrent autant alors que les géométries des expériences des figures 1 et 2 sont très proches ? Dans l'expérience de Taylor (Figure 2), il se produit uniquement un *étirement* continu des volumes de fluide. Dans le régime chaotique (Figure 1), les éléments de volume passent en sus par des phases de *repliement*, dues aux changements relatifs de position par rapport aux cylindres. La combinaison de ces deux actions conduit aux structures feuilletées observées.

À chaque instant, le champ de vitesse du fluide est parfaitement déterminé et relativement simple. En revanche, les trajectoires globales sont imprévisibles en raison d'une extrême sensibilité aux détails de l'écoulement. Suivant les séquences de mouvements choisies, soit l'ensemble du fluide subit ces transformations (Figure 1a), soit une partie décrit des trajectoires fermées ou même reste immobile comme la tache au centre de la figure 1b.

Nous verrons dans le sujet suivant que ces écoulements chaotiques peuvent servir à effectuer des mélanges dans des écoulements à petit nombre de Reynolds. Dans ce cas, le seul mode d'interpénétration de filaments de fluides différents s'écoulant côte à côte est la diffusion moléculaire. Cette dernière n'agit cependant que sur de courtes distances : le « feuilletage » produit par les écoulements chaotiques assure donc l'étape initiale du mélange, complété ensuite par la diffusion moléculaire.

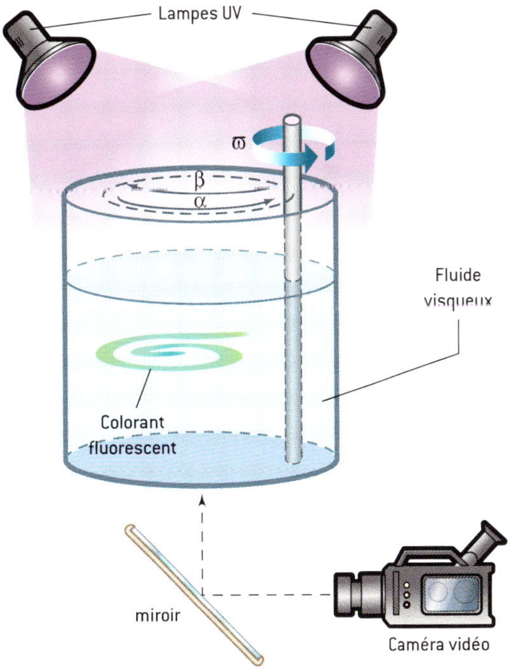

3. Dispositif expérimental utilisé dans l'expérience de la figure 1. L'étalement de taches de colorant fluorescent est visualisé par en dessous grâce à un éclairage par plusieurs lampes UV.

Le micromélange

Le chaos au service du mélange visqueux

1. Distribution de fluides dans le micromélangeur chaotique décrit dans la figure 2, après passage dans cinq éléments.

L'écoulement du sang dans un vaisseau capillaire sanguin (p. 24) est un bel exemple naturel de *microfluidique*. Ce terme se rapporte à des écoulements dans des dispositifs d'une taille de l'ordre du micromètre, réalisés industriellement grâce aux techniques de la microélectronique. La microfluidique obéit aux lois habituelles de la mécanique des fluides mais possède ses spécificités : en particulier, ces écoulements sont toujours laminaires et dominés par la viscosité.

Des applications typiques de la microfluidique sont l'analyse de composés ou la préparation de produits pharmaceutiques à partir d'une faible quantité de matière : il s'agit alors d'obtenir rapidement un mélange homogène de différents composants. Comment procéder ? Ces écoulements ne sont jamais turbulents et, compte tenu des faibles volumes en jeu, il est très difficile d'y insérer l'analogue des agitateurs tournants de laboratoire... Il faut donc faire appel à des dispositifs purement statiques, capables d'agir sur les filets de fluide qui s'écoulent côte à côte sans s'interpénétrer, sauf par diffusion moléculaire.

Dans le micromélangeur de la figure 2, un écoulement chaotique (p. 14) est créé, induisant une suite d'étirements et repliements : on obtient un fin feuilletage alterné des deux fluides (Figure 1). Leur interpénétration par diffusion moléculaire est alors rapide : les microtechnologies rejoignent ici l'approche séculaire du pâtissier préparant une pâte feuilletée !

Le phénomène en détail

La dispersion de colorants dans un écoulement de Poiseuille à l'intérieur d'un tube capillaire (p. 10) (ou dispersion de Taylor) illustre la difficulté du mélange dans les micro-écoulements. Ce processus est simulé numériquement dans la figure 3, pour un écoulement à deux dimensions entre plans parallèles. Déposons à un instant donné une ligne de colorant transverse à l'écoulement : en l'absence de diffusion moléculaire, elle serait étirée en une parabole par le profil de vitesse de Poiseuille. Vu de loin, on aurait alors l'impression que la tache qui s'étale est en train de se mélanger. Cependant, sans diffusion moléculaire ou aux temps courts (Figure 3a), il suffirait d'inverser le sens de l'écoulement pour revenir à l'état initial ; comme dans la démonstration de réversibilité hydrodynamique du sujet précédent, il n'y a pas eu de vrai mélange. Aux temps longs, la diffusion moléculaire devient importante (3b) et finit par épaissir la tache sur une largeur de l'ordre de la distance entre plans (3c) : il s'agit alors d'un vrai mélange irréversible. La transition entre ces deux régimes a lieu après un temps de l'ordre de h^2/D, qui correspond à la diffusion moléculaire transverse sur la largeur h du canal (D est le coefficient de diffusion moléculaire). Dans de nombreuses applications, ce temps est plus long que le temps de trajet L/v sur la longueur L du canal. Pour le diminuer, il faut donc réduire la largeur des filets de fluide à une valeur nettement plus faible que h. C'est ce que réalise le micromélangeur de la figure 2, où deux fluides initialement séparés sont injectés côte à côte à l'entrée du dispositif. Pour éviter que le liquide ne s'écoule en ligne droite le long du canal, des petites rayures en biais l'obligent à circuler en spirale ; l'effet est renforcé par un changement régulier du sens des rayures (Figure 2a).

Le passage sur ces dernières étire et replie les filets de fluide perpendiculairement à l'écoulement moyen. Ils présentent un feuilletage de plus en plus fin, à l'issue duquel la diffusion moléculaire mélange les feuillets de colorant : la distance transverse entre ceux-ci étant faible devant la largeur h du canal, le temps nécessaire sera nettement plus court que h^2/D.

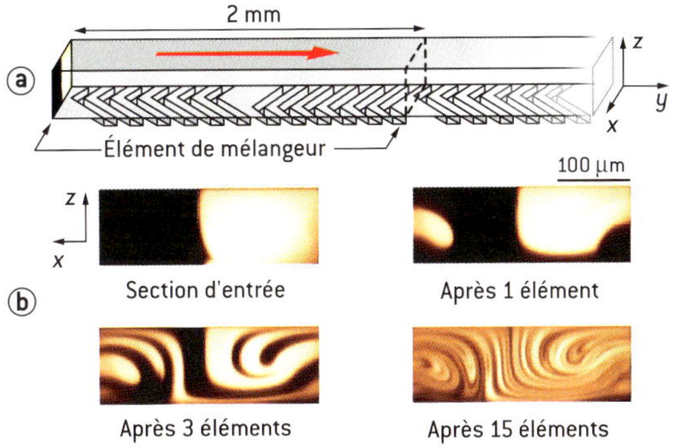

2. (a) Vue schématique d'un micromélangeur chaotique. L'écoulement est de gauche à droite. L'un des fluides à mélanger est teinté par un colorant fluorescent. Le mélangeur est éclairé par un mince faisceau lumineux plan, perpendiculaire à l'axe y, à l'endroit de la section visualisée.
(b) Distribution des fluides dans des sections successives du mélangeur. Chacun des fluides occupe au départ la moitié de la section.

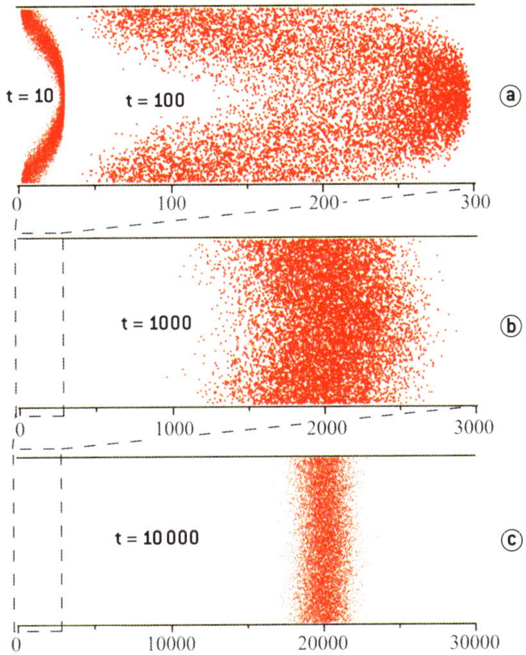

3. Simulation numérique de la dispersion d'une ligne de colorant dans un écoulement laminaire de gauche à droite entre plans parallèles (représentés par deux lignes horizontales). Le colorant est initialement disposé suivant une ligne rouge (à l'abscisse 0) transverse à l'écoulement. Le processus est observé à des temps croissants, de $t = 10$ à $t = 10\,000$. Notez que l'échelle des distances le long de l'écoulement évolue d'un facteur 10 entre les figures (a) et (b), puis entre les figures (b) et (c). (Les unités sont arbitraires.)

Chromatographie et séparation

Des taches sur la nappe à la séparation chimique

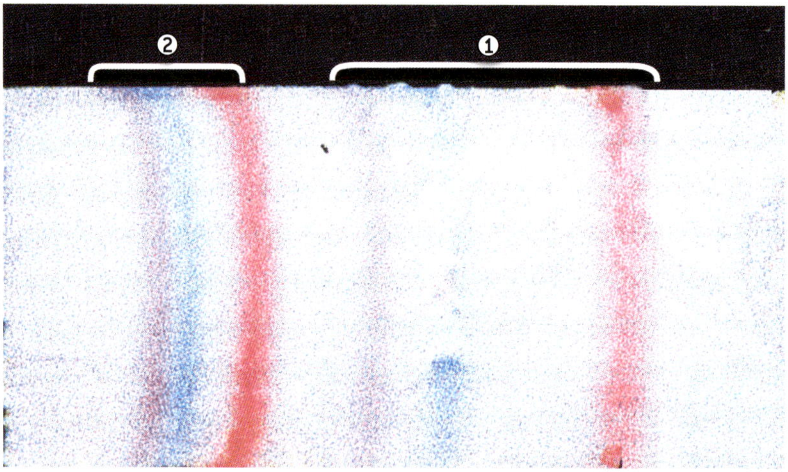

1. Coupe d'une colonne de chromatographie (de longueur 110 mm et de diamètre 50 mm) formée de particules de diamètre 15 μm. Deux injections d'un même mélange de trois colorants (bleu, rouge et violet) ont été effectuées à des instants successifs $t_1 > t_2$: elles correspondent respectivement à chacun des groupes de bandes colorées 1 et 2 (l'écoulement va de gauche à droite). La séparation aumente au cours du temps, mais plus lentement que la largeur des bandes correspondant à chaque composant – ce qui assure la séparation.

Une tache de vin renversé accidentellement sur une nappe s'étale en formant des cernes concentriques : il s'agit d'une forme peu recommandable de *chromatographie,* dont relève également l'étalement d'une goutte d'encre déposée sur du papier buvard ! Ce nom désigne une technique de séparation et d'identification des composants d'un mélange. Dans la plupart des applications, on fait appel à une « colonne de chromatographie » : c'est un cylindre poreux (p. 12) dans lequel circule un solvant, l'« éluant ». Le mélange à analyser est alors injecté pendant un temps court à une extrémité du cylindre. La coupe d'une telle colonne en cours de séparation d'un mélange de colorants (Figure 1) montre que la distance à la face d'injection (à gauche) varie fortement d'un composé à l'autre, bien qu'ils aient été injectés en même temps.

En enregistrant les variations temporelles de la réponse d'un détecteur sensible à ces composants et placé en sortie, on obtient un « chromatogramme » comme celui de la figure 2. Si le matériau de la colonne a été bien choisi en fonction du mélange à séparer, les différents composants entraînés par l'éluant émergent à des instants différents marqués par un pic sur le « chromatogramme ». La différence entre le temps de trajet correspondant à ce pic et celui de l'éluant pur permet d'identifier le composant. Cette différence dépend des interactions physicochimiques du composé avec le milieu poreux ainsi que de l'éluant utilisé. D'autres paramètres comme la taille des molécules par rapport à celle des pores à l'intérieur ou entre les grains du milieu poreux jouent aussi un rôle important.

Il existe de nombreuses autres techniques de séparation. L'électrophorèse en est un exemple particulièrement important, souvent exploité pour la séparation de macromolécules biologiques et pour l'analyse de l'ADN. Le déplacement des composés à séparer est alors induit par une différence de potentiel électrique.

Le phénomène en détail

La « colonne de chromatographie » de la figure 1 sert à la préparation de composés purs : pour en obtenir une grande quantité en un temps donné, on a donc utilisé un milieu poreux formé de grains relativement gros permettant un écoulement facile, au dépens de la finesse de la séparation. Pour l'analyse au contraire, on emploie des grains plus fins de quelques microns de diamètre : la finesse des pics du chromatogramme est meilleure – et, par suite, la possibilité de différencier des composés de caractéristiques voisines. En revanche, la perméabilité du milieu poreux est faible et il faut de très fortes pressions pour que la vitesse des composants soit suffisamment élevée et que le temps de transit le long de la colonne reste raisonnable. De nombreuses autres variantes existent : chromatographie gazeuse, supercritique ou encore hydrodynamique utilisant des tubes capillaires de très petit diamètre.

Il existe deux techniques dérivées de la tache d'encre s'étalant sur du papier buvard : la chromatographie papier et la chromatographie en couche mince, qui en est une version mieux contrôlée (Figure 3). On utilise un rectangle de papier ou une plaque couverte d'une couche mince de poudre poreuse, placés verticalement avec leur bord inférieur plongeant dans un bain de solvant : ce dernier joue le rôle d'éluant et monte régulièrement par capillarité le long de la feuille (p. 60). Le mélange à séparer est ensuite déposé sur la plaque et ses différents composés sont entraînés à des vitesses différentes. S'ils ne sont pas colorés, on utilise à l'issue de l'expérience un éclairage UV ou des réactifs chimiques pour les révéler.

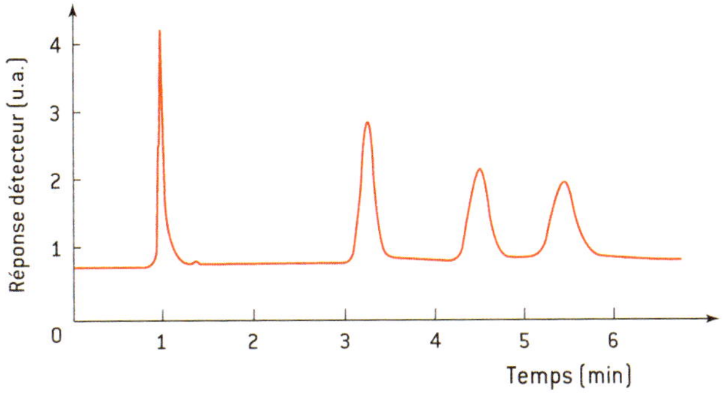

2. « Chromatogramme » montrant la variation du signal détecté au fur et à mesure de la sortie des différents composants d'un mélange (similaire à celui de la figure 1).

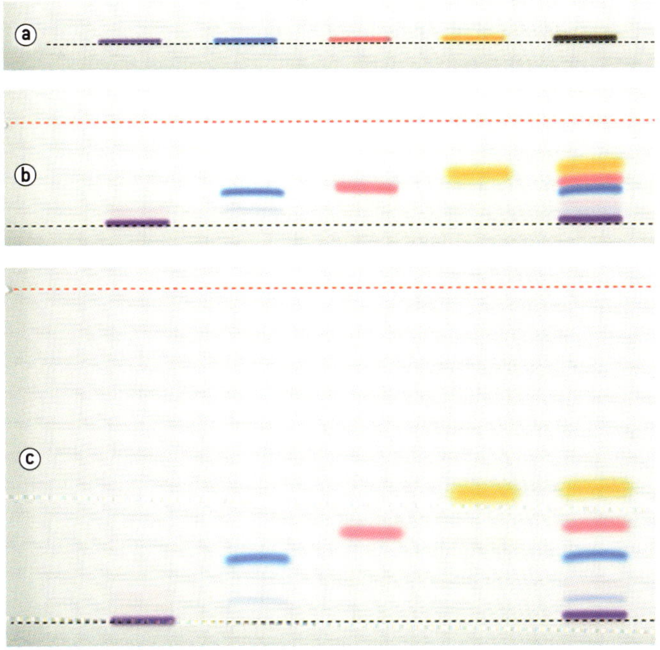

3. Séparation d'un mélange de colorants par chromatographie en couche mince à trois instants successifs. (a) État initial : 4 colorants différents sont déposés sur une plaque recouverte d'une fine couche poreuse, ainsi qu'un mélange de ces colorants qui apparaît noir (à droite). Le pointillé noir donne la position initiale des traits. La plaque est mise en contact avec un bain de toluène qui monte par capillarité. (b et c) Chromatogrammes observés lorsque le front du solvant (ligne rouge) est monté par capillarité de 20 mm (b) et 40 mm (c). Chaque colorant du mélange parcourt la même distance que s'il était injecté seul.

Une corde de miel

Quand un filet de liquide se comporte comme un solide

1. (a) Enroulement d'un jet de liquide visqueux tombant sur un plan.
(b) Simulation numérique de l'expérience de la figure 1a.

Tout montagnard sait qu'il est d'autant plus difficile de « lover » une corde d'escalade que le rayon du coude est petit. Il sait aussi qu'une corde qu'on laisse filer jusqu'au sol s'y enroule en formant des boucles superposées.

Voici, pour les sédentaires, une expérience plus proche de la mécanique des fluides à faire au petit-déjeuner : elle consiste à laisser s'écouler un filet de miel au-dessus d'une soucoupe. La vitesse du liquide augmente par gravité au fur et à mesure qu'il s'éloigne de la cuillère. Le débit se conservant le long de l'écoulement, on observe une diminution concomitante de la section du filet. Cependant, l'accélération du fluide et, par conséquent, la réduction de section associée sont fortement freinées par la viscosité élevée du miel.

Un second effet plus spectaculaire est l'enroulement régulier du filet de miel sur lui-même au niveau de la soucoupe (Figures 1a et b). La forme circulaire observée résulte d'une résistance à la flexion et à la torsion, comme pour les cordes d'alpinisme qui s'enroulent suivant un cercle d'autant plus grand qu'elles sont rigides.

Dans ces expériences, le comportement du filet de miel liquide est proche de celui d'une corde solide. Par analogie, on peut se demander si les plissements des couches de

terrain montagneux résultant des mouvements tectoniques reflètent la déformation d'un solide, ou bien l'écoulement d'un liquide très visqueux.

Le phénomène en détail

Alors que, dans un écoulement de Poiseuille à l'intérieur d'un tube (p. 10), la viscosité résiste à une déformation de *cisaillement*, la réduction progressive de la section du filet liquide sur la figure 1 est associée à une *élongation* des volumes de fluide. Cet allongement est contré par la *viscosité élongationnelle*, qui joue le rôle de la tension d'une corde solide. Pour les fluides simples, cette viscosité est identique à celle de cisaillement. Pour certains fluides complexes présentant une *viscoélasticité*, comme ceux servant à fabriquer les fibres textiles (p. 28), la viscosité d'élongation l'emporte .

Un effet voisin vient limiter la courbure des boucles formées par le filet liquide : le développement d'une telle courbure rend en effet la vitesse du fluide plus élevée à l'extérieur qu'à l'intérieur du filet courbe. La viscosité (de cisaillement cette fois) s'oppose à l'augmentation de ce gradient de vitesse : cet effet est analogue à l'apparition des forces de compression (sur la partie interne) et d'extension (à l'extérieur) qui limitent la courbure d'une corde.

On retrouve des effets semblables de résistance à la traction et à la courbure en tendant un filet de fluide visqueux entre deux supports (Figure 2). Le filet s'incurve progressivement en adoptant la même forme de « chaînette » qu'une corde pendante.

Pour comprendre l'enroulement du jet cylindrique, remplaçons-le tout d'abord par une nappe rectangulaire de faible épaisseur (Figure 3) : on n'observe plus alors un enroulement, mais un plissement périodique. Cet effet est analogue au « flambement » d'une barre comprimée le long de son axe et qui se courbe : la nappe fluide est ici « comprimée » par la présence du plan inférieur. Le jet présente, comme la nappe, une résistance à la « compression » qu'il résout en tombant en oblique, déplaçant ainsi le point d'arrivée en permanence. Le rayon d'enroulement R résulte alors d'un équilibre entre la résistance à la courbure et les forces centrifuge et de Coriolis liées à la précession du jet autour d'un axe vertical : R diminue avec le débit, et augmente lorsque la viscosité ou la section du filet augmentent.

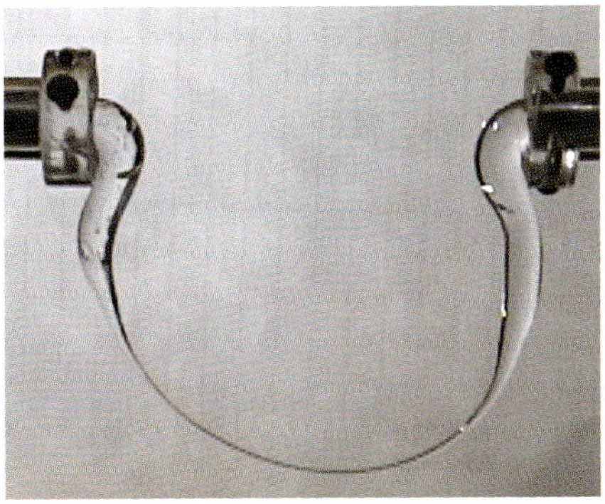

2. Filet de fluide visqueux suspendu entre deux supports.

3. Repliement périodique d'une nappe de sirop de glucose de viscosité 120 fois celle de l'eau (a) vue de côté et (b) vue de face. La hauteur de chute est de 70 mm et la solution s'écoule à partir d'une fente rectangulaire de 7 × 50 mm.

Stokes et la sédimentation

Des effets de foule dans les suspensions de particules

La sédimentation d'une suspension de particules dans un fluide visqueux a des applications nombreuses : faire sédimenter les impuretés solides est ainsi la première étape du traitement de l'eau. Ce problème est cependant très difficile, car les particules se comportent très différemment suivant qu'elles sont isolées ou à l'intérieur d'une suspension.

On pourrait considérer que chaque particule se comporte comme si elle était isolée, et simplement additionner les écoulements créés. Cela n'est cependant valable que lorsque les particules sont éloignées les unes des autres, comme l'illustre la comparaison entre la sédimentation de suspensions diluée et concentrée (Figures 1a et b). Dans les deux cas, un dépôt statique se forme au fond sur une hauteur qui croît au fur et à mesure de la déposition. Le haut du tube contient du fluide clair au-dessus de la zone de sédimentation des particules. Le *front de sédimentation* qui sépare ces deux parties diffère suivant la concentration des particules : il descend plus vite dans une suspension diluée que dans une suspension concentrée, pour laquelle les contre-écoulements de fluide vers le haut induits par la chute des particules freinent davantage les particules voisines. D'autre part, ce front est beaucoup plus net pour la suspension concentrée : dès qu'une particule prend du retard et reste en arrière du front, la concentration locale diminue ; la particule sédimente alors plus vite et rattrape les autres. En revanche, au sein d'une suspension diluée, la vitesse des particules est du même ordre que dans le fluide clair : le front reste donc plus étalé.

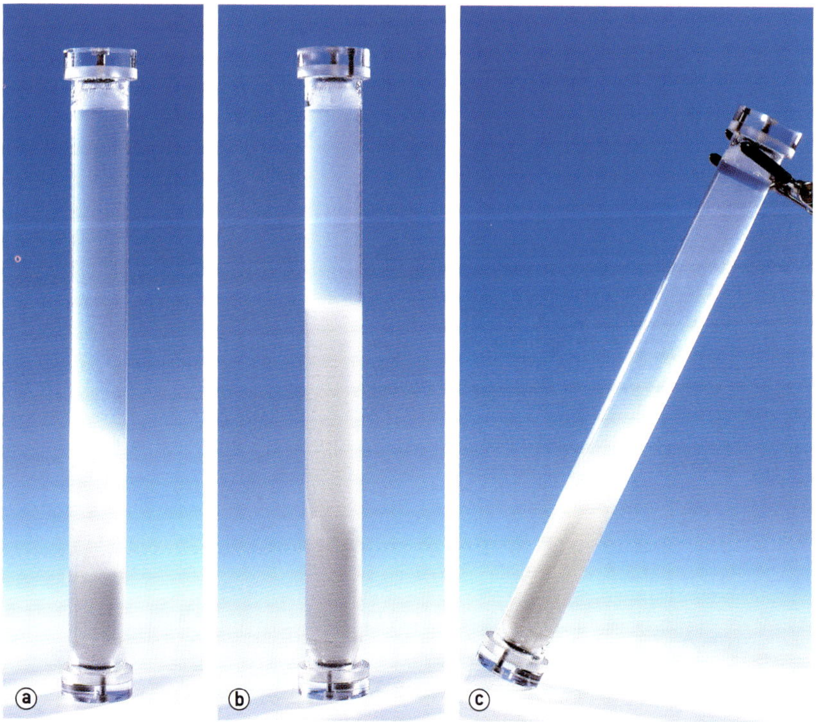

1. Sédimentation d'une suspension de particules dans un tube pour deux concentrations volumiques différentes : (a) 10 % et (b-c) 20 %. Dans les cas (a) et (b), le tube est vertical ; dans le cas (c), il est incliné à 30° par rapport à la verticale. Les photos ont été prises après le même laps de temps suivant la fin de l'agitation homogénéisant la suspension.

Le phénomène en détail

Dans un fluide visqueux infini, la vitesse de sédimentation d'une sphère à petit nombre de Reynolds varie comme le carré de son rayon, mais elle est très ralentie par la présence de parois, même à grande distance. La figure 2 le montre pour une sphère sédimentant dans l'axe d'un tube vertical rempli de fluide visqueux : la présence de la paroi du tube induit une recirculation entre cette dernière et la sphère. Il en résulte un ralentissement de la vitesse de chute, qui est de l'ordre de 20 % pour un tube de rayon 10 fois plus grand que celui de la sphère.

Des contre-écoulements locaux similaires existent lors de la sédimentation de suspensions concentrées : la descente d'une particule doit en effet être compensée par une remontée de fluide. En particulier, la croissance d'un dépôt de forte concentration en particules au bas du tube impose un contre-écoulement global du fluide vers la zone de fluide clair, ce qui ralentit la sédimentation.

Les contre-écoulements sont directement observables dans l'*effet Boycott* : ce dernier correspond à la plus grande vitesse de sédimentation dans un tube oblique que dans un tube vertical (Figures 1c et 3) et est donc largement appliqué aux dispositifs de décantation. Initialement, la sédimentation verticale des particules à la vitesse V_t les entraîne rapidement vers la partie inférieure de la paroi (Figure 3a). Une partie du tube est alors remplie de fluide clair plus léger, et l'autre de fluide plus dense car fortement chargé en particules.

Cette différence de densité induit des écoulements séparés en sens inverse (vitesses V_{sh} et V_{sb}) dans ces deux zones, comme s'il s'agissait de fluides distincts. La sédimentation est beaucoup plus rapide que pour des particules individuelles sédimentant dans une suspension homogène, et freinées par le contre-écoulement du fluide.

Comme dans les rues piétonnières, il est préférable de séparer les flux de particules en deux files afin d'améliorer la circulation !

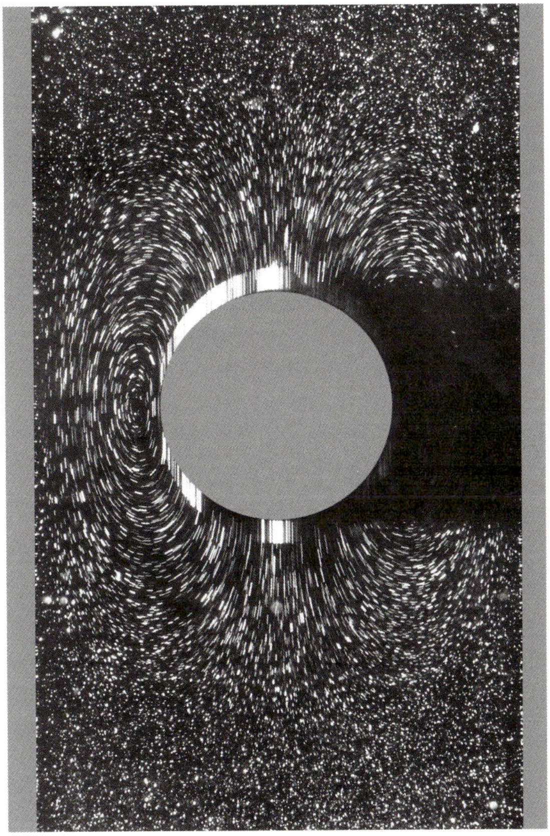

2. Écoulement autour d'une sphère sédimentant dans un fluide visqueux, à l'intérieur d'un tube cylindrique vertical (les parois sont en gris). La visualisation s'effectue grâce à des particules de magnésium, éclairées par un plan lumineux contenant l'axe du tube. Le temps de pose est suffisamment grand pour que le déplacement des particules soit visible (notez que la sphère se déplace d'une petite fraction de son diamètre pendant le temps d'exposition).

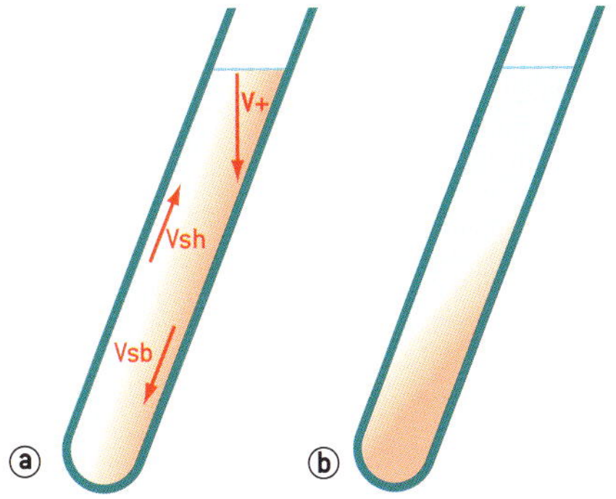

3. Sédimentation de particules dans un tube incliné. (a) Début de la sédimentation, avec différenciation des vitesses à l'intérieur de la section du tube. (b) Configuration finale.

Poiseuille et les écoulements sanguins

Les écoulements complexes d'un fluide non moins complexe

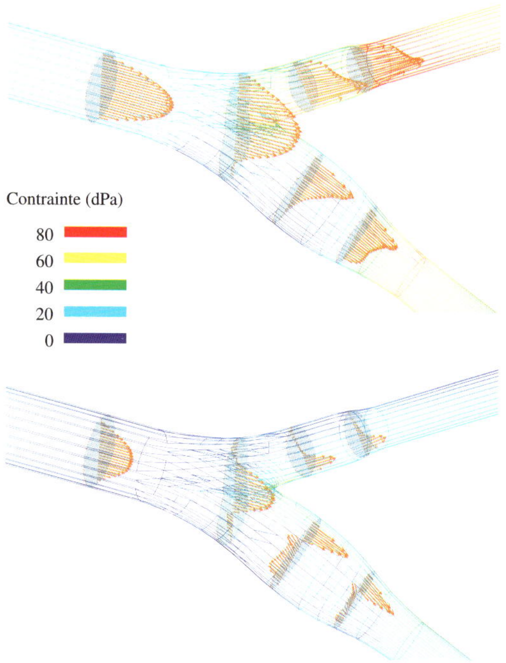

1. (haut) Champ de vitesse à l'instant du pic systolique où la vitesse est maximale. Le profil de vitesse amont est parabolique (la vitesse sur l'axe vaut environ 0,9 m/s). (bas) Décélération après le pic systolique.

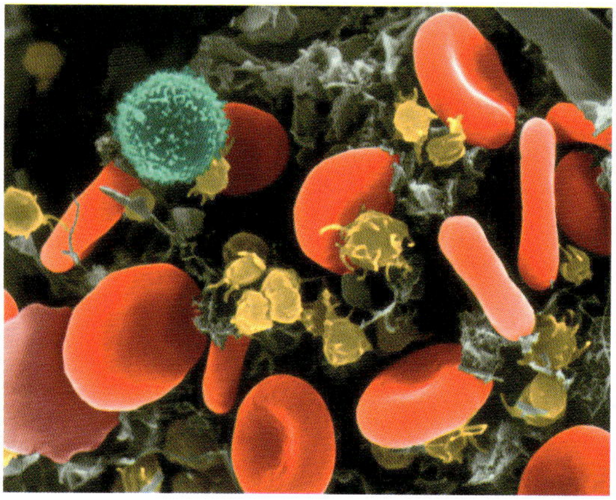

2. Quelques composants du sang vus au microscope électronique à balayage : les globules rouges – ou érythrocytes – apparaissent en rouge, les plaquettes en jaune et les globules blancs en vert.

L'écoulement du sang est un casse-tête pour les hydrodynamiciens. Tout d'abord, cet écoulement, pulsé à la cadence des battements du cœur, évolue périodiquement dans le temps. Par ailleurs, le diamètre des vaisseaux est très variable : plusieurs millimètres pour les plus gros et quelques micromètres pour les plus fins capillaires. La figure 1 montre une simulation numérique des profils de vitesse dans l'embranchement d'une grande artère, la carotide, à deux phases différentes d'un même battement de cœur. Connaître les caractéristiques d'un tel écoulement, comme la vitesse locale ou les contraintes exercées sur les parois (codées en couleurs sur la figure), est de première importance : trop fortes, ces contraintes sont en effet susceptibles d'arracher des cellules pariétales ; trop faibles, elles favorisent la formation de dépôts. Pour bien comprendre les écoulements sanguins, il faut tenir compte du fait que les vaisseaux sanguins ne sont pas des tubes rigides, et que l'élasticité de leurs parois joue un rôle très important dans la circulation sanguine. Par ailleurs, le sang n'a rien d'un fluide homogène : c'est une suspension qui contient (entre autres) une très grande quantité de globules rouges, de golubles blancs et de plaquettes (Figure 2). Tout comme pour les fluides qui seront décrits pp. 26-28, il résulte de cette structure interne complexe que le sang est un fluide *non newtonien* : les contraintes visqueuses ne sont pas simplement proportionnelles aux gradients de vitesse dans l'écoulement. De plus, la relation entre ces deux grandeurs dépend du temps !

Les simulations comme celles de la figure 1 sont étayées par des mesures de vitesse *in-vivo* utilisant des dispositifs Doppler ultrasonores : on visualise ainsi la distribution de la vitesse du sang dans les grands vaisseaux (Figure 3).

Le phénomène en détail

Les caractéristiques de l'écoulement sanguin tiennent pour une bonne part à la présence des globules rouges (ou érythrocytes), de petits disques déformables d'un diamètre de l'ordre de 7 µm isolés ou sous forme d'agrégats. Si leur taille est faible à l'échelle des plus grands vaisseaux, les globules sont en revanche plus volumineux que les plus petits capillaires à travers lesquels ils doivent passer ! Ils ne peuvent s'y faufiler qu'en se déformant très fortement, comme le montre la figure 4 représentant l'écoulement du sang chez un amphibien (le xénope). On comprend donc pourquoi le maintien de l'élasticité des globules est capital : les maladies qui les rigidifient les empêchent d'entrer dans le réseau des capillaires, avec des conséquences très graves (thromboses par exemple). C'est en effet dans les capillaires des poumons et d'autres organes que s'opèrent les échanges gazeux indispensables à la vie.

Nombre de troubles cardiovasculaires reflètent donc simplement des problèmes d'hydrodynamique et peuvent s'exprimer en tant que tels (ce qui ne les rend malheureusement pas plus faciles à résoudre) : obstruction et/ou rigidification de vaisseaux sanguins (l'artériosclérose), apparition de recirculation dans les anévrismes (des excroissances latérales sur les vaisseaux), viscosité excessive du sang, puissance insuffisante de la pompe cardiaque réduisant les échanges entre le sang et les tissus, etc. Il n'est donc pas surprenant que ce soit un médecin, Jean-Louis Marie Poiseuille (p. 10) qui ait décrit en premier les écoulements dans les tubes cylindriques, il y a un siècle et demi.

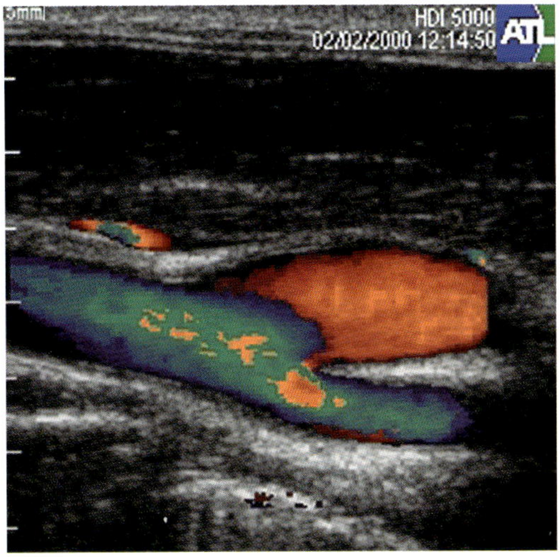

3. Visualisation de l'écoulement dans l'embranchement d'une carotide humaine, obtenue par un vélocimètre. Doppler ultrasonore. Les couleurs codent les vitesses, très différentes entre la branche large où la vitesse est la plus élevée (en rouge) et celle qui est plus étroite (en vert). Les zones grises correspondent aux parois des vaisseaux sanguins et aux tissus environnants.

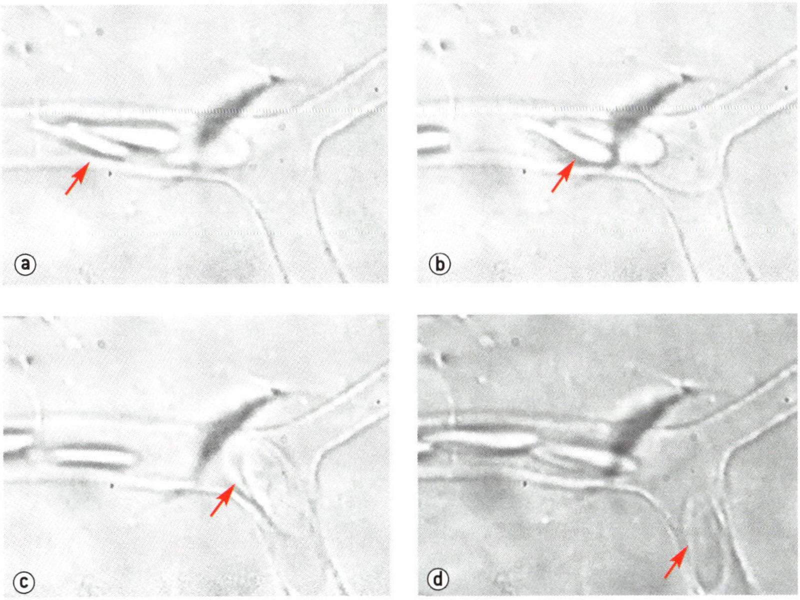

4. Écoulement du sang dans des vaisseaux capillaires chez le xénope, illustrant la déformation des globules rouges pendant leur passage à travers les vaisseaux capillaires. La série d'images montre le passage d'un globule (indiqué par le flèche) à travers un embranchement.

L'écoulement de la boue

Des suspensions concentrées aux effets souvent dévastateurs

1. La coulée de boue qui détruisit et ensevelit en quelques minutes une partie importante du village de Roquebillière dans la nuit du 24 novembre 1926 résultait d'une période exceptionnelle de fortes pluies. Elle tenait également à une remontée d'eau à travers les roches karstiques sous-jacentes, qui a fluidifié en surface le sol composé de solides et de boues. Les habitants avaient été mis en garde quelques jours avant, mais la catastrophe fit néanmoins une vingtaine de victimes.

Les coulées de boue meurtrières, comme celle qui détruisit ce haut village de la Suisse niçoise en 1926 (Figure 1), se produisent après des crues et des pluies violentes : elles sont un exemple d'écoulement d'une matière complexe constituée d'eau, de cailloux de tailles variables et d'argile. Ces laves torrentielles provoquent des dégâts aussi importants que ceux produits par leurs homonymes, les laves volcaniques (p. 32) : les deux matériaux sont de nature complètement différente, mais ont en commun la complexité de leurs lois d'écoulement.

Le mélange de grains solides et d'eau présente un comportement intermédiaire entre un liquide et un solide. En l'absence d'eau, des chaînes de forces se forment entre les grains et transmettent les efforts jusqu'aux parois, comme dans un sablier (p. 140). Si le milieu est faiblement mouillé, à la façon d'un pâté de sable, les forces capillaires au niveau des ménisques d'eau entre les grains augmentent la cohésion ! Si l'espace entre grains est complètement saturé d'eau, ces derniers doivent entrer directement en contact pour que se forment des chaînes de forces : il faut pour cela que l'eau ait le temps de s'écouler entre les grains lorsqu'on sollicite le milieu. C'est le cas pour des mouvements lents : les suspensions concentrées de particules ont alors un comportement de type solide. Les écoulements rapides sont au contraire de type liquide, car il subsiste des films liquides entre grains qui glissent facilement les uns contre les autres. Le rapport entre un temps caractéristique du mouvement des grains (tel que la durée séparant deux contacts successifs sur un même grain), et le temps d'écoulement du fluide entre grains sur la même distance caractérise la transition entre ces régimes. Le comportement est de type liquide si ce rapport est élevé.

Ces comportements très divers sont typiques de la problématique de la *rhéologie*, la science qui étudie la déformation et l'écoulement des fluides complexes soumis à des sollicitations.

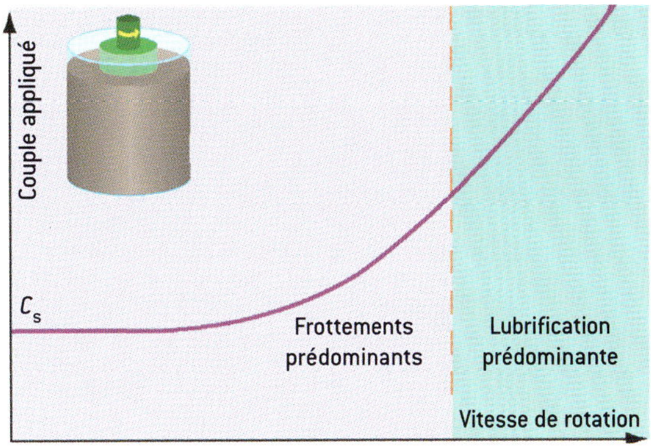

2. Mesure des propriétés d'écoulement d'une pâte granulaire concentrée, à l'aide d'un rhéomètre de Couette à cylindres tournants (seul le cylindre intérieur tourne). Dans cette expérience, le couple appliqué (en ordonnée) est imposé et on mesure la vitesse de rotation. Elle est nulle au-dessous d'une valeur seuil C_s du couple.

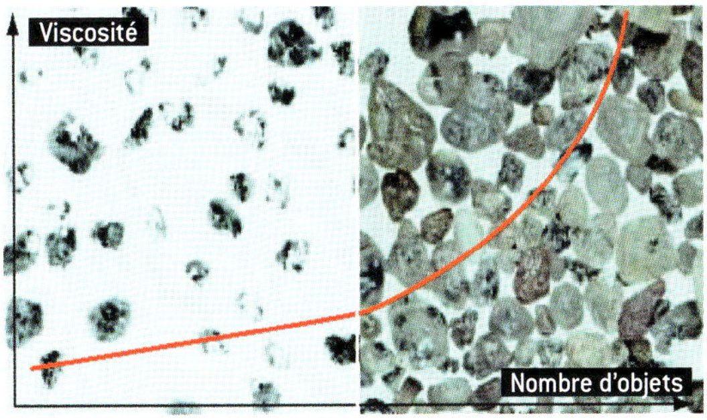

3. Variation de la viscosité avec la concentration des grains dans une suspension. Aux faibles concentrations de solide (quelques pour-cent en volume), la viscosité augmente linéairement avec la concentration. Elle diverge aux fortes concentrations, lorsque le système est sur le point de se bloquer.

Le phénomène en détail

Étudions les propriétés mécaniques d'une « pâte granulaire » en la disposant entre deux cylindres coaxiaux : on impose par exemple un couple au cylindre central et on mesure sa vitesse angulaire (Figure 2). Pour une suspension concentrée de grains, le cylindre mobile reste bloqué au-dessous d'une valeur seuil du couple ; les frottements solides entre grains s'opposent alors à la rotation, comme pour des grains secs. Si le couple appliqué est à peine supérieur au seuil (et donc à des vitesses de rotation faibles), la friction solide entre les grains est la cause principale de la résistance mesurée : elle dépend peu de la vitesse de rotation.

Inversement, aux vitesses élevées, l'accroissement de la vitesse de rotation avec le couple appliqué est similaire à celle d'un liquide. Ce comportement est d'autant plus marqué que les forces de contact entre grains sont réduites. Ainsi une suspension diluée d'une concentration en grains de quelques pour-cent est caractérisée par une viscosité qui augmente avec la concentration (Figure 3).

Qu'en est-il d'une boue argileuse ? L'argile a deux effets opposés : tout d'abord, elle lubrifie les grains solides lorsque la sollicitation est élevée, et favorise leur glissement relatif. En revanche, lorsque les contraintes sont faibles, l'argile forme une sorte de colle qui bloque ce mouvement. Les liaisons entre grains peuvent alors constituer un réseau en volume (comme dans un gel), ce qui fait de la boue un solide faible. L'argile contribue ainsi à faire apparaître un seuil de contrainte au-dessous duquel le mélange ne s'écoule pas.

L'effet Weissenberg et la viscoélasticité

Des fluides qui montent, gonflent et font des fils!

Lorsqu'on prépare une pâte à gâteaux avec un batteur, la remontée de la pâte le long du fouet est souvent gênante. Avec de l'eau, au contraire, la surface se creuse autour de l'axe de rotation. Le comportement étrange de la pâte est appelé *effet Weissenberg*: il peut être reproduit de manière contrôlée en faisant tourner une tige dans certaines solutions de polymère (Figure 1).

Cet effet reflète la *viscoélasticité* de ces fluides: ce nom désigne un comportement qui associe certaines propriétés des liquides et des solides. Une autre manifestation de la viscoélasticité est l'insolite gonflement de jets de certaines solutions de polymères (ou des polymères fondus) à la sortie d'un orifice (Figure 2): cet effet doit être pris en compte dans le moulage par injection de matières plastiques.

Certains fluides viscoélastiques sont caractérisés par une résistance à l'étirement bien plus forte que celle d'un fluide normal: cela permet de tirer un fil à partir d'un bain de fluide, et de l'enrouler sur une bobine (Figure 3), chose impensable avec un fluide normal newtonien, même très visqueux. C'est grâce à cette propriété que l'industrie du textile synthétique fabrique des fils de très grande longueur et de diamètre uniforme.

Ces fluides élastiques aux propriétés inattendues sont donc loin d'être des curiosités de laboratoire. De la pâte à pain aux textiles artificiels, ils sont présents dans notre vie de tous les jours.

1. Vue à deux instants successifs de la montée d'un fluide viscoélastique (solution de polystyrène dans un solvant organique) le long d'un axe tournant.

Le phénomène en détail

Ces effets reflètent l'existence dans ces fluides de contraintes visqueuses normales aux parois, induites par l'écoulement. Prenons par exemple un écoulement de cisaillement entre deux plans d'une solution de molécules de polymère – que nous représenterons par des bâtonnets (Figure 4). Ces derniers adoptent une position oblique par rapport à l'écoulement moyen : elle résulte d'un équilibre entre l'effet de l'agitation thermique qui fait tourner les molécules dans tous les sens, et celui de la composante de rotation de l'écoulement de cisaillement. Cette rotation des molécules fait alors apparaître sur les parois une contrainte perpendiculaire à la vitesse moyenne du fluide.

Plus généralement, il apparaît dans les écoulements de cisaillement des fluides viscoélastiques (comme celui de la figure 4) des *contraintes* σ_{nx}, σ_{ny}, σ_{nz} dites *normales* (car perpendiculaires aux surfaces sur lesquelles elles s'exercent) : elles croissent avec le gradient de vitesse et peuvent être plus importantes que la *contrainte tangentielle* σ_{ty} de cisaillement visqueux. Les valeurs de ces trois contraintes normales sont différentes : cet effet d'anisotropie conduit à les caractériser par les deux différences $N_1 = \sigma_{nx} - \sigma_{ny}$ et $N_2 = \sigma_{ny} - \sigma_{nz}$.

Dans l'effet Weissenberg, la contrainte normale σ_{nz} perpendiculaire au plan de cisaillement équilibre le supplément de pression hydrostatique qu'engendre la remontée du fluide (Figure 1). Pour un fluide newtonien, cette force n'existe pas et on a, au contraire, une diminution de la pression, à cause de la force centrifuge.

Dans l'exemple de la figure 2, le fluide viscoélastique s'écoule dans un tube de petit diamètre, dont les parois équilibrent la contrainte normale σ_{ny}. Lorsque le fluide s'échappe, cette contrainte n'est plus équilibrée et provoque le gonflement du jet.

Enfin, dans l'écoulement de la figure 3, les molécules allongées et rigides s'opposent à l'étirement qui donnerait à leurs deux extrémités des vitesses différentes. Cet effet est caractérisé par la viscosité élongationnelle : elle prend la même valeur que la viscosité de cisaillement pour les fluides newtoniens, mais vaut mille fois cette dernière pour certains polymères constitutifs des textiles artificiels.

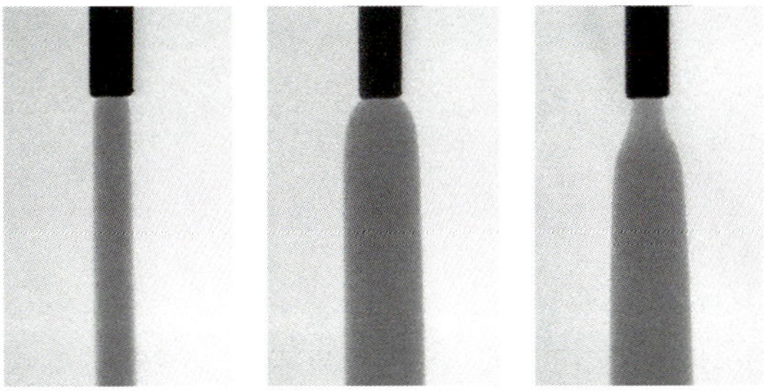

2. Gonflement d'un jet d'une solution de polymère, à la sortie d'un tube de petit diamètre. Les débits sont croissants de gauche à droite. Notez le retard du gonflement du jet pour le plus fort débit.

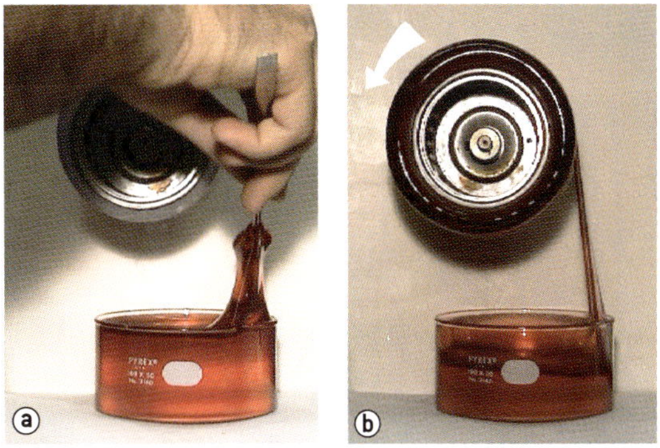

3. Enroulement sur une bobine (b) du fluide viscoélastique de la figure 1, tiré à partir d'une surface libre (a).

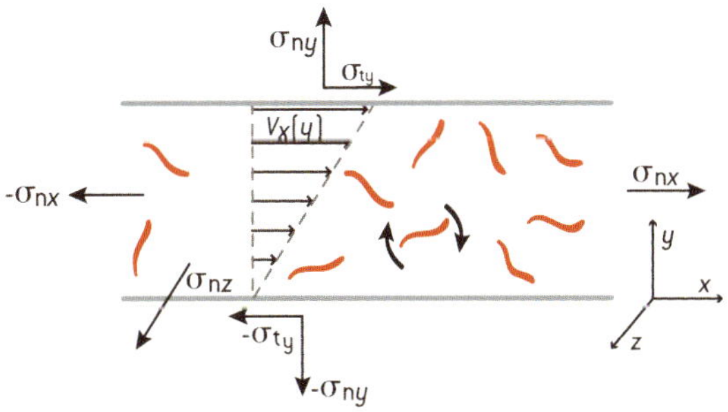

4. Contrainte de cisaillement σ_{ty} et contraintes normales σ_{nx}, σ_{ny} et σ_{nz} à l'intérieur d'un fluide élastique cisaillé. Les indices n et t indiquent la nature (normale ou tangentielle) de la contrainte, tandis que le second indice (x, y, ou z) précise l'orientation de la normale à la surface sur laquelle la contrainte s'exerce.

Des fleuves de glace

Solide ou liquide ? La glace : un exemple de matériau plastique

1. Le glacier Barnard (Alaska) en juillet 1957.

L'apparente immobilité des glaciers contraste avec les nombreuses traces sur leur surface, ces bandes de pierres, moraines, et fractures qui témoignent de leur mouvement. S'il en était besoin, les exemples d'alpinistes tombant malencontreusement dans une crevasse et réapparaissant bien plus bas quelques dizaines d'années plus tard (voire plusieurs millénaires dans un cas récent en Autriche) confirment que les glaciers s'écoulent. Un des plus beaux exemples de cette fluidité est cette photographie du glacier Barnard en Alaska (Figure 1), qui évoque à première vue un fleuve et ses affluents. Toutefois, à l'opposé de l'écoulement turbulent d'un fleuve, il faut noter la régularité et le parallélisme des lignes de courant du glacier (matérialisées par les roches entraînées), qui rappelle un écoulement de Poiseuille à petit nombre de Reynolds (p. 10) : les « affluents » se joignent sans se mélanger à l'écoulement principal. Les vitesses d'écoulement, de quelques centimètres à quelques mètres par jour, sont très variables d'un glacier à l'autre. Par ailleurs, la physique de l'écoulement des glaciers diffère complètement de celle des liquides habituels : la glace est en effet un solide

et c'est sa déformation *plastique,* sous l'effet des très fortes contraintes associées au poids de la glace, qui permet le mouvement – si toutefois le terrain est assez pentu. L'apport de glace vers la vallée est compensé par sa fusion en bas du glacier, de sorte que la longueur de l'ensemble n'évolue que très lentement. C'est enfin l'entraînement de roches par le mouvement du glacier qui est responsable de l'érosion glaciaire.

Le phénomène en détail

La plasticité d'un solide traduit son aptitude à se déformer irréversiblement sans se briser sous l'effet des forces appliquées, à la différence d'un matériau élastique qui revient à son état initial une fois que la contrainte cesse. Les métaux mous (cuivre, plomb, etc.) et les matières... plastiques sont d'autres exemples de matériaux présentant une irréversibilité semblable pour des déformations importantes. Notons que la plasticité est généralement associée à l'apparition de défauts au sein du matériau.

La vitesse d'un glacier augmente avec la profondeur de la couche de glace : en effet, les contraintes n'atteignent une valeur suffisamment élevée pour « plastifier » le solide qu'au fond du glacier, à condition que la hauteur de glace soit suffisante (une cinquantaine de mètres). Au fond, un glissement local de la glace sur la roche peut aussi être favorisé par la présence d'une couche d'eau fondue. En revanche, les couches de glace proches de la surface se déplacent en bloc comme un solide. Elles sont alors susceptibles de se fracturer en formant des séracs, qui se cassent et tombent en gros blocs – le glacier Grey en Patagonie en fournit un exemple (Figure 2).

2. Séracs du glacier Grey (sud du Chili), janvier 2004.

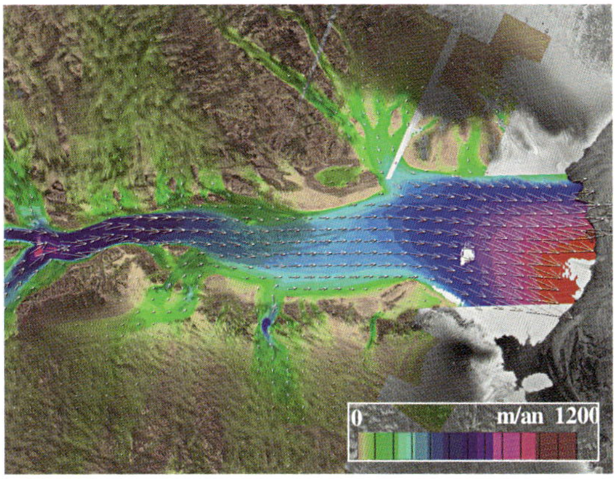

3. Vue radar du champ de vitesse de la glace dans le glacier Lambert, en Antarctique (les flèches indiquent la direction des écoulements et les couleurs leur vitesse suivant le code montré en bas et à droite). La mesure s'appuie sur un interférogramme, produit à partir de la différence entre les signaux reçus à des intervalles de temps de 24 jours (une autre vue du glacier Lambert est présentée au début de ce chapitre). Le champ de la vue radar est d'environ 500 km.

La vitesse du glacier diminue du centre aux bords du glacier, à la façon d'un écoulement de Poiseuille (p. 24) entre deux plans verticaux : les lois régissant son mouvement ne se réduisent cependant pas à un simple effet de viscosité. Traditionnellement, le mouvement des glaciers était étudié à l'aide de repères dont on notait la position année après année. Aujourd'hui, nous avons à notre disposition des méthodes beaucoup plus puissantes, qui exploitent des capteurs radar embarqués à bord de satellites ou d'avions (ces techniques sont également appliquées aux mesures de déplacements de terrain pendant les tremblements de terre). À partir d'images enregistrées à deux instants successifs, il est ainsi possible d'obtenir une véritable cartographie de la vitesse de la glace (Figure 3).

Pahoehoe ou a' a ?

Les formes variées des coulées de lave révèlent la coexistence liquide-solide

1. Vue d'une coulée de lave pahoehoe.

Peu d'écoulements sont aussi spectaculaires que les coulées incandescentes de lave débordant d'un volcan en éruption. Le magma en fusion s'échappe sous pression des profondeurs de la terre : c'est un liquide dont la viscosité augmente très rapidement quand la température diminue, et qui se solidifie progressivement en un matériau vitreux. Outre l'effet de la température, la façon dont la lave s'écoule dépend fortement de la composition du magma et de la présence éventuelle de gaz. Tous ces facteurs contribuent à l'extrême diversité de ces mouvements et des formes de la lave refroidie.

Parmi ces formes, deux des plus inattendues sont les « pahoehoe » et les « a' a », des noms que l'on doit aux indigènes hawaïens. Ces structures résultent de l'écoulement de laves basaltiques dont la surface se refroidit au contact de l'atmosphère jusqu'à constituer une croûte solide. Cependant, en raison de la mauvaise conductivité thermique du magma, l'intérieur reste liquide (dans certains cas, la lave s'écoule à l'intérieur comme dans un tunnel). Les pahoehoe, dont la surface est lisse ou régulièrement plissée, progressent par poussées successives : des lobes avancent d'un mètre ou deux, puis s'arrêtent (Figure 1), tandis que la progression reprend inexorablement en un autre endroit. Les a' a au contraire ont une épaisseur plus

grande et une surface très chaotique (Figure 2). Cette dernière est formée de nombreux fragments anguleux, dont la taille va de quelques centimètres à plusieurs mètres, et sur lesquels il est très désagréable de marcher (comme leur nom semble l'évoquer !).

De tels écoulements, intermédiaires entre le mouvement d'un liquide et la déformation d'un solide donnent une leçon spectaculaire de rhéologie, cette science dont nous avons fait connaissance précédemment.

2. Vue d'une coulée de lave a' a.

Le phénomène en détail

Quelle est l'origine de la diversité de ces formes ? Si la croûte de surface ne peut pas suivre les mouvements de la lave liquide à l'intérieur, elle est en revanche suffisamment chaude pour subir des déformations irréversibles plastiques. Sous l'effet des contraintes visqueuses dues à l'écoulement interne, la croûte se déforme plastiquement en se plissant (Figure 1); parfois, la variation de la vitesse de la lave d'un point à l'autre de la surface fait apparaître des structures en « rouleau de corde » (Figure 3).

3. Lave pahoehoe en rouleau de corde. Ces structures apparaissent dans la zone de contact entre deux écoulements de lave de vitesses différentes. Elles matérialisent de façon spectaculaire le fait que, dans un tel écoulement cisaillé, il existe une forte composante de rotation. Dans des écoulements voisins (bien qu'à nombre de Reynolds beaucoup plus élevés) comme la couche de mélange (p. 104), cela se traduit par l'apparition de tourbillons.

Les écoulements de type a' a apparaissent eux lorsque la croûte ne se déforme plus plastiquement mais se brise : c'est le cas lorsque le cisaillement augmente (sur une pente plus élevée par exemple), ou lorsque la viscosité de la lave croît, du fait des cristaux et particules solides apparus lors du refroidissement.

Au mouvement inexorable et lent des pahoehoe et des a' a s'opposent les cascades spectaculaires de lave chaude et fluide, ou encore les éjections explosives de magma pulvérisé. Lorsqu'une éruption se produit sous l'eau, le refroidissement des couches supérieures est au contraire si rapide que l'écoulement est arrêté net : le magma se recroqueville sur lui-même pour minimiser l'interface avec l'eau, et forme des « coussins ».

Les coulées de lave ne sont pas les seuls écoulements complexes issus des volcans. Les nuées ardentes (aussi appelées coulées pyroclastiques), responsables des catastrophes de Pompéi ou de Saint-Pierre en Martinique, sont beaucoup plus dangereuses. Elles se rapprochent d'ailleurs des écoulements granulaires présentés à la fin de l'ouvrage.

ÉCOLE NAVALE
Finist'mer

PARTIE 2

Inertie

Les écoulements des fluides sont contrôlés par la viscosité aux faibles vitesses. Aux vitesses plus élevées, les effets dominants ont pour origine l'inertie du fluide et le flux de quantité de mouvement que ce dernier induit dans son déplacement. Les forces correspondantes – celles qui s'exercent sur les voiles de ces bateaux par exemple – ne sont alors plus proportionnelles à la vitesse de l'écoulement, mais à son carré. Il existe une loi importante sous-tendant une bonne part de ces effets. Elle exprime la conservation de l'énergie de l'écoulement. Énoncée par Daniel Bernoulli et son père Jean, elle peut se résumer par la relation « à grande vitesse, faible pression ». Cette loi permet de comprendre des phénomènes aussi divers que l'apparition de bulles dans un écoulement très rapide, ou la portance d'une aile d'avion.

Bernoulli et l'effet Venturi

Souffler pour aspirer

1. **Pulvérisateur de parfum.** Une pression sur la poire crée un écoulement d'air dans le tuyau horizontal. Ce dernier présente un rétrécissement où la vitesse de l'air augmente : cela provoque la remontée du liquide contenu dans le réservoir, puis sa pulvérisation à travers la buse de sortie.

Nous n'utilisons plus guère les pulvérisateurs à main avec lesquels nos aïeux se sont longtemps parfumés (Figure 1) : une pression sur la poire en caoutchouc projette un nuage de fines gouttelettes de parfum depuis la buse de sortie.

On pourrait penser que, comme pour les bombes aérosols, c'est la mise sous pression de l'air du réservoir qui fait sortir le parfum : pourtant, si on sépare légèrement le pulvérisateur de son flacon en mettant l'intérieur en communication avec l'atmosphère, il fonctionne toujours.

Le principe est tout autre (Figure 2) : l'air venu de la poire est forcé dans un rétrécissement, au niveau duquel débouche un tuyau vertical plongé dans le parfum. À la vitesse accrue de l'air au niveau du rétrécissement correspond une baisse de pression : cet *effet Venturi* est la clé de tous les phénomènes de ce sujet. La dépression peut être suffisamment forte pour que la pression locale tombe au-dessous de la pression atmosphérique, malgré la surpression appliquée par la poire : le liquide est alors aspiré par le tube vertical et entraîné par l'écoulement d'air vers la buse de sortie, où il se disperse en fines gouttelettes.

C'est ce même effet Venturi qui fait se coller deux feuilles de papier maintenues proches l'une de l'autre et entre lesquelles on souffle. Décidément, pour aspirer, il suffit parfois de souffler !

Le phénomène en détail

Daniel Bernoulli, héritier d'une famille de savants bâlois, est l'un des pères fondateurs de la théorie des *fluides parfaits* (ceux pour lesquels on peut négliger la viscosité). Il a expliqué en 1738 dans son ouvrage *Hydrodynamica* (Figure 3) pourquoi une grande vitesse d'un fluide pouvait induire une dépression. L'équation de Bernoulli implique en effet que, le long d'une ligne d'écoulement stationnaire d'un fluide parfait, la somme de la pression p, de l'énergie cinétique volumique $\rho V^2/2$ et de l'énergie potentielle volumique de gravité ρgz est une constante (V est la vitesse locale du fluide, ρ sa masse volumique et z la coordonnée verticale). En fait, cette équation fait le bilan de l'énergie totale du fluide (cinétique et potentielle), dont les variations correspondent au travail des forces de pression lorsqu'on néglige la dissipation due à la viscosité. Dans la figure 2, la différence de pression sur une même ligne de courant horizontale entre la zone amont et la section minimum vérifie :

$$P_a - P_m = \rho\,(V'^2 - V^2)/2$$

Cette différence est positive ; il y a donc bien une dépression au niveau de la constriction.

En l'absence d'écoulement, on remarque que l'équation de Bernoulli se réduit (comme on pouvait s'y attendre) à l'équation fondamentale de l'hydrostatique $P + \rho gz$ = constante : cette loi explique par exemple pourquoi à une profondeur de 10 mètres sous l'eau, un plongeur est soumis à une pression double de la pression atmosphérique. Comme nous l'avons indiqué, la relation de Bernoulli n'est rigoureusement vérifiée que si la viscosité est négligeable. Elle reste cependant souvent approximativement valable, en particulier lorsqu'on s'éloigne suffisamment des parois solides pour que l'effet de la viscosité soit réduit.

En dehors des vaporisateurs et autres pulvérisateurs de jardin, l'équation de Bernoulli (ou *l'effet Venturi* dont le pulvérisateur offre un exemple) présente de nombreuses applications. Ainsi, les trompes à vide en chimie fonctionnent sur le principe de la figure 2, les rôles du liquide et du gaz étant inversés : une circulation d'eau dans le canal principal vertical entraîne l'air de l'enceinte à évacuer à travers la prise latérale. Les carburateurs de voiture sont un autre exemple d'utilisation de l'effet Venturi. L'air aspiré vers les cylindres du moteur passe dans une zone de section réduite où se trouvent les buses d'injection d'essence, ce qui produit le mélange combustible.

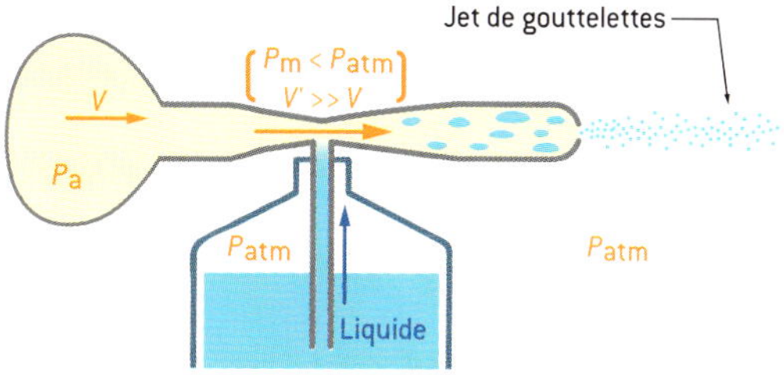

2. Principe de fonctionnement d'un pulvérisateur (l'air est en jaune et le liquide en bleu).

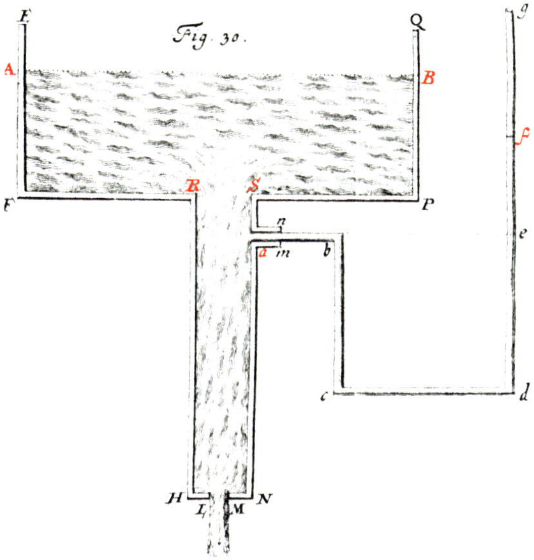

3. Reproduction d'une figure de l'*Hydrodynamica* de Daniel Bernoulli. L'eau (qui joue ici le rôle de l'air dans le vaporisateur) s'écoule du réservoir supérieur dans un tube étroit à travers la section *RS*. La vitesse est plus rapide dans le tube qu'elle ne l'est au niveau de la surface libre AB, puisque le débit volumique est le même. À cette vitesse accrue correspond une baisse de la pression au niveau de la prise de pression (en a), par rapport à la valeur au repos. La différence entre le niveau AB et le niveau f permet de mesurer la vitesse d'écoulement du liquide au niveau a (les deux niveaux sont les mêmes en l'absence d'écoulement).

Cavitation : des sous-marins aux crevettes

Quand la vitesse met en ébullition

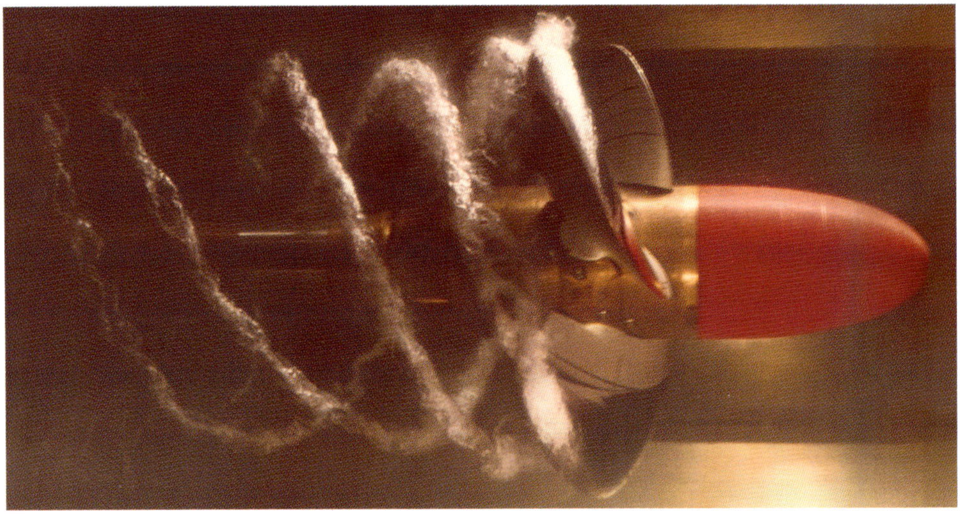

1. Zones de cavitation créées par les pales d'une hélice de bateau. Les filaments de bulles matérialisent la trajectoire du « cœur » des tourbillons produits à l'extrémité des pales. Il existe des tourbillons similaires (mais sans bulles !) à l'extrémité des ailes d'avion (p. 82).

Nous voilà familiarisés avec l'effet Venturi (sujet précédent) : lorsque la vitesse d'un fluide augmente au fil de l'écoulement, par exemple dans un rétrécissement, sa pression diminue. Le phénomène de *cavitation* est une conséquence spectaculaire de cet effet : si la vitesse locale du liquide est suffisamment élevée, sa pression devient inférieure à la pression d'ébullition, et des bulles de vapeur apparaissent spontanément au sein de l'écoulement. Pour l'eau, cette pression (environ 2 % de la pression atmosphérique à température ambiante) est atteinte pour des vitesses de l'ordre de 15 m/s. De telles bulles de vapeur naissent ainsi à l'extrémité des hélices de bateau à haute vitesse, et se rassemblent en fins filaments au bout des pales (Figure 1). Les conséquences pratiques de ce phénomène sont très importantes : lorsque les bulles arrivent dans une zone où la vitesse est plus faible (et donc la pression plus élevée), elles implosent violemment, jusqu'à éroder le métal des pales d'hélice ou dégrader les conduites des centrales hydrauliques. En effet, lors de l'implosion, un jet liquide traverse l'intérieur de la bulle et impacte la surface solide à grande vitesse (Figure 2).

La cavitation produit également du bruit – c'est d'ailleurs l'un des principaux éléments de la signature acoustique des sous-marins. Certaines crevettes (*Alpheus heterochaelis*) tirent parti de la cavitation en claquant leurs pinces plusieurs milliers de fois par seconde : le jet produit est si rapide (environ 100 km/h) qu'une bulle apparaît puis implose, ce qui trouble les proies et les met à la merci du crustacé. Le bruit qui en découle est d'ailleurs suffisant pour perturber les systèmes d'écoute des navires de guerre ! À défaut de pouvoir s'affranchir totalement de la cavitation, certains dispositifs sont, à l'inverse, conçus pour la maximiser et engendrer une grande bulle de vapeur (on parle de « supercavitation ») : des torpilles se déplaçant à plusieurs centaines de km/h à l'intérieur d'une telle bulle ont vu le jour en Russie.

Le phénomène en détail

Une expérience simple permet de reproduire en laboratoire le phénomène de cavitation (Figure 3) : elle exploite la rotation associée à un fin filament de tourbillon semblable à un tourbillon de vidange (p. 70). Au voisinage de l'axe, la vitesse de rotation est élevée, et la pression est donc suffisamment faible pour induire la cavitation. La surface libre de l'air est située largement au-dessus des pales en rotation, de sorte que les bulles qui apparaissent ne viennent pas de l'atmosphère. Par ailleurs, lorsqu'on augmente la température de l'eau (et donc sa pression d'ébullition au-dessous de laquelle la cavitation se manifeste), on constate que la vitesse minimale de rotation des pales pour observer l'ébullition diminue, en accord avec l'hypothèse de cavitation.

Les ultrasons de grande amplitude produisent également de la cavitation : dans certains cas, dans la phase de compression où la bulle implose la concentration de l'énergie devient suffisamment élevée pour donner lieu à l'émission d'une impulsion de lumière extrêmement brève (quelques dizaines de picosecondes). On sait maintenant contrôler ce phénomène, appelé « sonoluminescence », sur des bulles isolées de taille submillimétrique et augmenter son amplitude en utilisant des gaz rares dissous. On a ainsi pu montrer que le spectre optique de cette lumière correspond à une température très élevée qui peut être supérieure à 15 000 degrés Celsius (soit 4 fois la température de surface du Soleil !). Cette température est suffisante pour ioniser le gaz et former un plasma, ce qui expliquerait l'émission lumineuse.

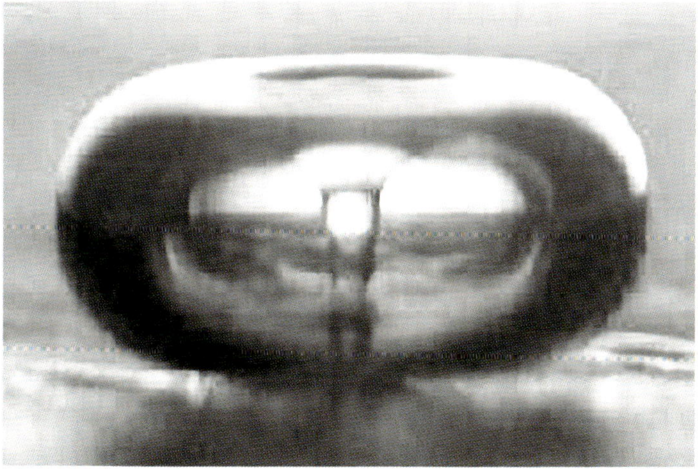

2. Bulle de cavitation, de taille millimètrique, en train d'imploser. Le jet réentrant partant du haut de la bulle heurte la surface solide à très grande vitesse et peut l'endommager. La croissance et l'implosion de la bulle sont induites par des oscillations de pression d'une fréquence de 60 Hz.

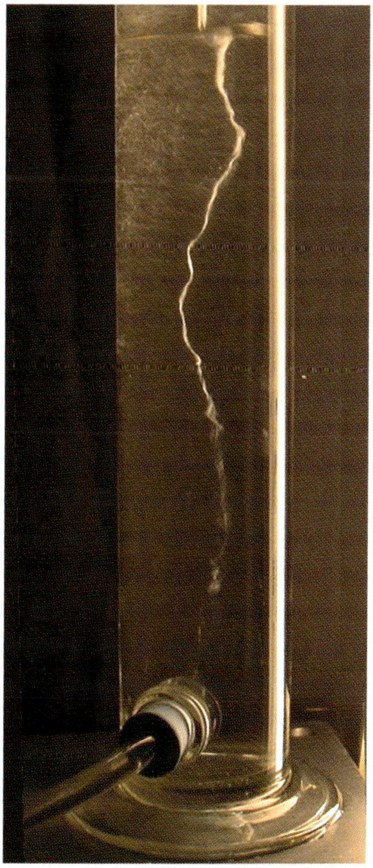

3. De l'eau est mise en rotation dans un tube vertical de quelques centimètres de diamètre, par une pale tournant à vitesse constante. En aspirant l'eau par un tuyau situé dans la partie inférieure du tube, on crée un écoulement vers le bas qui induit la formation d'un tourbillon vertical (p. 70). Son cœur est décoré par des bulles de cavitation. En effet, la zone près de l'axe est en rotation rapide associée à une dépression intense.

Henri Coanda et l'effet théière

Pourquoi les fluides se collent-ils à une surface courbe?

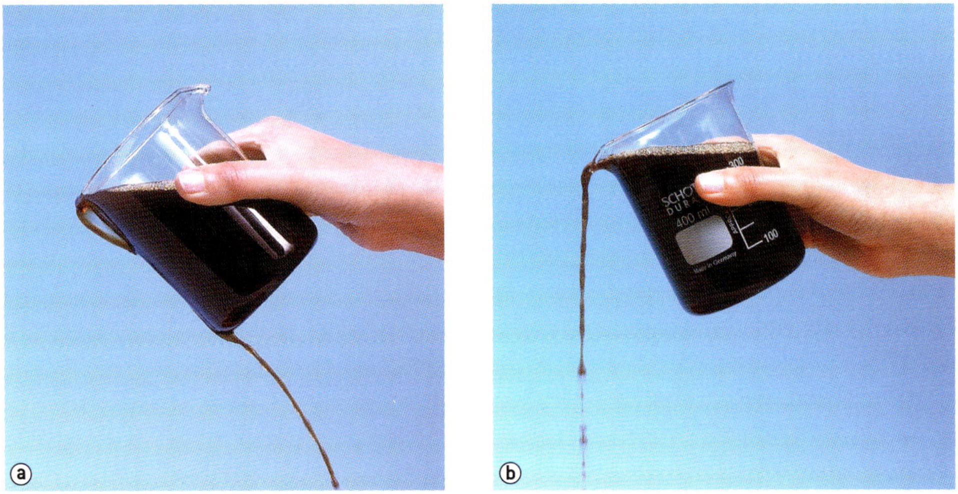

1. (a) **Lorsqu'on essaie de vider un bécher sans utiliser le rebord en forme de bec,** une partie du liquide reste « collée » à la paroi. Le jet de sortie se courbe, s'écoule le long du verre et finit par goutter. (b) **On a moins de difficulté en utilisant le bec.**

Il est parfois difficile de respecter l'adage vieux de douze siècles du poète chinois Lu Yu: « Dégustez toujours le thé comme s'il était la vie elle-même, sans en laisser dissiper l'arôme »...ou une goutte! Bien souvent, en effet, le filet de liquide suit la paroi de la théière et coule à côté de la tasse. Verser plus lentement? Le phénomène s'accentue. Limiter l'effet en inclinant franchement le récipient? Le liquide s'écoule trop vite. L'effet est marqué en l'absence de bec verseur (Figure 1). S'il est anecdotique quand il s'agit de thé, ses conséquences peuvent être graves pour des produits chimiques.

On observe un phénomène de même nature en interposant un obstacle cylindrique dans un jet (Figure 2a). Le jet est dévié par l'obstacle dont il épouse la surface, avant de s'en détacher avec une vitesse oblique par rapport à la verticale. L'inclinaison des fils supportant le cylindre montre que ce dernier est attiré par le jet (Figure 2b). Ce phénomène est appelé *effet Coanda* en mémoire d'Henri Coanda, l'ingénieur aérodynamicien roumain qui le décrivit en premier.

Le phénomène en détail

Comment expliquer l'attraction réciproque du jet et du cylindre? Si le jet est courbé à la sortie de la théière, les particules de fluide sont soumises à une force centrifuge $\rho V^2/R$ (où ρ la masse volumique du fluide, V sa vitesse et R le rayon de courbure du jet). Lorsqu'on s'éloigne du centre de courbure du jet, l'équilibre dynamique des particules de fluide est assuré par une augmentation de la pression : ce gradient de pression se traduit par une force par unité de volume du jet f_p (Figure 2b) équilibrant la force centrifuge. Pour un jet libre, la pression est égale à la pression atmosphérique sur toute la surface du jet : $f_p = 0$ et toute courbure du jet est impossible. En revanche, quand il touche l'obstacle, la pression dans la zone de contact peut être plus faible qu'à l'extérieur : cette dépression attire le cylindre vers le jet avec une force F_c (à cette force répond une réaction $-F_c$ en sens inverse, exercée par le cylindre sur le jet). Le jet se détache ensuite de la paroi comme lors du décollement d'une couche limite. On parvient au même résultat en analysant la variation de quantité de mouvement du fluide, due à la déviation de sa trajectoire au passage sur le cylindre.

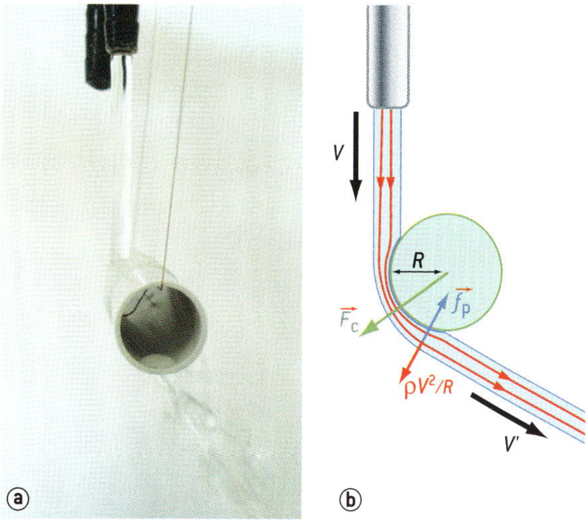

2. (a) **Jet liquide dévié sur un obstacle cylindrique.** Les fils de suspension s'écartent de la verticale. (b) **Schéma des vitesses et des forces sur le jet.** Pour compenser la force centrifuge $\rho V^2/R$ (R est le rayon de courbure du jet), la pression près du cylindre est inférieure à la pression externe. Il en résulte une force d'attraction F_c exercée par le jet sur le cylindre.

Un autre effet renforce cette force d'attraction : la présence d'un obstacle ou d'un coude resserre les lignes de courant et augmente la vitesse, en particulier près de la paroi. Il en résulte, d'après l'équation de Bernoulli, une dépression supplémentaire qui « colle » encore plus le jet sur le cylindre.

Le comportement d'une balle légère dans un jet d'air illustre aussi l'effet Coanda (Figure 3). Quand le jet est vertical, la balle est maintenue en suspension par une force de traînée (p. 92) parallèle à l'écoulement. Si le jet est incliné, une force supplémentaire perpendiculaire à l'écoulement est nécessaire pour maintenir la balle en suspension. La force de Coanda associée à la déviation du flux de quantité de mouvement joue ce rôle, comme dans la figure 2b : la balle est maintenue en sustentation sous le jet.

3. **Balle dans des jets d'air ascendant.** Lorsque le jet est vertical (à droite), la balle est maintenue en suspension par une force de traînée parallèle à l'écoulement. Si on l'incline (à gauche), la balle reste suspendue grâce à une force d'attraction due à la déviation du jet, comme décrit dans la figure 2b.

Une des parades à « l'effet théière » consiste à donner au bord du récipient une forme de « V » (Figure 1b), afin que la vitesse de sortie du liquide augmente pour un débit donné. La trajectoire du liquide est alors moins courbée (comme lorsqu'on lance horizontalement un projectile avec une vitesse accrue) et le jet se détache plus vite de la paroi. On peut aussi percer un petit orifice dans la face inférieure du bec verseur, près de son extrémité : cela impose localement une pression égale à la pression atmosphérique et empêche le jet de rester collé.

Magnus et les balles qui tournent

Pourquoi la rotation d'une balle peut la dévier

1. Tir d'un coup franc par Michel Platini lors du match France/Pays-Bas le 18 novembre 1981 au Parc des Princes. La flèche indique la position du ballon au moment où la photo a été prise. On a ajouté d'autres positions successives relevées sur un enregistrement vidéo. Michel Platini a tiré tout à fait vers la droite du mur formé par les joueurs adverses. L'effet de rotation communiqué au ballon lors de la frappe lui a donné à une trajectoire fortement incurvée vers la gauche, qui lui permet de pénétrer dans le but.

Même si vous ne regardez pas souvent le football à la télévision, prêtez attention aux trajectoires des ballons, aussi insolites que passionnantes aérodynamiquement. Il en est ainsi d'un fameux coup franc de Michel Platini, lors d'un match qualificatif pour la coupe du monde de 1982 (Figure 1). Le ballon, tiré vers la droite du mur de l'équipe néerlandaise, l'a contourné en suivant une trajectoire fortement incurvée vers la gauche pour finir au fond du but !

Le meneur de jeu français a obtenu cet effet spectaculaire en frappant le ballon sur son flanc droit, avec la pointe du pied : il lui a ainsi communiqué une rotation en sens inverse des aiguilles d'une montre, responsable de la courbure de la trajectoire. Cette courbure résulte de *l'effet Magnus* lié à la circulation de l'air autour d'un objet en mouvement. Ce même effet explique la portance des ailes d'avion, ainsi que la poussée sur les voiles de bateau (p. 44) ou les pales des hélices.

L'effet Magnus n'est pas la seule arme pour réussir un coup franc : quand le ballon ralentit sous l'effet du freinage aérodynamique, l'écoulement turbulent de l'air dans la couche limite près de la surface du ballon devient laminaire. La force de freinage

augmente alors brusquement et le ballon change soudain de direction (p. 92) : il peut ainsi passer au-dessus du « mur » puis plonger vers l'intérieur de la cage. Souvent, d'ailleurs, les deux effets se combinent pour compliquer encore le travail du gardien.

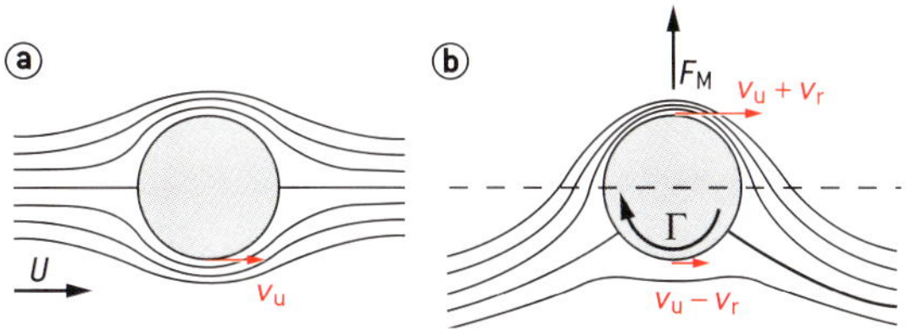

2. **Comparaison des lignes d'écoulement d'un fluide parfait autour d'un cylindre fixe** (a) sans rotation du fluide et (b) avec rotation du fluide autour du cylindre (la flèche courbe indique le sens de la rotation du fluide ; *U* est sa vitesse loin du cylindre).

Le phénomène en détail

C'est vers 1850 que le physicien allemand Gustav Magnus découvrit la force qui porte son nom : l'exemple le plus simple est celui d'un obstacle cylindrique, d'axe perpendiculaire à l'écoulement uniforme de vitesse U d'un fluide parfait. Pour un écoulement symétrique par rapport au plan diamétral parallèle à U (Figure 2a), les composantes parallèle et perpendiculaire à U de la force sur le cylindre sont nulles (en raison respectivement de l'absence de dissipation et de la symétrie de la vitesse v_U du fluide autour de l'obstacle). Supposons maintenant que le fluide tourne autour de l'obstacle (Figure 2b). Au-dessus du cylindre, la vitesse v_r associée à la rotation s'ajoute à celle v_U de l'écoulement extérieur ; elle s'en retranche au-dessous. À cette vitesse plus faible est associée, d'après la relation de Bernoulli (p. 36), une pression plus élevée. Il en résulte une force F_M perpendiculaire à l'axe du cylindre et à l'écoulement moyen, dirigée vers le haut. F_M est appelée force de Magnus : elle est proportionnelle à la fois à U et à la *circulation* Γ de la vitesse du fluide (Γ caractérise la rotation et est ici égale au produit de v_r par le périmètre du cylindre).

On observe un effet similaire avec un cylindre tournant dans un fluide visqueux, qui est alors entraîné par cette rotation. La relation de Bernoulli s'applique lorsqu'on s'éloigne suffisamment de la paroi du cylindre pour que l'effet de la viscosité soit négligeable. Les différences de pression de part et d'autre de la paroi, et donc la force de Magnus, sont du même ordre que pour un fluide parfait. Il s'y ajoute toutefois une force de traînée parallèle à l'écoulement, et reflétant la dissipation.

Le raisonnement reste qualitativement valable pour une sphère : l'écoulement autour d'une balle de tennis (Figure 3) est encore dissymétrique. Il en résulte une force perpendiculaire à U. Pour une sphère en mouvement dans une fluide fixe, cela correspond aux effets classiques de balle coupée ou liftée. De plus, par effet gyroscopique, la rotation stabilise la trajectoire de la balle (comme celle d'un frisbee). Pour une aile d'avion où l'effet Magnus explique aussi la portance (p. 82), la circulation est associée à la forme asymétrique de l'aile et non à sa rotation.

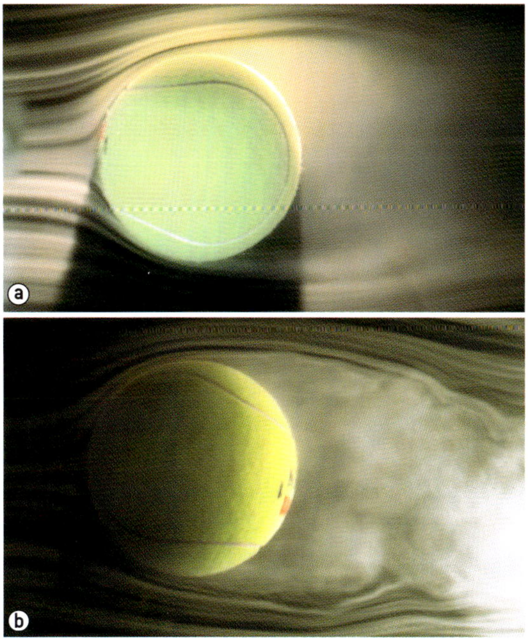

3. **Visualisation de l'écoulement autour d'une balle de tennis de centre de gravité fixe** par injection de filets de fumée dans une soufflerie (a) sans rotation de la balle et (b) avec rotation dans le sens des aiguilles d'une montre autour d'un axe perpendiculaire au plan de figure. La balle subit alors une force dirigée vers le haut.

Bordez le foc... mais pas trop

Pourquoi un bateau peut-il avancer contre le vent ?

Hormis le plaisir esthétique de voir les voiles gonflées et bien réglées d'un voilier à la gîte par un fort vent de travers, la propulsion d'un bateau pose de nombreux problèmes d'aérodynamique : pourquoi remonte-t-il au vent ? Comment peut-il avancer plus vite que ce dernier dans les allures de près ou de travers ?

Plaçons-nous dans l'une de ces deux *allures*. Pour régler une voile (par exemple celle d'avant, le « foc »), le marin scrute de petits brins d'étoffe (les « penons ») fixés sur les deux faces (Figure 1). Si l'angle moyen que fait la voile avec le vent est trop faible, elle est animée de soubresauts – elle faseille – et les penons intérieurs (sur la face au vent) s'agitent de façon désordonnée. Ces mouvements traduisent un décollement de l'écoulement de l'air sur la face intérieure de la voile (Figure 2a) : elle devient quasi inefficace, et le bateau peut même reculer !

1. Vue d'une voile pas assez bordée (haut) et bien bordée (bas), comme le montre l'aspect des brins d'étoffe le long de la voile.

Si, au contraire, l'angle entre le vent et la voile est trop élevé, cette dernière est bien gonflée mais est le siège de mouvements tourbillonnaires, cette fois à l'extérieur de la toile, qui s'accompagnent d'une agitation des penons externes (Figure 2c). Ces tourbillons dissipent de l'énergie et freinent le bateau.

Enfin, lorsque la voile est bien réglée, les penons, internes comme externes, ainsi que la faveur en bout de voile, s'alignent dans le prolongement de sa surface (Figure 1 – bas). Cela indique que les lignes d'écoulement de l'air sont partout tangentes à la toile (Figure 2b). Le foc bien bordé, passons à la grand-voile !

Le phénomène en détail

Quelle est l'origine de la force s'exerçant sur la voile ? Avec une voile bien réglée, la vitesse en un point de la face externe est plus grande qu'au point correspondant de la face interne. Il y a donc, par effet Bernoulli (p. 36), une dépression sur l'extérieur de la surface par rapport à l'intérieur : la force correspondante F_p est perpendiculaire en chaque point à la voile (Figure 2b). Sa composante F_m dirigée vers l'avant fait avancer le bateau. La composante perpendiculaire F_d est équilibrée par le frottement de l'eau sur la quille ou la dérive. De manière équivalente, on peut considérer F_p comme une force de Magnus associée à la *circulation* non nulle de la vitesse de l'air autour de la voile. Contrairement aux cas des balles, ballons et cylindres rencontrés p. 42, la voile ne tourne pas. La circulation autour de la voile résulte ici de la dissymétrie de l'écoulement autour de cette dernière, équivalente à une composante de rotation d'axe vertical (il y a un déficit de vitesse sur la face interne par rapport à l'autre). La force F_p est en fait très analogue à la « portance » des ailes d'avion, à ceci près que cette dernière est verticale et que F_p est horizontale !

Notons enfin que F_p est déterminée par la vitesse relative de l'air par rapport à la voile : le *vent apparent* V_a. C'est la somme de la vitesse V_r du *vent réel* et d'une composante $-V_b$ opposée à la vitesse du bateau. Cela explique pourquoi les voiliers parviennent à avancer avec une vitesse supérieure à celle du vent réel lorsqu'ils « remontent au vent » (c'est-à-dire quand V_r a une composante dirigée vers l'arrière du bateau, comme dans la figure 2b).

Enfin, la plupart des bateaux ont plusieurs voiles (par exemple une grand-voile et un foc) et l'interaction entre elles est importante. La figure 3 est une vue de dessus de la distribution de l'écoulement près des deux voiles. On voit en particulier qu'un flux d'air rapide s'engouffre entre elles : il accélère l'écoulement sur la face sous le vent de la grand-voile et empêche son décollement.

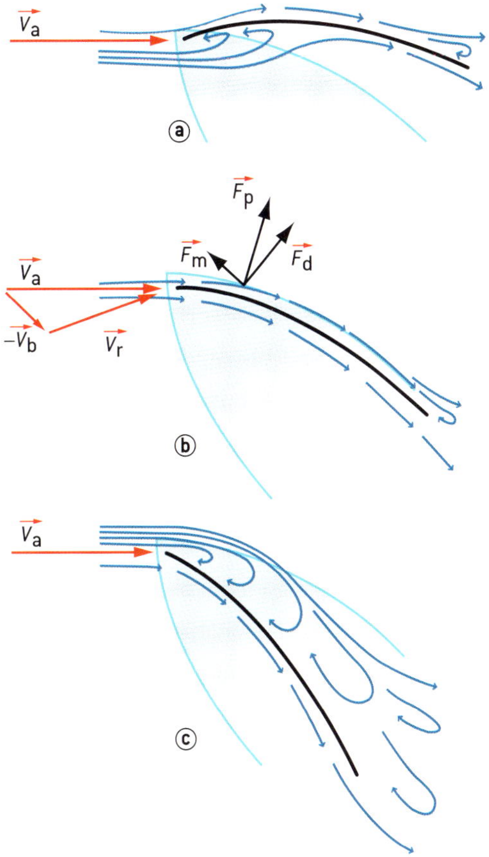

2. Vue de dessus de l'écoulement de l'air autour d'une voile dont l'angle avec le vent est insuffisant (a), correct (b) et trop élevé (c).

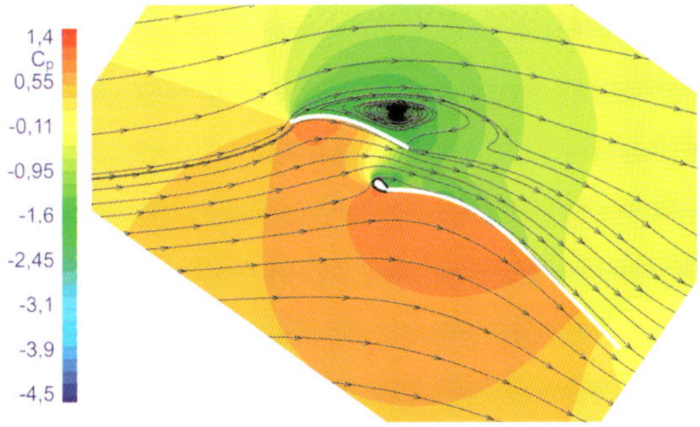

3. Simulation numérique de l'écoulement à proximité d'un foc et d'une grand-voile (en blanc). Le champ de vitesse d'écoulement est représenté dans un plan horizontal au tiers de la hauteur du mât. Bien que le foc à l'avant soit trop bordé (comme en témoigne la zone de recirculation derrière lui), l'écoulement rapide entre les deux voiles évite le décollement sur la grand-voile. Les couleurs traduisent la valeur de la pression normalisée ($C_p = \Delta p/\rho U^2$ où l'écart Δp est compté par rapport à la pression de l'air loin des voiles).

Méandres et détours

Les écoulements secondaires façonnent le cours d'un fleuve

1. Vue de la boucle de Monthermé sur la Meuse dans les Ardennes.

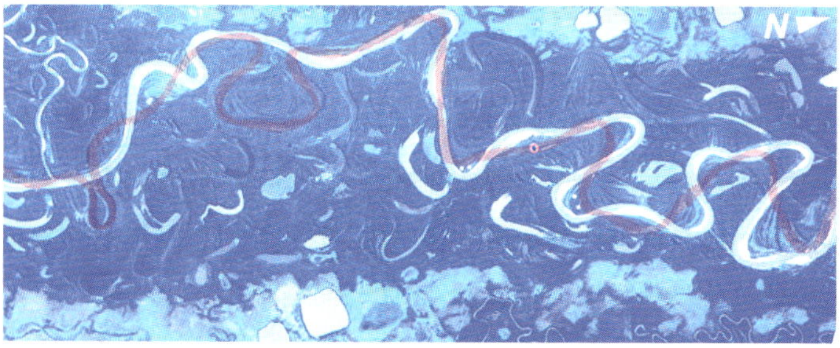

2. Vue satellite de la rivière Mamoré en Bolivie. Le cours de la rivière en 1990 apparaît en rouge et son cours en 2003 en blanc. On voit par ailleurs apparaître de nombreux bras morts asséchés ou contenant encore de l'eau, qui marquent les anciens cours du fleuve (arcs isolés clairs ou foncés).

Les innombrables changements de direction de la rivière Maiandros (maintenant Menderes) sur le plateau anatolien reflétaient pour les anciens le caractère du dieu qu'elle personnifiait. Elle a donné son nom aux méandres qu'on rencontre aussi bien dans des zones accidentées (comme la boucle de Monthermé dans les Ardennes – Figure 1) qu'en plaine (le Mississipi, ou la rivière Mamoré en Bolivie – Figure 2). Plusieurs facteurs président à leur formation : si les rives du cours d'eau doivent être friables, encore faut-il que le courant soit suffisamment rapide pour pouvoir les éroder, et que le fond soit en pente douce. La forte dissymétrie des deux rives dans un coude aide à comprendre l'origine des méandres : la rive concave est abrupte tandis que la rive convexe est généralement moins pentue (Figure 1). La première subit une érosion qui la fait reculer tandis que la rive convexe avance : le résultat est un accroissement de l'amplitude de la boucle, et une amplification de l'écart que présente le profil de la rivière par rapport à la ligne droite (passage de la trajectoire en tirets à la trajectoire continue dans la figure 3a). En même temps que les méandres grandissent, ils tendent aussi à se décaler vers l'aval. Souvent, les rives se rapprochent tellement à l'entrée de la boucle qu'elles se rejoignent (Figure 3b) : la rivière continue dès lors en ligne droite. Les sédiments s'accumulent aux deux extrémités de l'ancienne boucle et finissent par l'isoler (Figure 2). Ce méandre abandonné forme un lac en forme de « joug de bœuf », qui peut ensuite s'assécher. En terrain plat, les méandres évoluent surtout lors des crues, car le transport de sédiments est beaucoup plus important et accélère énormément le dépôt alluvionnaire.

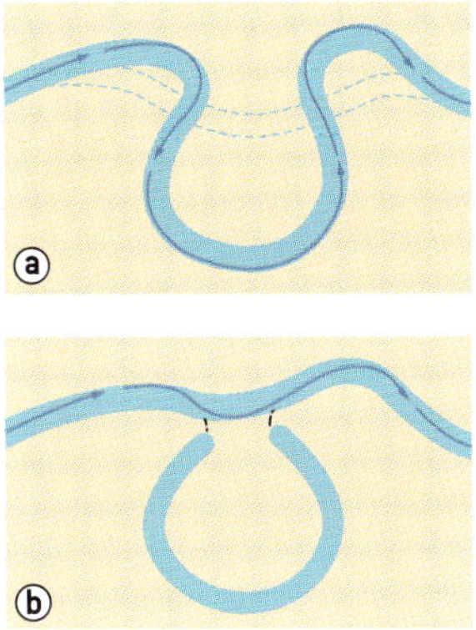

3. Amplification (a) puis coupure (b) d'un méandre par transport de particules d'une rive vers l'autre.

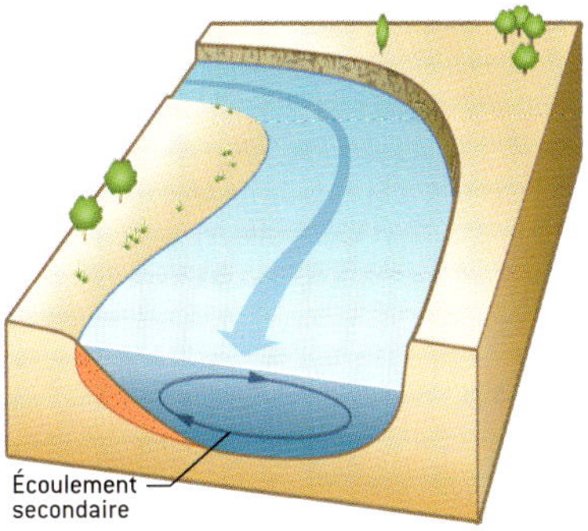

4. Écoulement à l'intérieur d'un méandre : à l'écoulement principal le long de la rivière se superpose un écoulement secondaire transverse aux rives : il est orienté vers l'extérieur du méandre près de la surface, et en sens inverse près du fond.

Le phénomène en détail

La formation des méandres est étroitement associée à la présence d'*écoulements secondaires*, superposés à l'écoulement principal dans les sections du fleuve perpendiculaires aux rives (Figure 4). Ces écoulements sont dus à la force centrifuge (celle qu'on ressent dans un virage) exercée sur le fluide dans les courbes de la rivière. Loin du fond, cette force est équilibrée par une différence de pression entre l'intérieur et l'extérieur du méandre (la pression est plus forte à l'extérieur). Près du fond de la rivière en revanche, la vitesse d'écoulement est si faible que la force centrifuge s'annule tandis que le gradient de pression transverse subsiste. Il en résulte un écoulement dirigé de l'extérieur vers l'intérieur du méandre, compensé par un autre en sens inverse près de la surface. La superposition des écoulements principal et secondaire confère aux éléments liquides une trajectoire hélicoïdale, responsable de la formation et de l'évolution des méandres (l'écoulement doit être suffisamment rapide pour éroder la rive concave et entraîner les sédiments vers l'autre rive où ils se déposent). Albert Einstein avait souligné l'analogie de ce comportement avec celui des feuilles de thé dans une tasse ; en faisant tourner la boisson avec une cuillère (l'équivalent de l'écoulement de la rivière dans un méandre), on crée des écoulements secondaires au fond de la tasse. Ces derniers sont dirigés vers son centre et les feuilles de thé s'y rassemblent à la façon des sédiments migrant d'une rive à l'autre.

Les méandres ne sont qu'une des nombreuses formes du cours des rivières. Il apparaît ainsi un régime « en tresses », avec de nombreux chemins qui se croisent pour des pentes et des charges en sédiments plus importantes. Si ces deux facteurs son petits, le cours du fleuve reste rectiligne. Nous rencontrerons d'autres exemples, avec les dunes (p. 148) et les rides sous-marines (p. 150), du jeu combiné des écoulements de liquides et de grains, associant les désordres de la matière solide et fluide pour façonner nos paysages.

Écoulements redressés

Des allers-retours qui font bien avancer les choses

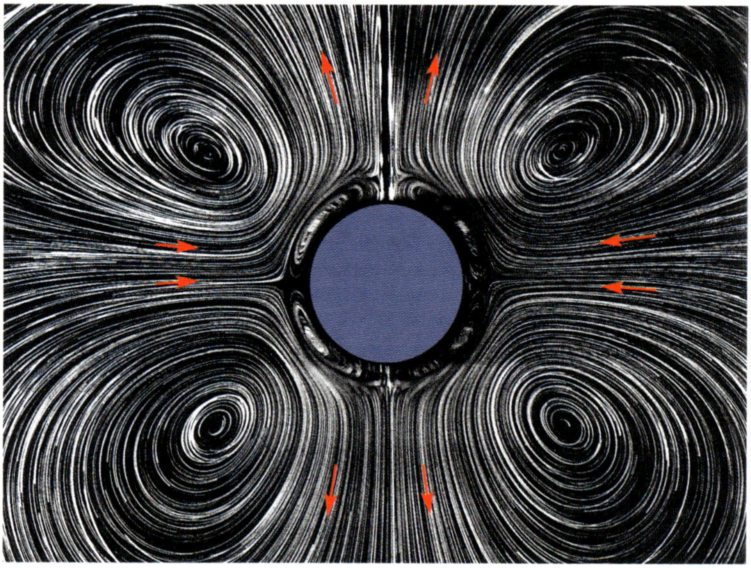

1. **Ecoulement induit par l'oscillation d'une sphère (en bleu) dans de la glycérine.** Les lignes blanches correspondent aux trajectoires de microbilles de verre en suspension, qui matérialisent l'écoulement par diffusion de la lumière. L'expérience est éclairée par un plan lumineux parallèle au plan de la figure et pulsé à la fréquence d'oscillation de la sphère (70 Hz). (Diamètre de la sphère : 12 mm, amplitude d'oscillation : 1,4 mm. Temps de pose : 30 secondes.)

S'il est possible de produire un courant électrique continu à partir d'un courant alternatif, par exemple à l'aide de diodes, un phénomène comparable existe en mécanique des fluides. En faisant osciller un solide dans un liquide visqueux, on crée un écoulement alternatif du liquide à la même fréquence. Cependant, il se superpose à ce mouvement oscillatoire un écoulement continu, illustré sur la figure 1 et dû à l'oscillation d'une sphère dans de la glycérine. Pour observer sélectivement cette composante continue, on éclaire l'expérience à l'aide d'un stroboscope réglé à la fréquence d'oscillation. On remarque tout d'abord quatre tourbillons, de taille égale à plusieurs fois le diamètre de l'obstacle. Les flèches blanches indiquent la direction de l'écoulement continu : il s'écarte de la sphère dans la direction de l'oscillation (verticale sur la photo), et se dirige vers elle dans la direction perpendiculaire. On observe aussi près de la surface de la sphère quatre autres tourbillons aplatis et de sens inverse de celui du grand tourbillon voisin.

Le phénomène en détail

Comment un écoulement continu peut-il être induit par un forçage alternatif ? Une expérience simple en montre le principe : préparons un café avec un peu de mousse à la surface, et remuons-le avec une cuillère animée d'un mouvement de va-et-vient. Lorsqu'elle traverse la tasse, deux petits tourbillons de sens de rotation contraires se forment derrière la cuillère (Figure 2a) : ils induisent un écoulement dirigé vers cette dernière dans sa partie centrale, et vers l'extérieur sur ses bords. Au retour, les tourbillons sont situés de l'autre côté de la cuillère et induisent des écoulements similaires (Figure 2b). En moyennant sur un aller-retour global, l'effet dominant est celui de ces deux paires de tourbillons, qui n'agissent chacune que sur une alternance : l'écoulement net est dirigé

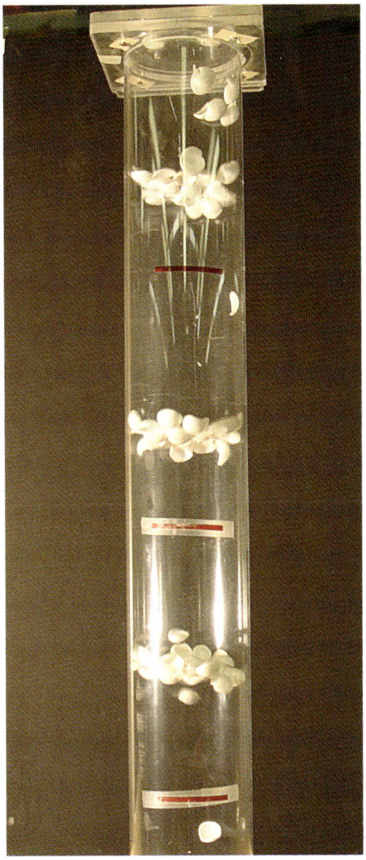

2. Démonstration de la création d'un écoulement continu à partir d'un mouvement oscillant. (a) Une cuillère déplacée dans une tasse de café crée un contre-écoulement (en rouge) avec en aval deux petits tourbillons (en noir). (b)En la déplaçant dans l'autre sens, deux tourbillons apparaissent à nouveau mais de l'autre côté. (c) Le résultat net en moyennant sur un aller-retour tient principalement aux paires de tourbillons créés pendant chacune des deux étapes (a) et (b). C'est un écoulement dirigé vers la cuillère au centre de cette dernière, et la fuyant à angle droit sur les bords.

3. Paillettes de mousse de polystyrène maintenues en suspension dans l'air, dans un tube vertical où a été établi un système d'ondes stationnaires (à la fréquence de 280 Hz) grâce à des haut-parleurs placés aux deux extrémités. Les paillettes sont entraînées vers les nœuds de pression du système d'ondes stationnaires, séparés d'une demi-longueur d'onde.

vers la cuillère au centre, et la fuit à angle droit du mouvement sur les bords (Figure 2c). Il est donc du même sens que pour les petits tourbillons très proches de la sphère de la figure 1. Les autres composantes de l'écoulement (en rouge sur les figures 2a et b) sont presque réversibles par rapport au changement de sens du mouvement, et s'annulent en moyennant sur une période.

De tels écoulements redressés sont aussi observés dans des processus très divers comme la production de rides sous-marines induites par le va-et-vient de l'eau sur le sable (p. 150). On les rencontre aussi dans la propagation d'ondes sonores qui correspondent à un mouvement oscillant du fluide à la fréquence de l'onde. Outre les variations de pression alternatives de moyenne nulle engendrées par ces ondes, il existe en effet des composantes « redressées » de moyenne non nulle : elles varient comme le carré de l'amplitude de l'onde, et deviennent importantes aux fortes intensités sonores.

L'expérience de la figure 3 correspond à un tel système d'ondes acoustiques stationnaires établi suivant l'axe du tube transparent. Les gradients de la pression « redressée » ainsi créée sont suffisamment importants pour transporter des paillettes de polystyrène jusqu'aux nœuds de variation de pression, et les y maintenir en équilibrant leur poids. On note que la vitesse des oscillations de l'air induites par l'onde acoustique est maximum en ces nœuds de pression – on aurait pu penser que les paillettes se rassembleraient là où elle est minimale.

La chute tortueuse des feuilles mortes

Quand les cartes à jouer font des loopings

1. **Vue par stroboscopie (300 éclairs par seconde) de la chute d'une feuille rectangulaire.** La feuille tombe en moyenne obliquement, tout en faisant des tours complets autour d'un axe horizontal.

Les feuilles qui chutent en virevoltant incitent plus à la rêverie qu'aux sciences physiques...

Suivons cependant les traces du jeune Maxwell qui avait fourni une explication cohérente de ce phénomène, bien en avance sur la mécanique des fluides de son temps. Son intérêt pour la mécanique l'a conduit ultérieurement à formuler les lois de l'électromagnétisme... à partir de modèles de tourbillons.

Observons après lui cette trajectoire en utilisant, pour simplifier, une feuille rectangulaire de papier rigide (ou une carte à jouer), initialement verticale (Figure 1). Une fois lâchée, elle tourne sur elle-même autour d'un axe horizontal, sous l'effet combiné de son poids, de l'inertie associée à sa masse et à celle de l'air déplacé, et des forces exercées par l'air. Si l'influence de l'inertie domine comme dans la figure 1, elle effectue des « loopings » et tombe en moyenne obliquement (Figure 2d). Si, au contraire, l'inertie est plus faible, la feuille oscille sans faire de tour complet (Figures 2a à c) et sa trajectoire moyenne est verticale.

Ce sont les mouvements les plus simples observables : en biseautant la feuille par exemple, on observera en sus des mouvements transverses ou des rotations autour d'un axe vertical. Enfant, vous avez sûrement songé à un hélicoptère en voyant tournoyer une samare (comme le fruit du frêne) de forme très asymétrique : peut-être avez-vous, comme Maxwell, essayé d'en analyser les implications hydrodynamiques ?

Le phénomène en détail

À première vue, une feuille initialement verticale semblerait devoir tomber verticalement. En effet, l'écoulement de l'air par rapport à la feuille (Figure 3a) est symétrique : la force F_t exercée par l'air est opposée au poids mg et ne fait pas tourner la feuille. Cependant, dès qu'on l'incline, l'écoulement se dissymétrise : il apparaît alors, comme

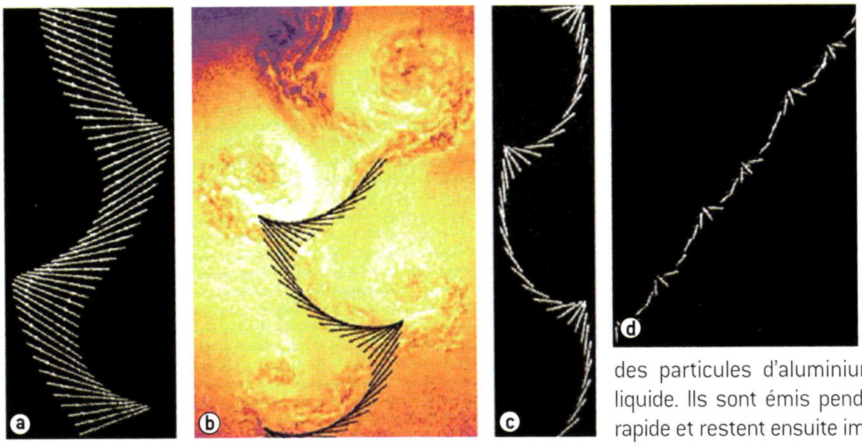

2. Vue stroboscopique de la chute oscillante (a, b, c) et des loopings (d) d'une feuille rigide tombant dans de l'eau. La vue (b) superpose les positions successives d'une feuille (traits noirs) et une photo du fluide à l'instant correspondant à la position finale. Les tourbillons sont visualisés par des particules d'aluminium en suspension dans le liquide. Ils sont émis pendant les phases de rotation rapide et restent ensuite immobiles.

autour d'une voile de bateau (p. 44), une force de portance F_p perpendiculaire à la feuille. Le couple associé à F_p et au poids mg fait basculer le plan, ce qui augmente encore plus F_p et le couple de basculement. L'inertie de la feuille et celle de l'air entraîné par le déplacement prolongent ensuite la rotation. La moindre inclinaison accidentelle de la feuille est donc amplifiée, de sorte qu'elle ne reste jamais verticale (sauf dans un fluide très visqueux).

Comme le montrent les figures 1 et 2, la feuille a deux types de mouvements. Sur la plus grande part de sa trajectoire, elle glisse du côté où elle penche tout en changeant lentement d'orientation (ce glissement vient de la faible force F_t opposée par l'air à un mouvement de la feuille dans son plan, *cf.* Figure. 3b). Ces phases de glissement sont séparées par des phases de rotation rapide : si la feuille effectue un « looping » complet, elle recommence à glisser ensuite dans le même sens (Figures 1 et 2d). Dans le cas contraire, elle glisse en sens inverse, et la trajectoire présente un point de rebroussement (Figure 2b). Des tourbillons sont émis lors de ces changements brusques d'orientation (Figure 2b). La feuille peut même remonter sous l'effet de la force de portance (Figure 1)

Dans le cas où la viscosité n'a plus d'influence (nombres de Reynolds Re > 1000), il se produit une transition du régime d'oscillation vers le régime de loopings lorsque l'inertie de la plaque solide domine celle du fluide entraîné par le mouvement. Leur valeur relative est caractérisée par le rapport $(\rho_s e/\rho L)$ où e et L représentent l'épaisseur et la longueur de la plaque, et ρ_s et ρ les masses volumiques de la plaque et du fluide (les volumes du solide et de fluide en mouvement sont en effet respectivement proportionnels à eL et eL^2).

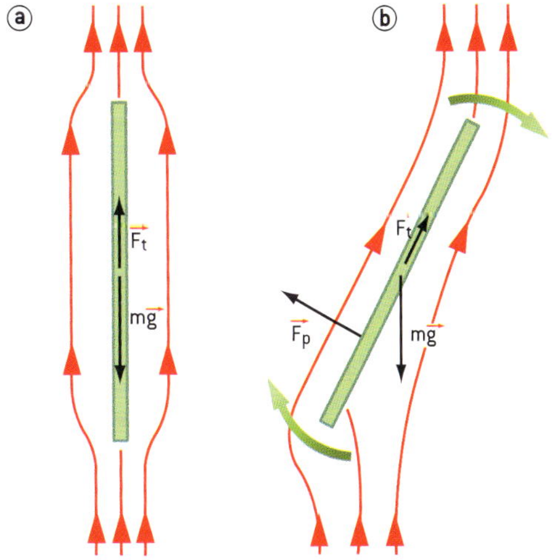

3. Écoulement autour d'un obstacle plan à grand nombre de Reynolds (l'écoulement est représenté dans le référentiel où l'obstacle est immobile).
(a) Plaque verticale. (b) Plaque inclinée avec apparition d'une circulation de la vitesse du fluide et d'une force de portance F_p.

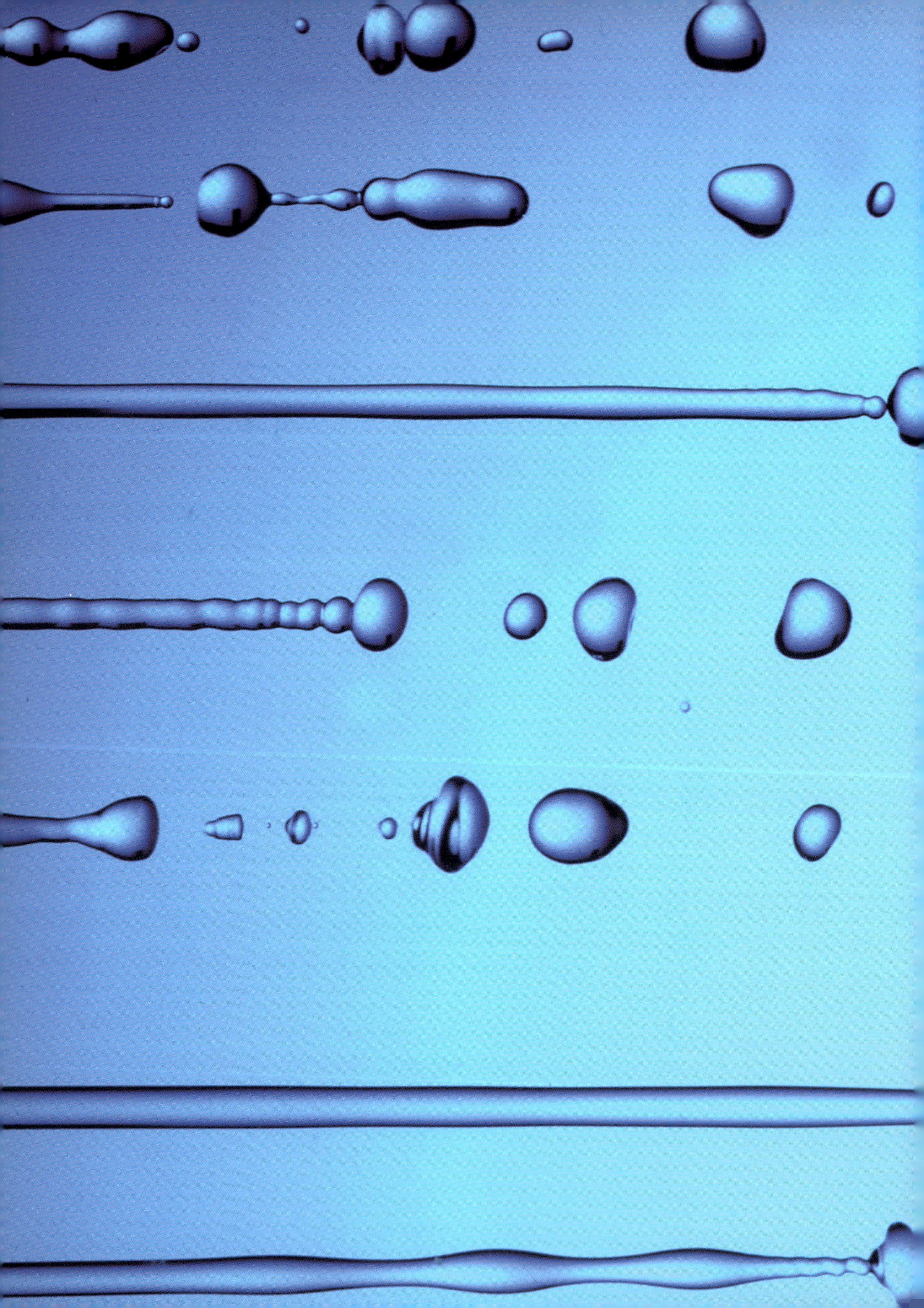

PARTIE 3

Capillarité

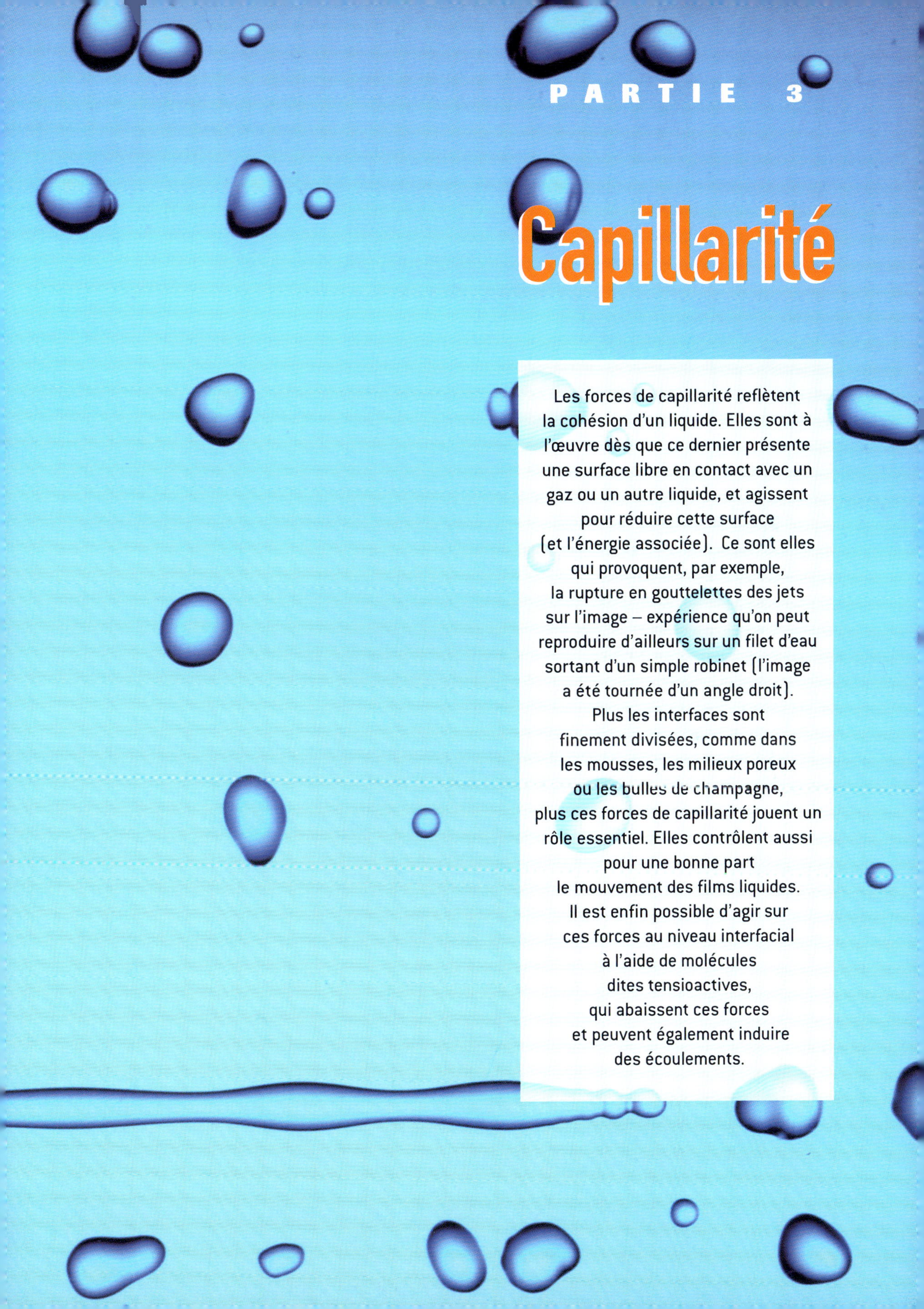

Les forces de capillarité reflètent la cohésion d'un liquide. Elles sont à l'œuvre dès que ce dernier présente une surface libre en contact avec un gaz ou un autre liquide, et agissent pour réduire cette surface (et l'énergie associée). Ce sont elles qui provoquent, par exemple, la rupture en gouttelettes des jets sur l'image – expérience qu'on peut reproduire d'ailleurs sur un filet d'eau sortant d'un simple robinet (l'image a été tournée d'un angle droit). Plus les interfaces sont finement divisées, comme dans les mousses, les milieux poreux ou les bulles de champagne, plus ces forces de capillarité jouent un rôle essentiel. Elles contrôlent aussi pour une bonne part le mouvement des films liquides. Il est enfin possible d'agir sur ces forces au niveau interfacial à l'aide de molécules dites tensioactives, qui abaissent ces forces et peuvent également induire des écoulements.

Tout n'est que bulle de savon ?

Tension superficielle et géométrie des surfaces liquides

1. Le souffleur de bulle. Tableau de Chardin (1734).

Quel étrange sujet pour ce tableau de Chardin : le personnage principal souffle avec art une bulle de savon qui semble fasciner un jeune garçon. Est-ce que le peintre a été séduit par les irisations qui se déplacent à la surface de la bulle et que la lumière met particulièrement en valeur ? A-t-il été fasciné par la forme de la bulle, sphérique quel que soit le savon utilisé pour confectionner la solution pailletée (à gauche du tableau), ou quelle que soit la façon dont on la souffle ?

Les mathématiciens savent depuis longtemps que la forme sphérique est tout simplement celle qui donne à la bulle l'aire la plus faible pour un volume de gaz donné à l'intérieur : augmenter la surface de contact liquide-gaz oblige en effet à fournir de l'énergie (la tension superficielle γ représente cette énergie supplé-

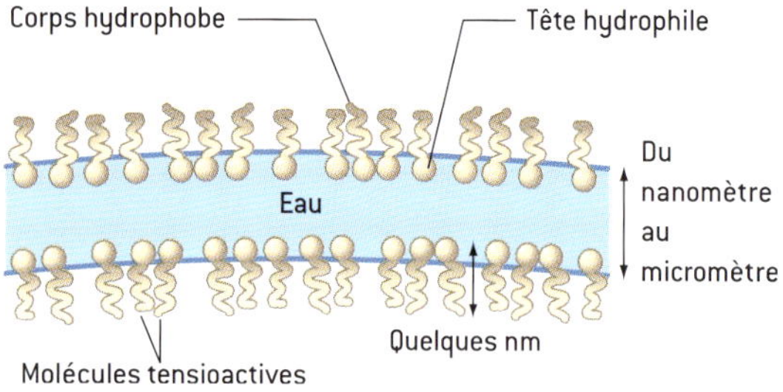

2. Schéma d'un film de savon. L'épaisseur totale est de quelques μm pour les bulles irisées comme celles de la figure 1 : les irisations viennent de l'interférence entre les réflexions de la lumière sur les deux faces du film. Au fur et à mesure du drainage, l'épaisseur se réduit et les irisations disparaissent quand l'épaisseur devient inférieure au μm. La plus petite épaisseur possible (celle du *film noir de Newton*) correspond à la longueur de deux molécules tête-bêche (5 à 10 nm).

mentaire par unité de surface). En revanche, les physicochimistes n'ont expliqué que plus récemment pourquoi on pouvait faire des bulles avec de l'eau savonneuse et pas avec de l'eau pure : cette explication passait en effet par une compréhension à l'échelle moléculaire de la structure de ces bulles. Les molécules de savon sont *tensioactives* et migrent vers les deux surfaces en contact avec l'air jusqu'à former des couches continues (Figure 2) : une partie de la molécule est en effet hydrophobe et l'autre hydrophile, d'où une configuration optimale avec la molécule à l'interface. Ces couches agissent tout d'abord comme des parois rigides qui freinent le drainage du film liquide sous l'effet de la gravité et le stabilisent. Elles diminuent également la tension superficielle et freinent l'évaporation.

Revenons aux irisations de la bulle : l'aspect continuellement changeant de leurs somptueuses couleurs reflète l'existence d'écoulements permanents à l'intérieur du film de savon. Ce mouvement ne cessera qu'avec l'éclatement final... comme dans ces derniers vers d'un quatrain que citait malicieusement Pierre-Gilles de Gennes en conclusion de sa conférence Nobel :

« [...] Richesse, Honneurs, faux éclat de ce monde,
Tout n'est que boule de savon. »

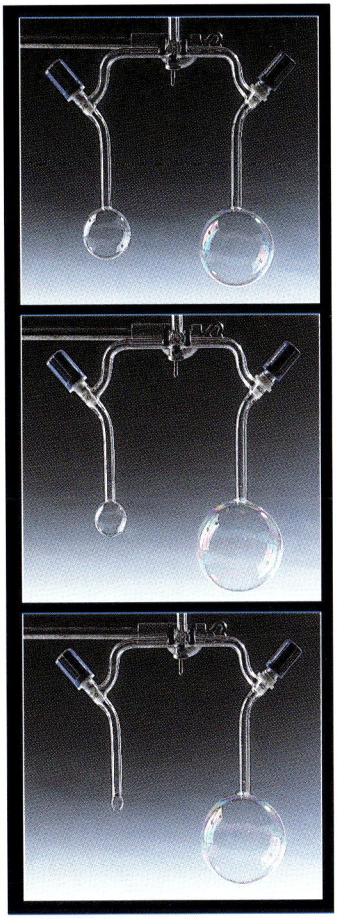

3. **Évolution de deux bulles de rayons différents** et interconnectées. La petite bulle se vide progressivement dans la grosse.

Le phénomène en détail

Pour gonfler une bulle, il faut mettre l'air intérieur en surpression par rapport à l'atmosphère externe, un peu comme pour un ballon de caoutchouc élastique : cependant, contrairement à ce qu'on pourrait penser, la surpression doit être d'autant plus forte que la bulle est petite. On le montre en mettant en communication l'intérieur de deux bulles de rayons différents (Figure 3) : la petite bulle se vide dans la grande. Cette surpression Δp est due aux forces de tension superficielle qui tendent à minimiser l'aire de contact entre le film d'eau savonneuse et le gaz sur ses deux faces. Pierre-Simon de Laplace montra en 1806 que Δp est proportionnelle à la courbure $C = 2/R$ de la surface et à la tension superficielle γ : $\Delta p = 4\gamma/R = 2\gamma C$. La surpression à l'intérieur d'une bulle est donc bien d'autant plus grande que son rayon est faible.

Lorsque la bulle n'est plus libre mais tendue sur un cadre, sa surface n'est plus sphérique et s'ajuste pour avoir la plus petite aire possible : la formule de Laplace prend alors la forme plus générale $\Delta p = 2\gamma(C_1 + C_2)$ où C_1 et C_2 sont les deux courbures principales de la surface. Lorsque les deux faces de la bulle communiquent comme dans la figure 4, on a $\Delta p = 0$ ou $C_1 = - C_2$. Cela correspond à des surfaces en forme de « selle de cheval » avec deux courbures opposées en tout point : cette surface est appelée caténoïde.

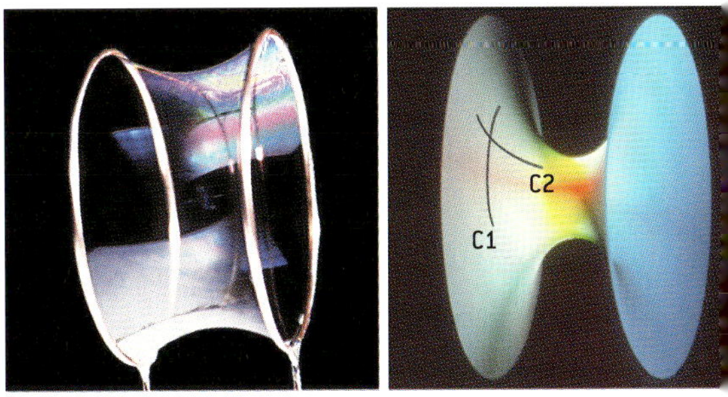

4. **Film de savon tendu entre deux cadres circulaires (à gauche)**. La surface obtenue est une caténoïde identique à celle générée mathématiquement dans la figure de droite. En tous points de la surface, la courbure totale, somme algébrique des courbures principales C_1 et C_2, est nulle.

Stout ou Pilsner ?

Une leçon de géométrie dans un verre de bière

1. Deux bières différentes : (a) Stout et (b) Pilsner.

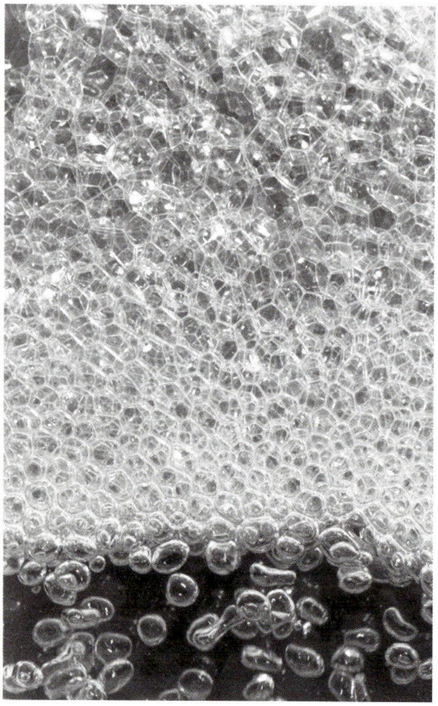

2. Vue, deux heures après sa préparation, d'une mousse obtenue en secouant un mélange eau-surfactant. La partie supérieure de la mousse est constituée de bulles polyédriques de grande taille; elles sont petites et plus sphériques près du bas.

Quoi de plus éphémère que les bulles de savon que nous venons de rencontrer : pourtant, en les associant en grand nombre, elles forment des édifices stables bien que transitoires : les mousses. Rien que dans une salle de bains, on les rencontrera sous des formes très différentes (crème à raser, bain moussant, etc.), même s'il s'agit toujours de bulles de gaz séparées par du liquide.

Quelques chopes de bière dégustées par exemple à Dublin en compagnie de Denis Weaire, un des spécialistes actuels du sujet, nous en fourniront une idée plus précise. Commençons par une *stout* : la mousse qui déborde du verre a un aspect crémeux (Figure 1a) et ses bulles sont de petite taille, bien séparées et sphériques. Cette *mousse humide* apparaît comme du liquide qui s'écoule autour des obstacles constitués par les bulles. Commandons ensuite une *Pilsner* (Figure 1b) dont les bulles sont plus grosses : initialement sphériques, elles se transforment en quelques minutes en polyèdres, collés les uns aux autres et séparés par de minces films de liquide. Une telle *mousse sèche* contient très peu de liquide (presque comme celle d'un bain moussant). La transition au cours du temps entre les deux types de mousses résulte d'un *drainage* du liquide vers le bas : les polyèdres apparaissent plus vite dans le haut de la couche de mousse (Figure 2).

Les mousses, et en particulier les mousses sèches, sont vraiment des objets à part : elles associent la très faible

densité des gaz à des propriétés d'écoulement intermédiaires entre celles des liquides et des solides. Des contraintes faibles provoquent des déformations élastiques réversibles des parois polyédriques, comme pour un solide. Des contraintes plus importantes induisent en revanche des mouvements relatifs irréversibles de ces parois : la mousse « coule » alors comme un liquide.

Liquide ou solide : rien de tel qu'une dégustation en brasserie pour trancher le débat...

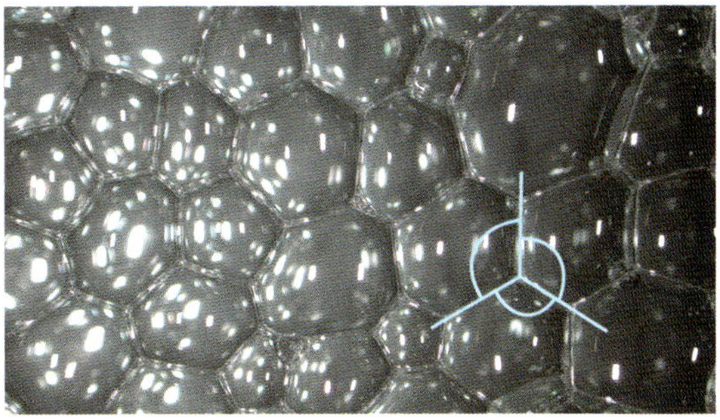

3. Réseau triangulaire de bulles de savon. Les angles de raccordement entre les parois séparant trois bulles sont tous de 120 degrés, afin d'assurer l'équilibre des forces de surface.

Le phénomène en détail

La structure d'une mousse sèche est désordonnée, mais suit pourtant des règles géométriques simples établies il y a un siècle par le physicien belge Joseph Plateau. Prenons une couche de bulles sur une surface plane (Figure 3) : les films d'eau savonneuse entre deux bulles se rejoignent trois par trois avec des angles de 120°. Cette valeur assure une résultante nulle des forces capillaires (d'égales intensités) avec lesquelles les trois films tirent sur toute la longueur de leur ligne d'intersection. À trois dimensions dans une mousse épaisse, ces intersections de trois bulles voisines forment des « bords de Plateau » (Figure 4): ils se raccordent quatre par quatre avec des angles identiques à ceux des arêtes d'un tétraèdre régulier, toujours pour assurer une force résultante nulle à la jonction.

La géométrie des mousses se réorganise en permanence au cours du temps. L'évolution des mousses résulte tout d'abord du drainage par gravité du liquide qu'elles contiennent : cet écoulement s'effectue essentiellement à l'intérieur des bords de Plateau, dont la section est plus importante que celle des films liquides séparant deux bulles. Un autre phénomène à l'œuvre est le *mûrissement* : il correspond au transfert de gaz des plus petites bulles vers les plus grosses, par diffusion à travers les films liquides les séparant. Comme nous l'avons noté pour les bulles de savon (Figure 3 du sujet précédent), la pression est en effet plus élevée dans les petites bulles. Elles finissent donc par disparaître par diffusion de gaz à travers les parois, au bénéfice des plus grosses bulles. Ce processus monopolistique se termine par une juste morale : la grosse bulle « *enfle tant qu'elle en crève* » quand ses parois deviennent trop fines. Un des secrets des bières stouts et de leur mousse durable est l'introduction de quelques pour-cent d'azote dans le gaz carbonique utilisé pour les tirer « à la pression ». La diffusion de gaz vers l'air extérieur est ralentie, et la longévité de la mousse de ce fait améliorée. Cependant, pour créer une telle mousse, il faut en plus faire passer la bière à travers des orifices de taille réduite. Cela permet d'obtenir des bulles plus petites (mais requiert de plus fortes surpressions).

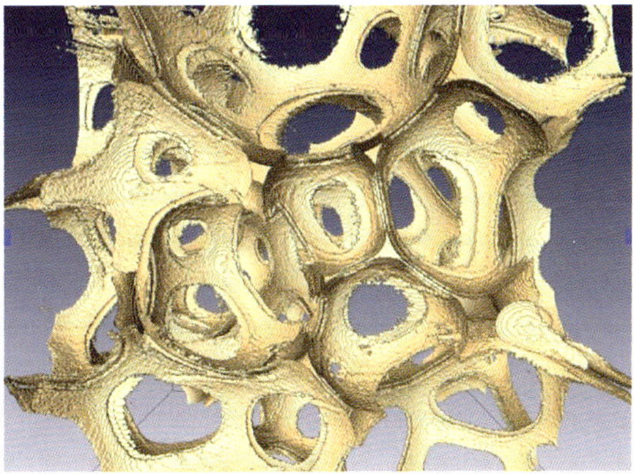

4. Géométrie reconstruite du réseau des « bords de Plateau » qui apparaissent à l'intersection des parois de trois bulles. Ils forment le squelette d'une mousse tridimensionnelle.

Félix Savart et les cloches d'eau

Les formes d'équilibre d'une feuille liquide en mouvement

1. Cloche d'eau décorative, créée par l'impact d'un jet d'eau vertical ascendant qui heurte un disque plan par le dessous (on aperçoit le disque au-dessus de la cloche).

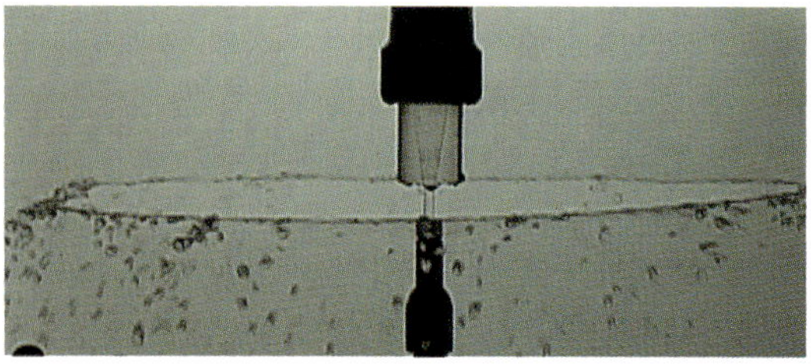

2. Nappe plane obtenue par impact d'un jet vertical sur une surface inférieure circulaire légèrement concave. Le mouvement des gouttes créées par l'éclatement des films d'eau est enregistré grâce à une caméra rapide.

Comment concilier physique et vaisselle ? Plaçons le dos d'une cuillère sous le jet du robinet d'eau : il se forme une mince feuille liquide. En modifiant l'inclinaison ou la géométrie de l'obstacle placé sous le jet, la surface ainsi créée adopte des formes variées : en cloche, ou encore en une couronne terminée par de belles franges d'où le liquide retombe en gouttelettes. L'esthétique et la variété de ces « cloches d'eau » n'ont d'ailleurs pas échappé aux décorateurs de jardin, comme en témoigne la figure 1.

Ces élégantes surfaces ont été décrites en détail dès 1833 par le physicien français Félix Savart. Le jeune Joseph Boussinesq, un grand nom de la mécanique des fluides, en fit 36 ans plus tard une description théorique. Le film d'eau naissant sur l'obstacle commence par s'étendre à cause de l'inertie du fluide : la forme de la cloche résulte d'un équilibre entre cette inertie, les forces de *tension superficielle* qui résistent à l'augmentation de surface des deux

faces de la nappe, et la gravité qui rabat la feuille d'eau. Le sujet a continué de fasciner les chercheurs : G.I. Taylor, que nous citons souvent dans ce livre, a ainsi analysé à la fin des années 50 de nombreuses autres formes plus complexes, en utilisant des obstacles de profils variés. Récemment, des chercheurs du MIT ont même observé de surprenantes nappes facettées polyédriques. Voyez où peut mener une observation en cuisine !

Le phénomène en détail

Commençons par le cas d'une nappe liquide plane horizontale, de vitesse suffisamment grande pour que la gravité puisse être négligée (Figure 2). Cette nappe finit par éclater à une certaine distance de l'obstacle, lorsque le flux de quantité de mouvement dans le film ne peut plus compenser les forces de tension superficielle s'opposant à cette extension (Figure 3). Lorsque l'obstacle est de taille plus petite, ou que la vitesse sur son bord n'est plus horizontale, la surface liquide acquiert une courbure dans le plan méridien (vertical), comme celle de la cloche d'eau de jardin. Elle tend alors à se refermer, ce qui réduit son périmètre extérieur et évite l'éclatement (Figure 4). Comme dans une bulle de savon, la force de tension superficielle due à la courbure locale de la surface (la force de Laplace) est orientée dans la direction de la concavité. Mais, contrairement au cas d'une bulle, cette force n'est pas équilibrée par une différence de pression (p. 54). Ici, en effet, la cloche est ouverte et la pression de part et d'autre du film est donc égale à la pression atmosphérique. Il s'établit cette fois un équilibre entre la force de Laplace et la force centrifuge, due à la courbure des lignes de courant du fluide dans le plan méridien. La gravité introduit une déformation supplémentaire et conduit, à grande distance de l'obstacle, à la forme caractéristique de cloche liquide qui avait été prédite par Boussinesq.

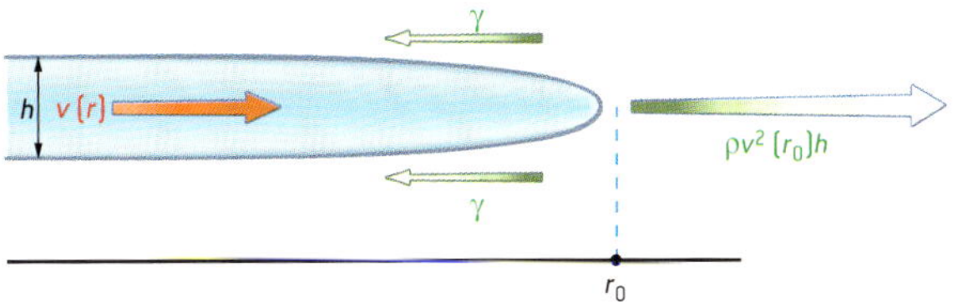

3. Équilibre des forces déterminant le rayon extérieur r_0 de la nappe liquide plane de la figure 2, vue en coupe. L'éclatement de la nappe se produit à la distance r_0 pour laquelle la force de tension superficielle résultante sur les faces supérieures et inférieures (2γ par unité de longueur de bord) équilibre le flux de quantité de mouvement $\rho v^2(r_0)h$ du jet.

4. Développement d'une cloche créée par l'impact d'un jet sur une surface plane. Cette séquence d'images a été enregistrée par une caméra ultrarapide ($1/10^e$ de seconde environ sépare la première et la dernière image).

Soulignons pour finir une autre différence entre les nappes d'eau et les bulles de savon. Les surfaces des films de savon sont couvertes de couches de molécules de surfactant, qui possèdent une rigidité propre et se comportent un peu comme des parois solides : l'écoulement de l'eau dans l'épaisseur de ces films est alors très lent, compte tenu de la faible épaisseur de la couche, et intervient uniquement pour limiter la durée de vie des bulles. Pour les nappes (et autres cloches) d'eau inversement, l'écoulement dans l'épaisseur du film est important, et l'inertie qui lui est associée joue un rôle-clé dans la détermination de la forme de la nappe.

Le buvard et l'imperméable

Comment favoriser ou interdire une invasion fluide dans un poreux ?

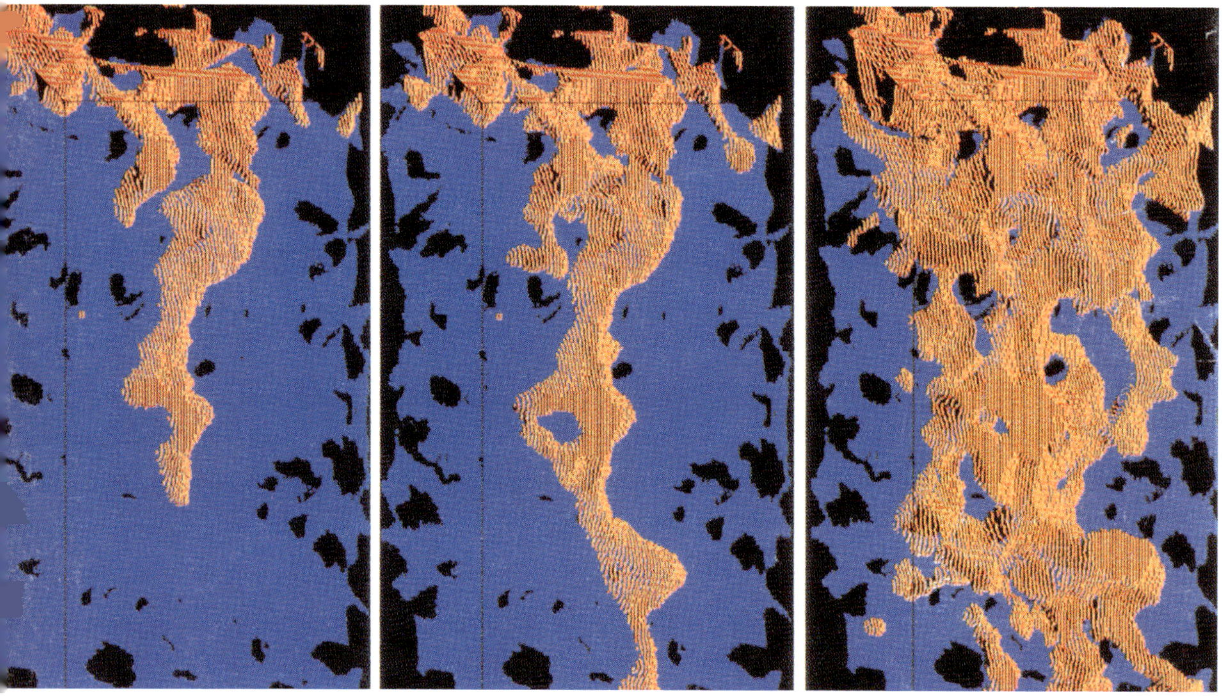

1. Simulation numérique de l'invasion d'un milieu poreux initialement rempli d'un liquide mouillant (en bleu), par un liquide non mouillant (en orange). La matrice du milieu poreux apparaît en noir. La surpression appliquée au liquide non mouillant augmente du cliché de gauche à celui de droite. La troisième image correspond à la surpression seuil pour laquelle le liquide injecté traverse pour la première fois l'échantillon. La pénétration se fait à partir du haut de la figure.

Quel phénomène assure l'absorption de l'eau par le sol après la pluie, ou d'une goutte d'encre par un buvard? Pourquoi la sève monte-t-elle dans les plantes? Dans ces exemples, ce sont les forces capillaires qui poussent le liquide à pénétrer dans les matériaux. Cette invasion spontanée est appelée *imbibition*; cependant, elle ne se produit pas pour certains sols hydrophobes (par exemple pollués), ou encore pour de l'eau sur un tissu imperméable. Dans ces deux cas, la capillarité s'oppose à l'entrée du liquide, et il faut appliquer une surpression pour que l'eau pénètre dans le milieu. Dans ce processus de *drainage*, inverse de l'imbibition, on chasse un fluide qui « mouille » bien un milieu poreux par un second fluide moins mouillant (l'eau est le fluide mouillant dans l'exemple de la sève, non mouillant dans un sol pollué; l'air est l'autre fluide). Ces notions sont cruciales pour l'extraction du pétrole: il s'agit d'optimiser sa récupération dans des roches réservoir poreuses, plus ou moins mouillables par le précieux liquide qu'elles contiennent: en poussant le pétrole par un second fluide (de l'eau par exemple), on a, suivant les cas, une imbibition ou un drainage. La séquence d'images de la figure 1 représente ainsi la simulation numérique du drainage d'un milieu poreux granulaire (en noir) contenant un liquide mouillant (en bleu), par injection sous pression d'un liquide

peu mouillant (en orange). Lorsque la surpression dirigée vers le bas de la figure augmente, le liquide non mouillant envahit le milieu jusqu'à ce que l'autre extrémité soit atteinte. Dans les procédés de « récupération assistée », on optimise la fraction de pétrole récupéré en contrôlant la mouillabilité, par exemple par injection de produits tensioactifs modifiant la tension superficielle du pétrole et son interaction avec la roche.

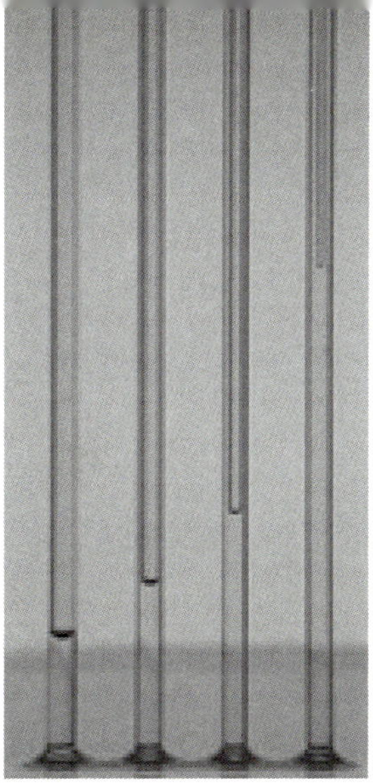

2. Ascension d'eau dans une série de tubes en verre de différents diamètres. Le diamètre d des tubes diminue de gauche à droite (0,6 mm ; 0,43 mm ; 0,3 mm 0,15 mm).

Le phénomène en détail

L'action de la capillarité apparaît clairement en plongeant dans de l'eau des tubes verticaux de différents diamètres (Figure 2) : le liquide monte spontanément dans les tubes, et ce d'autant plus que leur diamètre d est petit (la *loi de Jurin* exprime le fait que la hauteur d'ascension h croît comme $1/d$). La pression capillaire est le moteur de cette ascension ; elle équilibre l'effet du poids de la colonne de hauteur h. Cette pression est modeste dans ces tubes, mais elle peut atteindre plusieurs mégapascals pour les pores de quelques microns des roches réservoir de pétrole. Avec un fluide non mouillant comme le mercure, le niveau à l'intérieur du tube serait au contraire plus bas qu'à l'extérieur, car la pression capillaire s'oppose à l'ascension du mercure. Pour le faire pénétrer dans un tube de diamètre d, il faut alors appliquer une surpression $\Delta p(d)$ d'autant plus élevée que d est faible.

Dans un processus de drainage, un pore peut être envahi par le fluide non mouillant si la surpression $p_{nm} - p_m = \Delta p_s$ appliquée est supérieure à la surpression capillaire $\Delta p(d)$ associée au diamètre d du pore. Cependant, il doit aussi être connecté à la face d'entrée du milieu par une chaîne continue de canaux, eux-mêmes envahis. Dans le milieu poreux modèle de la figure 1, les canaux envahis en premier lorsque Δp_s augmente sont ceux qui sont à la fois de plus gros diamètre, et qui sont connectés à la face d'injection. L'invasion s'arrête quand tous les canaux situés sur le front sont de diamètre tel que $\Delta p_s < \Delta p(d)$: elle reprend quand la surpression permet d'envahir le plus grand de ces canaux (flèche sur la figure 3). Enfin, on traverse tout l'échantillon pour la pression Δp_{sc} correspondant à un diamètre critique d_c tel qu'il existe un chemin continu (et tortueux) à travers le milieu n'empruntant que des canaux de diamètre supérieur à d_c (d_c est le passage le plus étroit sur le chemin le plus facile). Cette recherche d'un chemin continu comme dans un labyrinthe relève du modèle mathématique baptisé *percolation*.

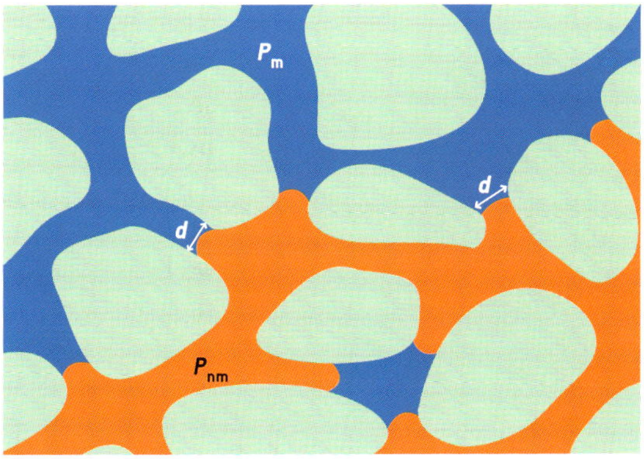

3. Représentation schématique du processus de drainage dans un milieu poreux. La matrice solide apparaît en vert, le fluide non mouillant en orange, et le fluide mouillant en bleu. À l'équilibre, la surpression appliquée au fluide orange $p_{nm} - p_m$ est égale à la surpression capillaire $\Delta p(d)$. L'invasion par ce fluide progresse lorsqu'on augmente la surpression appliquée au fluide non mouillant. Notez que la concavité de toutes les interfaces est orientée vers le fluide non mouillant.

Perles d'eau sur une toile d'araignée

La déstabilisation de cylindres liquides conduit à la formation de gouttes.

Les fils des toiles d'araignée se décorent au petit matin de chapelets de gouttelettes qui résultent de la condensation de la rosée (Figure 1). L'eau se condense d'abord tout au long de la fibre en formant un mince film continu ; puis ce film cylindrique se déstabilise et des gouttelettes régulièrement espacées apparaissent le long de la fibre. En y regardant de plus près, on remarque que de petites gouttes disposées symétriquement par rapport à la fibre forment des lentilles. Les grosses gouttes ont au contraire une forme de coquille pendant sous la fibre : leur pincement annonce un décrochage proche.

La surface cylindrique liquide tend à diminuer son aire à volume constant, afin de minimiser l'énergie interfaciale : c'est ce qui engendre le développement initial de l'instabilité (Figure 2). Une faible modulation de l'épaisseur du film liquide réduit en effet cette aire si sa longueur d'onde est suffisamment grande devant le rayon de la face extérieure du film (égal à la somme de son épaisseur et du rayon de la fibre).

Un phénomène de même nature se produit en l'absence de tout support : c'est l'instabilité qui brise en gouttelettes un filet d'eau, quelques centimètres sous l'orifice d'un robinet. La page d'introduction du présent chapitre en montre un exemple.

Les deux problèmes ont fait l'objet, il y a un siècle, d'études expérimentales par le physicien belge Joseph Plateau, dont nous avons fait la connaissance à propos des mousses (p. 56). La théorie de l'instabilité de ces surfaces cylindriques est, quant à elle, due à Lord Rayleigh – c'est pourquoi cette instabilité est connue sous le nom de *Rayleigh-Plateau*.

1. Perles d'eau sur les fils d'une toile d'araignée.

Le phénomène en détail

Pour comprendre la formation des gouttes, suivons le développement de l'instabilité d'un film ou d'un jet. Supposons qu'elle commence par une variation sinusoïdale de longueur d'onde λ, du diamètre extérieur d de la surface liquide le long de son axe (Figure 3). Si λ est inférieure à d, l'aire de

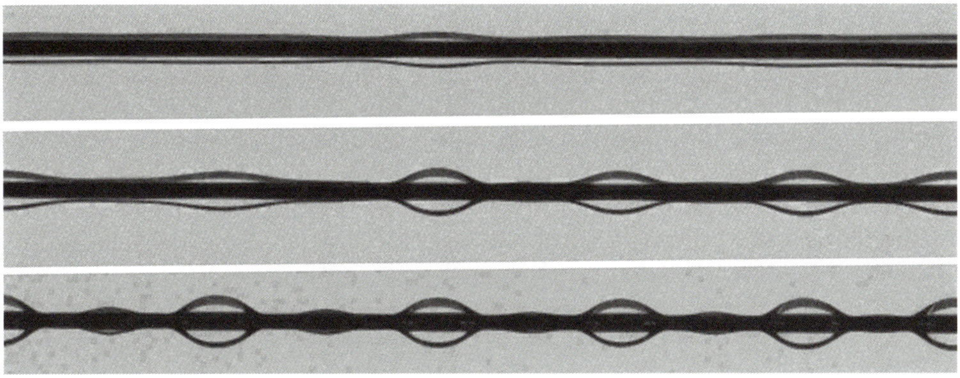

2. **Vue du développement de l'instabilité d'un film liquide sur un fil cylindrique** (temps croissants de haut en bas). La croissance progressive des gouttes résulte du mouvement du liquide le long du fil, des creux vers les bosses.

l'interface liquide-air augmente avec l'amplitude de la déformation : cette dernière est donc énergétiquement défavorable et ne se développe pas. Supposons au contraire que λ soit très grande (par exemple égale à la longueur de la fibre, comme pour former une goutte unique). Une telle déformation est énergétiquement favorable, mais le temps de passage du liquide des zones de diamètre réduit vers les « bosses » est très important : elle se développerait, mais trop lentement. Ainsi, la longueur d'onde effectivement observée (et donc la taille finale des gouttelettes) résulte d'un compromis entre deux contraintes : la réduction de l'aire interfaciale, et le développement rapide de l'instabilité. Cette longueur λ optimale est légèrement supérieure à la valeur minimum pour laquelle l'instabilité se développe. Un compromis semblable se rencontre dans l'instabilité décrite p. 130

L'instabilité d'un jet libre et celle d'un film déposé sur une fibre se distinguent par leur temps de croissance. Un jet se brise rapidement en gouttes, car les écoulements entre les zones de faible et grand diamètre sont rapides. En revanche, la vitesse du liquide dans un film mince gainant une fibre sera beaucoup plus faible à cause de la viscosité. Pour une huile de cuisine d'épaisseur 1 μm déposé sur une fibre, le temps caractéristique de développement de l'instabilité est ainsi de plusieurs heures.

Pour comprendre la croissance ultérieure des gouttes et leur décrochement, il faut tenir compte de l'effet de la gravité, ainsi que de la valeur de l'angle de raccordement des gouttes et de la fibre, qu'on a ignorée dans la phase initiale.

Au-delà de son intérêt fondamental, la condensation des gouttes sur des fils présente des applications, comme près du village de Chungungo, au nord du Chili : des filets de polypropylène tendus le long d'une crête côtière condensent l'eau issue de l'épais brouillard fréquent dans cette région, assurant l'approvisionnement en eau des habitants.

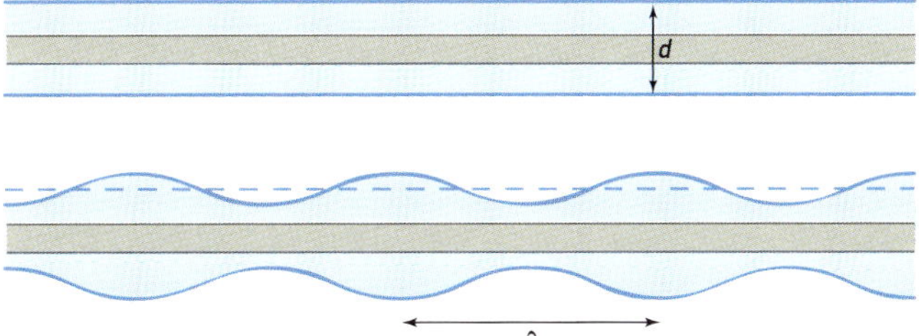

3. **Modélisation de la déstabilisation** d'une couche de fluide d'épaisseur initiale *d* autour d'une fibre (en gris). La structure modulée (en bas) a une aire totale inférieure à celle du film cylindrique initial (en haut).

Marangoni et les larmes du vin

Où des variations de tension superficielle créent des mouvements (presque) perpétuels

1. **« Larmes de vin »** au-dessus de la surface liquide d'un verre.

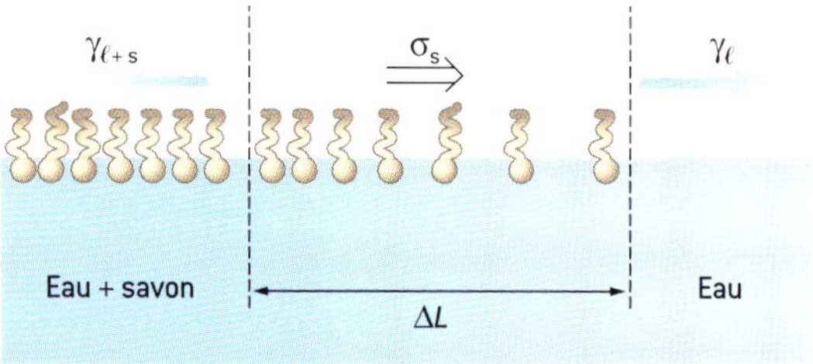

2. **Principe de l'effet Marangoni sur une interface.** On suppose une diminution de gauche à droite de la concentration d'un composé tensioactif (savon, détergent). La tension superficielle (et donc la force sur une ligne de longueur unité perpendiculaire au plan de la figure) augmente alors de gauche à droite d'une valeur $\gamma_{\ell+s}$ (avec surfactant) à une valeur γ_ℓ (surface non recouverte). Il résulte de ce déséquilibre une force résultante par unité de surface (ou contrainte) σ_s égale au gradient de γ.

D'un geste précis, le sommelier fait tourner son verre en mirant le vin qu'il contient. Un mince film liquide se dépose alors sur la paroi intérieure du verre, et sa teneur en alcool diminue progressivement par évaporation. Cette opération vise à décrypter le « nez » complexe des grands vins, car l'alcool entraîne en s'évaporant de nombreuses molécules odorantes. Elle permet aussi d'observer un curieux phénomène : le film liquide semble rester attaché à la paroi du verre, au lieu de s'évaporer ou d'être drainé vers le bas par son poids. De plus, son bord supérieur est orné d'un ourlet où naissent des gouttes liquides (Figure 1). Ces « larmes du vin » redescendent par gravité tandis que d'autres apparaissent, signe que du liquide monte en

continu dans le film pour alimenter le bourrelet supérieur.

Quel est le moteur de ce mouvement perpétuel (ou presque)? Contrairement aux idées reçues, ce ballet n'a rien à voir avec la teneur en glycérol du liquide: le cognac, qui n'en contient pas, présente aussi de très belles larmes. Il s'agit plutôt d'une manifestation de la capillarité, qui fait penser à l'ascension d'un liquide dans un tube de faible diamètre trempant dans un récipient (p. 60). Cependant, le mécanisme est différent car, si l'on change le vin... en eau pure, l'ascension ne dépasse pas le millimètre. Le « ballet des larmes » est donc dû à la présence d'alcool, et ce moteur œnologique s'arrêtera lorsque tout l'alcool se sera évaporé. Plus précisément, nous allons voir que ce phénomène est dû à la variation avec la concentration en alcool des forces de tension superficielle à la surface du film.

Ainsi, l'explication physique de ce phénomène spectaculaire a aussi pour mérite de nous rappeler que le liquide perd progressivement de l'alcool... et des arômes!

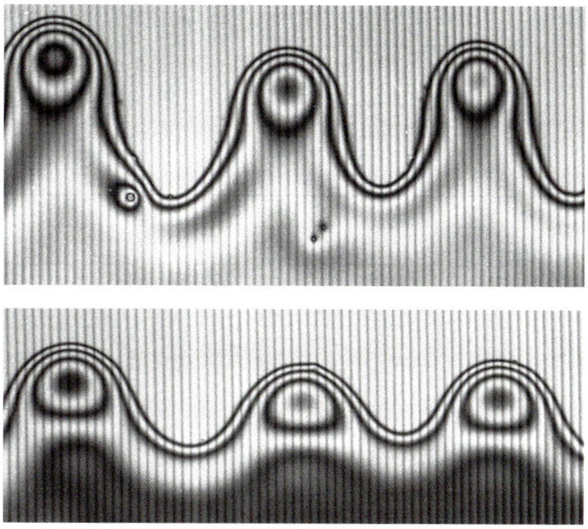

3. Effet Marangoni thermique. Une plaque verticale le long de laquelle la température diminue vers le haut est plongée dans un bain liquide. Comme la tension superficielle diminue lorsque la température augmente, il en résulte une ascension d'un film liquide vers le haut, là où la tension superficielle est la plus élevée. Ce mouvement est visualisé à deux instants successifs par un éclairage qui fait apparaître des franges d'égale épaisseur du film (lignes courbes). L'ascension du film n'est pas uniforme (les franges seraient sinon rectilignes) et une instabilité se développe avec une épaisseur plus élevée dans les parties hautes (les lignes verticales sont des réflexions parasites).

Le phénomène en détail

Les larmes du vin sont une manifestation de *l'effet Marangoni* qui décrit les écoulements induits par des variations de tension superficielle d'un point à l'autre d'une interface liquide. L'effet Marangoni intervient dans de nombreuses situations. Posons par exemple un doigt enduit de savon sur une mince couche d'eau pure : on constate que l'eau est chassée de la zone où du savon a été déposé. La figure 2 fournit l'explication de ce phénomène, cette fois-ci dû à la variation de la tension superficielle avec la concentration en molécules de savon (qualifié pour cette raison de tensioactif).

Revenons aux larmes de vin : la concentration locale d'alcool est constante sous la surface du vin dans le verre, tandis qu'elle diminue avec la hauteur dans le film (le liquide perd en effet de l'alcool par évaporation au fur et à mesure qu'il monte). Or l'alcool abaisse la tension superficielle γ du liquide, qui est donc plus élevée dans la région haute du film. La grandeur γ représente la force avec laquelle les différentes parties de l'interface « tirent » les unes sur les autres: le film est donc halé vers le haut du verre là où γ est la plus forte, et y forme un bourrelet. Quant à la déstabilisation du bourrelet en gouttes liquides régulières, elle est analogue à la formation d'un réseau de gouttes par déstabilisation d'une couche liquide sous une plaque horizontale (Figure 2 p. 130).

L'effet Marangoni peut avoir d'autres origines que les variations de concentration. Ainsi, les variations de température provoquent, elles aussi, des variations de tension superficielle. C'est ainsi que des écoulements de films liquides sont induits par des gradients thermiques (Figure 3). C'est aussi le cas de l'instabilité de Bénard-Marangoni (p. 126).

Le discours du champagne

Nucléation, croissance et ascension d'une bulle

1. Vue de l'ascension de bulles à l'intérieur d'une flûte de champagne.

Avant de savourer une flûte de champagne, prenez le temps d'observer les bulles qui se développent et montent rapidement, avant d'éclater en surface. C'est ce que font les chercheurs du laboratoire d'œnologie de Reims qui ont inspiré ce sujet. La figure 1 montre des trains de bulles émises à partir du fond d'une coupe. Ces bulles se forment à partir du gaz carbonique dissous dans le liquide : initialement sous pression, le CO_2 est en effet libéré lorsqu'on débouche la bouteille.

On remarque tout de suite que ces bulles apparaissent toujours aux mêmes endroits et, de préférence, sur les parois de la flûte. En effet, pour naître spontanément au cœur d'un liquide homogène, une bulle devrait être infiniment petite : la surpression par rapport à l'atmosphère du gaz carbonique emprisonné à l'intérieur serait alors infiniment grande, d'après la loi de Laplace (p. 54), ce qui est impossible. À l'inverse, si une imperfection sur la surface intérieure de la flûte (ou bien une particule dans le liquide) contient déjà une petite bulle d'air piégée (Figure 2, insert), cette dernière sert de germe à de nouvelles bulles, qui sont émises périodiquement avec une régularité de métronome...

Quel est le devenir d'une bulle après sa naissance ? Elle grossit à mesure qu'elle s'approche de la surface avant d'y exploser (Figure 2), car elle reçoit du gaz carbonique par diffusion à travers l'interface liquide-gaz. Nous verrons plus loin que les propriétés de

cette interface jouent un rôle-clé dans la dynamique de la bulle, et que l'augmentation de son rayon s'accompagne d'une accélération.

En somme, la simple observation à l'œil nu d'un verre de champagne nous apprend bien des choses sur des phénomènes microscopiques...et on peut toujours la déguster après !

Le phénomène en détail

On évalue la vitesse instantanée U de la bulle au cours de son ascension en mesurant la distance entre deux bulles successives puis en la divisant par leur période (constante) d'émission. L'accroissement de la distance entre bulles lorsqu'on s'approche de la surface montre qu'elles accélèrent (Figure 2). Pour une bonne part, cela résulte de l'augmentation du rayon R de la goutte. Sauf aux temps très courts, il s'établit en effet un équilibre entre la poussée d'Archimède F_m (indépendante de la vitesse U mais proportionnelle au volume, et donc à R^3), et la force de frottement visqueux F_t (proportionnelle en première approximation à U, à R et à la viscosité). La vitesse U est donc proportionnelle à R^2 quand les deux forces s'équilibrent, d'où l'accélération observée au fur et à mesure que la bulle grossit.

Plusieurs autres facteurs influencent la vitesse des bulles, sans toutefois bouleverser le schéma précédent. Tout d'abord, comme le champagne contient des composés tensioactifs ces derniers migrent vers la surface de la bulle et la rigidifient. Lorsqu'elle est complètement couverte de tensioactifs, elle se comporte comme une paroi solide par rapport à laquelle la vitesse relative V_r du liquide est nulle (Figure 3a). En l'absence de tensioactif (comme dans de l'eau pure), la vitesse relative V_r n'est pas nulle : la force de viscosité sur la surface et, donc, la dérivée de V_r par rapport à la distance s'annulent (Figure 3b). La vitesse d'ascension d'une bulle de rayon donné est ainsi 50 % plus élevée dans le second cas que dans le premier. Dans le cas du champagne, la situation est intermédiaire : comme le rayon de la bulle augmente en permanence, l'apport de molécules tensioactives n'est pas assez rapide pour la recouvrir totalement. La densité de particules tensioactives sur la surface peut être également non uniforme : il en résulte alors des gradients de tension superficielle et des effets Marangoni semblables à ceux de la p. 64.

Enfin, comme le nombre de Reynolds est de quelques dizaines lorsque R est de l'ordre de 500 µm près de la surface, la force F_t inclut des termes additionnels en U^2 qui ralentissent un peu plus la montée.

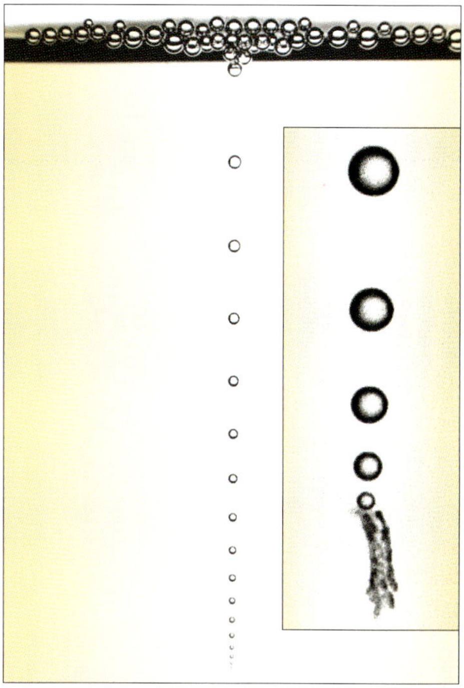

2. Émission périodique de bulles à partir d'un point de la paroi d'un verre de champagne. La taille des bulles à leur arrivée en surface est de l'ordre de 500 µm. La variation de leur séparation avec la distance à la surface observée permet d'estimer l'accélération des bulles au cours de la montée. **En encadré** : émission continue de bulles à partir d'une cavité ou d'une particule sur la paroi interne du verre.

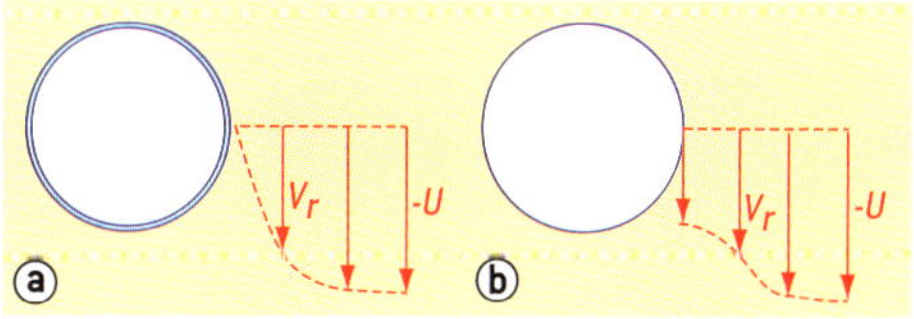

3. Variation de la vitesse relative V_r d'un liquide près de la surface d'une bulle de gaz montant à une vitesse U, suivant que le liquide contient (a), ou ne contient pas (b) un composé tensioactif en solution. V_r devient égale à – U loin la bulle.

PARTIE 4

Tourbillons

Les mouvements tourbillonnaires sont omniprésents dans les écoulements, dès que leur énergie cinétique est suffisante pour qu'ils subsistent face à l'atténuation par viscosité. Tantôt, comme dans les écoulements turbulents, ces mouvements sont distribués aléatoirement dans tout l'écoulement ; tantôt ils sont bien identifiés, comme ces trombes photographiées en Corse, qui représentent sur terre un des exemples les plus spectaculaires de tourbillons. Les flux d'air s'y enroulent autour d'un cœur central, avec une vitesse d'autant plus grande qu'ils en sont proches. Ces flux sont, de plus, attirés vers le haut par les différences de densité et d'humidité entre le sol et l'altitude. La trombe elle-même est entraînée par les vents horizontaux dans sa course dévastatrice. Nous allons rencontrer dans ce chapitre cette même structure générique (un cœur autour duquel tourne le fluide), à des échelles de taille incroyablement différentes : d'une taille atomique pour les tourbillons dans l'hélium superfluide, à des dizaines de milliers de kilomètres pour la tache rouge de Jupiter.

Une tornade dans votre baignoire

Quand les tourbillons jouent au patineur

La vidange d'une baignoire est l'occasion d'observations aussi stimulantes que celles qui ont accompagné le fameux bain d'Archimède. Vidons l'eau contenue dans un récipient cylindrique à travers un trou central situé au fond : au fur et à mesure que le liquide proche de l'axe est évacué par le trou de vidange, il est remplacé par du liquide venant de l'extérieur. Il se forme alors un tourbillon – ou *vortex* – marqué par une dépression de la surface à l'aplomb du trou (Figure 1). Quelques poussières en surface montrent que le liquide tourne autour de l'axe du tourbillon, et ce d'autant plus vite qu'il s'en approche sauf très près de ce dernier. Cela reflète la loi de la mécanique bien connue de *conservation du moment cinétique* : elle explique pourquoi un patineur sur glace tourne plus vite sur lui-même lorsqu'il ramène ses bras le long du corps. Curieusement, dans cette zone *externe* du tourbillon, les éléments de fluide ne tournent pas sur eux-mêmes : posons à la surface du liquide un bouchon qui tourne autour de l'axe du tourbillon, et sur le dessus duquel est tracée une flèche : cette dernière pointe toujours dans la même direction (Figure 2). On parle dans ce cas d'écoulement *irrotationnel* (sans rotation locale). En revanche, lorsque le liquide arrive très près de l'axe, le bouchon tourne très vite sur lui-même : l'écoulement devient *rotationnel*. Le liquide tourne alors en bloc à vitesse angulaire ω constante, comme le ferait un solide. Cette région est le *cœur* du tourbillon.

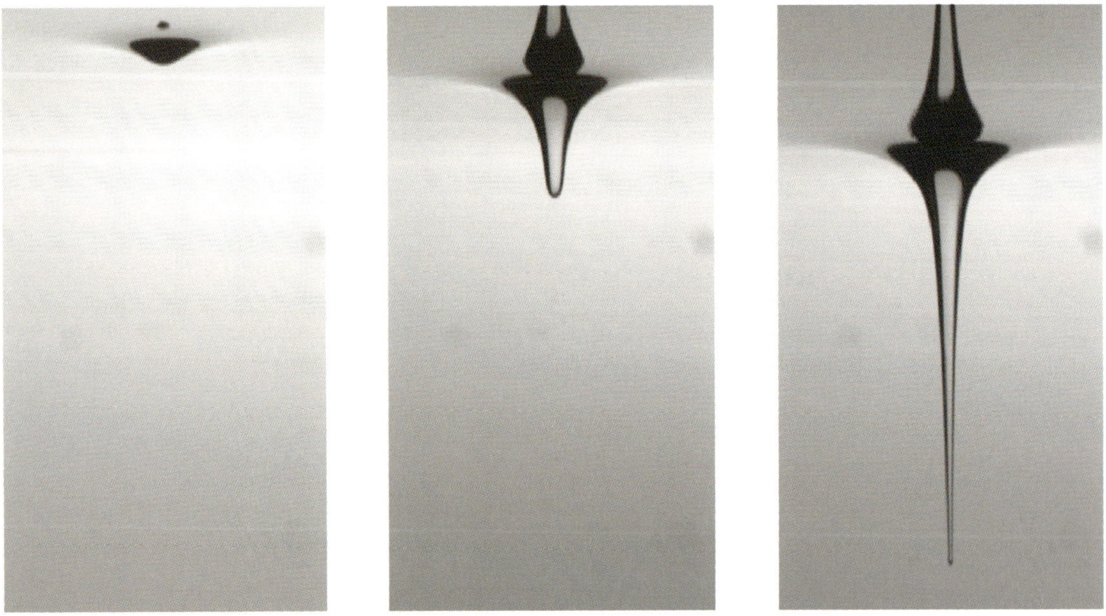

1. Vidange d'un récipient avec évacuation du liquide par un orifice situé sous le bord inférieur des images. La surface est parabolique dans le cœur du tourbillon près de l'axe, alors que la courbure est inversée dans la zone extérieure avec un profil hyperbolique. Dans cette expérience, le récipient tourne autour d'un axe vertical à des vitesses croissantes de gauche à droite (6, 12 et 18 tours par minute).

C'est cette même structure avec une zone externe et un cœur qu'on rencontre dans les terribles tornades ou les trombes atmosphériques, comme celle présentée au début de ce chapitre.

Le phénomène en détail

Dans la zone externe, la vitesse décroît comme l'inverse de la distance r à l'axe, c'est-à-dire en $1/r$ (Figure 2): ainsi, la circulation $C(r) = 2\pi r\ v(r)$ est-elle indépendante de r, et la rotation locale (mesurée par la *vorticité* **rot** v) est nulle (d'où le qualificatif d'écoulement irrotationnel). Dans le cœur, au contraire, la vitesse augmente linéairement avec la distance à l'axe ($v = \omega r$): la circulation augmente comme r^2 et la rotation locale (la vorticité) est non nulle (l'écoulement est dit rotationnel).

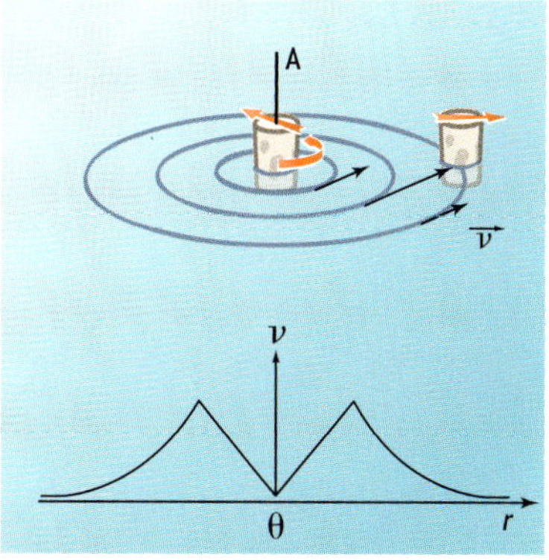

2. Champ de vitesse autour de l'axe A d'une ligne de tourbillon. La vitesse augmente linéairement avec la distance r à l'axe dans la région du cœur, puis décroît dans la zone extérieure. Une flèche sur un bouchon entraîné par l'écoulement (en orange) pointe toujours dans la même direction dans la zone extérieure. Au contraire, le bouchon tourne sur lui-même quand il est dans le cœur du tourbillon.

Le profil de la surface résulte d'un équilibre entre le gradient de pression hydrostatique créé par la pente, et la force centrifuge; tout comme dans un vélodrome aux virages relevés, plus la vitesse est grande, plus la pente doit être forte. Dans le cœur, le profil de la surface est concave et parabolique (la surface d'un liquide entraîné par la rotation d'un récipient à vitesse constante autour d'un axe vertical adopte d'ailleurs le même profil). Dans la zone externe, au contraire, la courbure est convexe car la vitesse diminue avec la distance: le profil est de type hyperbolique.

Demandons-nous maintenant comment la courbure de la surface de l'eau apparaît lorsqu'on ouvre l'orifice de sortie. L'étirement du fluide par l'écoulement de vidange amplifie une rotation déjà existante (par suite de la conservation du moment cinétique), mais ne la crée pas. Souvent cette rotation sera amorcée accidentellement mais elle peut être induite en faisant tourner l'ensemble du dispositif (Figure 1), ou en réalisant l'expérience dans un écoulement de cisaillement (Figure 3); ce dernier type d'écoulement est en effet rotationnel dans toute la zone de cisaillement et présente donc une rotation locale.

Enfin, contrairement au sens de rotation des cyclones (p. 72), celui des tourbillons de vidange ne dépend pas de l'hémisphère terrestre où on prend son bain! La rotation que pourrait créer la force de Coriolis est en effet, à l'échelle d'une baignoire, faible devant celles dues à d'autres perturbations.

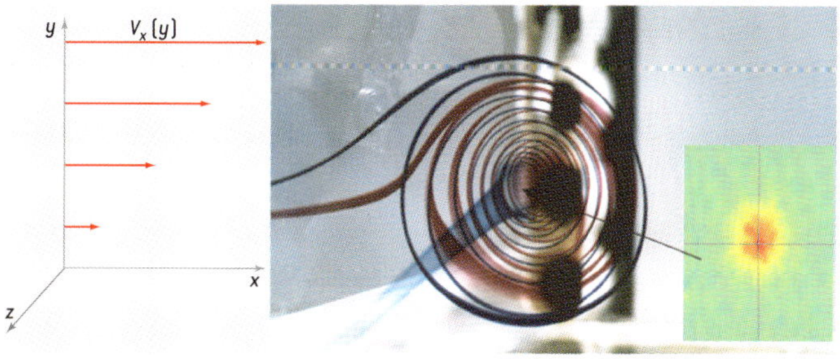

3. Une aspiration vers l'arrière dans la direction –z (l'arrière de la figure) fait apparaître un tourbillon dans l'écoulement de cisaillement $V_x(y)$. L'écoulement est visualisé par injection de colorants, entraînés à la fois par la rotation induite par le tourbillon et par l'écoulement d'aspiration. On détermine le champ de vitesse par vélocimétrie par imagerie de particules et on en déduit la vorticité **rot** v dont le module est représenté dans l'insert en fausses couleurs. La vorticité est non nulle (domaines rouges et jaunes) uniquement dans le cœur.

Cyclones et force de Coriolis

La rotation de la terre contrôle les grands mouvements de l'atmosphère

Les cyclones font régulièrement des ravages malgré leurs noms parfois charmeurs, comme Katrina en 2005 ; aussi les satellites les suivent-ils avec attention, depuis leur naissance au-dessus des eaux chaudes des tropiques jusqu'à leur mort sur le continent. Leur forme évoque, à beaucoup plus grande échelle, un tourbillon de vidange (p. 70) qui se viderait vers le haut (Figure 1). La vitesse horizontale du vent croît de la périphérie du cyclone vers l'intérieur, jusqu'à dépasser 300 kilomètres à l'heure ; au centre, se trouve en revanche une zone calme d'air sec : l'œil du cyclone. Les écoulements horizontaux autour de ces tourbillons sont entretenus par les mouvements ascendants dans l'atmosphère, sur un à deux kilomètres de hauteur. Il existe un fort couplage avec l'océan, source d'air chaud et humide : en montant, l'eau se condense et libère de l'énergie thermique qui entretient la rotation. Ce moteur fait vivre le cyclone, qui terminera cependant sa vie avec fracas au-dessus des côtes.

Si de petites perturbations, malheureusement incontrôlables, sont à l'origine du cyclone, la rotation terrestre est une condition *sine qua non* de sa croissance. Plus

1. Le cyclone Elena photographié depuis la navette *Discovery* au-dessus du golfe du Mexique, en juillet 1985. On note la structure en spirale du mouvement de l'air, visualisé par les nuages qui tournent autour de l'œil du cyclone. La courbure de la Terre à l'horizon indique l'échelle de l'ensemble.

précisément, c'est la composante Ω normale à la surface de la Terre de cette rotation – celle que mesure la fréquence de rotation du pendule de Foucault – qui intervient (Figure 2). Comme celui du pendule, le sens de rotation des cyclones est opposé dans les hémisphères Nord et Sud. De même, ils n'existent pas près de l'équateur (au-dessous d'une latitude de 10 degrés) où la composante Ω est trop faible.

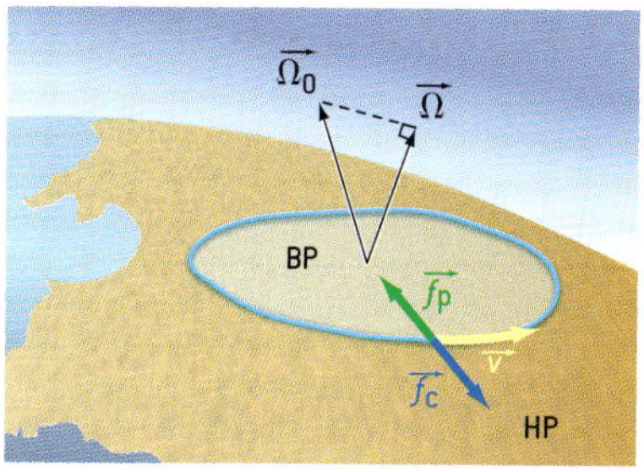

2. Schéma montrant le sens de la force de Coriolis f_c dans l'hémisphère Nord. La rotation locale **Ω** est la composante perpendiculaire au sol de la vitesse angulaire $\mathbf{\Omega}_0$ de rotation de la Terre (1 tour en 24 heures). Un observateur tournant le dos au vent (de vitesse *v*) voit les zones de basses pressions (notées BP) à sa gauche, et celles de hautes pressions (HP) à sa droite.

Le phénomène en détail

Les cartes météo (Figure 3) montrent également des formations cycloniques avec une zone centrale *dépresssionaire*: sous nos latitudes, elles sont moins ravageuses que Katrina, même si nous leur préférons les *anticyclones* – ces zones de hautes pressions dont la proximité est signe de beau temps. Sur cette carte, il peut sembler surprenant que les vents en altitude tournent autour du cyclone, plutôt que de se diriger des hautes vers les basses pressions. La réponse tient à la rotation de la Terre: tout se passe comme si les courants atmosphériques avaient lieu sur une gigantesque plate-forme, tournant à une vitesse égale à la composante normale **Ω** (un tour en 32 heures à notre latitude). Les mouvements à grande échelle (quelques centaines de kilomètres) de l'atmosphère sont alors contrôlés par la *force de Coriolis* f_c. Cette force est proportionnelle à la vitesse v du vent par rapport à la surface de la terre, et à la composante de rotation **Ω**. Elle est en outre perpendiculaire aux deux (f_c est égale au produit vectoriel $-2\mathbf{\Omega} \wedge v$). Le mouvement de l'atmosphère résulte dès lors d'un équilibre entre la force f_p associée au gradient de pression, et la force de Coriolis f_c: la vitesse v du vent est donc perpendiculaire au gradient de pression et, par suite, parallèle aux lignes isobares (Figures 2 et 3). Elle est d'autant plus élevée que les isobares sont proches.

Ces écoulements, dits *géostrophiques*, sont observés quand la force de Coriolis l'emporte sur la force d'inertie. Le rapport de ces deux forces est mesuré par le *nombre de Rossby* Ro = $v/\Omega L$ (où L est la taille caractéristique du mouvement atmosphérique). La force de Coriolis l'emporte donc quand Ro est inférieur à l'unité pour des écoulements de grande taille ou, en laboratoire, à vitesse de rotation élevée.

Notons enfin que la direction du vent au voisinage du sol diffère de celle en altitude. En effet, il est alors impossible de négliger la force de frottement de l'air, dont nous n'avons pas tenu compte précédemment: la direction du vent est plus proche de celle du gradient de pression, qu'il aurait en l'absence de rotation de la Terre. Cette variation de direction se fait sur une épaisseur, ou *couche d'Ekman*, qui vaut $(v/\Omega)^{1/2}$.

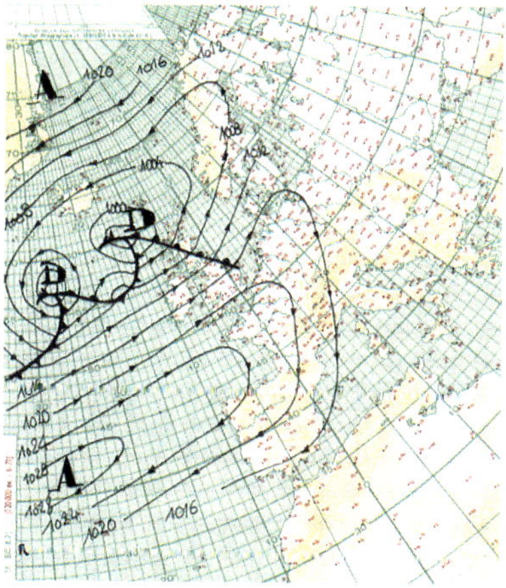

3. Carte météorologique des environs de la Manche le 3 juin 1944 à 18 h, ayant étayé la décision de débarquer deux jours plus tard malgré le front dépressionaire proche. Les Allemands avaient conclu d'une carte semblable que l'opération était impensable à cette date... et Rommel rentra dans ses foyers. Les lignes indiquent les zones d'égale pression (ou isobares), et les flèches la direction du vent. La carte marque également les zones de dépression (D) et les anticyclones (C) ainsi que les fronts (lignes épaisses) où se rencontrent des masses d'air de températures différentes.

Trou d'ozone et vortex polaire

Une physico-chimie complexe dans le cœur d'un tourbillon géant

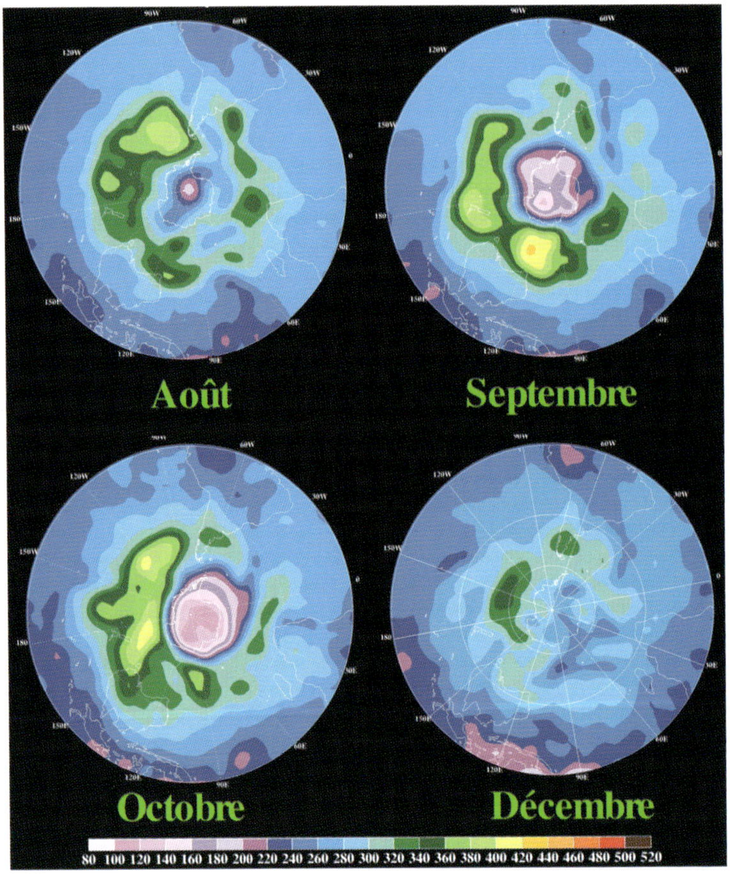

1. Cartes de la concentration d'ozone dans l'hémisphère Sud à différentes dates en 2003. La diminution de la concentration autour du pôle Sud est très marquée en septembre et en octobre; elle n'est plus visible de décembre à juillet. Le code de couleurs indique la quantité d'ozone en unités Dobson (1 unité Dobson = $2{,}7.10^{16}$ molécules d'ozone dans l'atmosphère au-dessus de 1 cm^2 de surface terrestre).

Le « trou d'ozone » a acquis sa triste célébrité à la suite d'observations faites dès 1985 dans l'Antarctique. La série de photos de la figure 1 montre la concentration en ozone dans la stratosphère, mesurée par satellite à des dates allant de la moitié de l'hiver (août dans l'hémisphère Sud) jusqu'à l'été (décembre). Vers la fin de l'hiver, cette teneur chute fortement dans une zone localisée autour du pôle Sud : le fameux trou. Elle tombe presque à zéro en octobre (particulièrement vers une altitude de 20 km).

Ce phénomène intéresse aussi bien les chimistes (pour expliquer les réactions catalytiques détruisant l'ozone) que les mécaniciens des fluides. Son apparition est en effet étroitement liée à la formation autour du pôle Sud d'un grand tourbillon – le vortex polaire – particulièrement intense vers 30 km d'altitude en août-septembre, et situé autour de 60° de latitude. Les vents circulent vers l'Est autour de la région centrale du vortex, à des vitesses qui atteignent parfois 300 km/h (Figure 2). La force à l'origine de ces vents est orientée du Nord au Sud et résulte du gradient de température entre les pôles et l'équateur. L'écoulement lui est perpendiculaire, par suite de la rotation de la Terre (p. 72). L'effet du vortex polaire est de maintenir une température basse en altitude, et de bloquer le mélange entre les régions situées à l'intérieur et à l'extérieur de ses frontières. L'apport d'air non appauvri est donc réduit et ne peut pas compenser la destruction de l'ozone pendant l'hiver.

Au printemps austral au contraire, le réchauffement des régions polaires s'accompagne d'un affaiblissement du vortex : cela autorise de nouveau une communication entre les

différentes régions, en particulier par émission de filaments d'air froid qui circulent ensuite dans l'hémisphère Sud (Figure 3). La concentration en ozone près du pôle remonte, mais de l'air appauvri en ozone parvient jusqu'en Amérique du Sud et en Australie : les chercheurs ont ainsi observé que la quantité d'ozone atmosphérique dans ces régions avait diminué de 40 % en moins de 8 ans... d'où la recrudescence des coups de soleil sur les plages d'Argentine et d'Australie, puisque l'absorption des UV par l'ozone de l'atmosphère est en baisse sensible.

Le phénomène en détail

Durant l'hiver, le vortex joue le rôle d'un réacteur chimique à l'intérieur duquel s'opèrent des réactions variées. La nuit polaire fait que, en altitude (15 à 20 km), l'air est très froid (– 80 °C) et qu'il s'y forme des nuages composés de cristaux de glace (dits nuages polaires stratosphériques). Ils ont la propriété, en présence de produits chlorés (les cholorofluorocarbones ou CFC utilisés encore récemment dans les pulvérisateurs et les réfrigérateurs, et l'acide chlorhydrique provenant de sources naturelles), de favoriser une réaction de libération de chlore atomique. Dans le même temps, des produits nitrés qui limiteraient la présence de chlore dans l'atmosphère sont piégés. À la fin de l'hiver austral, le rayonnement solaire réapparaît et initie, en « cassant » les molécules de chlore, une réaction de destruction de l'ozone qui explique le minimum observé en octobre.

Des expériences utilisant des ballons atmosphériques lâchés dans la zone frontière ainsi que des simulations numériques permettent d'analyser l'évolution de ce vortex jusqu'à l'été. Bien que l'écoulement soit très turbulent et les nombres de Reynolds en jeu énormes, les simulations reproduisent assez bien les phénomènes observés. On adapte pour cela les approches appliquées par ailleurs au mélange chaotique des fluides visqueux (p. 14). Ces effets tiennent en partie au caractère bidimensionnel des mouvements à grande échelle de l'atmosphère, qui résulte de sa stratification et de la rotation de la Terre.

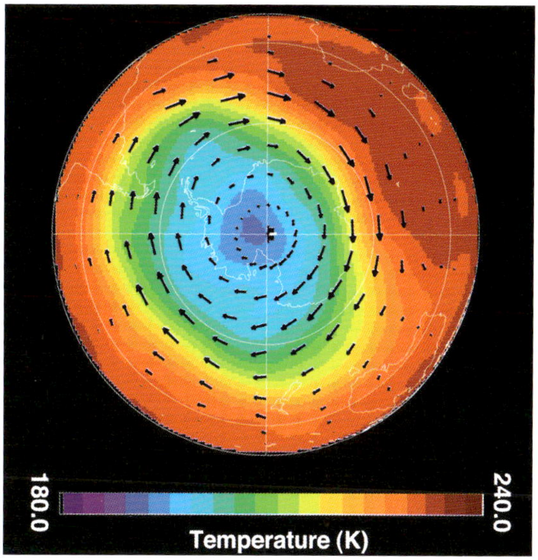

2. Carte de la vitesse du vent et de la température (entre – 93 °C et – 33 °C environ : le code de couleurs est en bas de l'image) autour du pôle Sud, à 30 km d'altitude, en août 1994.

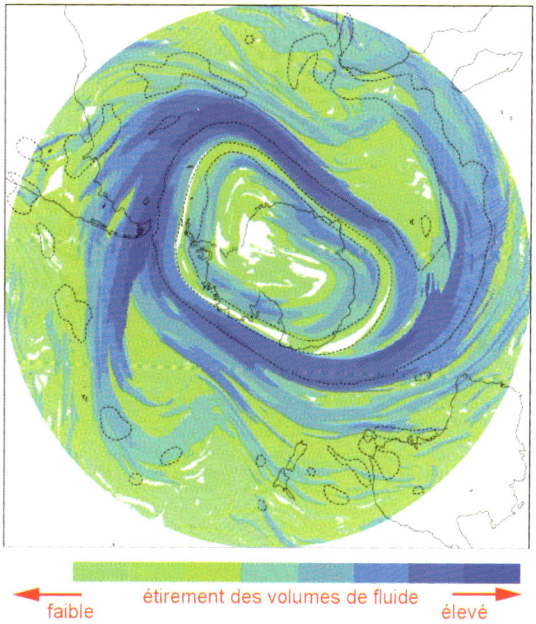

3. Simulation numérique de trajectoires de particules de fluide, dans un modèle réaliste d'écoulement du vortex polaire. Les couleurs caractérisent l'étirement des volumes de fluide au cours de leur mouvement : ce phénomène est particulièrement intense juste à l'extérieur du vortex polaire (zone en bleu foncé). Des filaments sont émis à partir de cette zone d'étirement vers l'ensemble de l'hémisphère Sud.

La tache rouge de Jupiter

Simuler un tourbillon de 20 000 km sur une table tournante.

Depuis sa découverte en 1655 par Cassini, la grande tache rouge de Jupiter a continué d'attirer l'attention des astronomes. Les missions des sondes *Voyager* puis *Galileo* ont permis de mieux la connaître : c'est un gigantesque tourbillon allongé, d'environ 20 000 km sur 10 000 km, dont la forme évolue légèrement au cours du temps et qui dérive vers l'Ouest. Comme un ouragan terrestre, il est matérialisé par les masses nuageuses qu'il entraîne et dont la vitesse à la périphérie dépasse 350 km/h. Il leur faut ainsi six jours pour faire le tour de la tache dans le sens contraire des aiguilles d'une montre (la planète fait, quant à elle, un tour sur elle-même en dix heures). Leur sens est opposé à celui des ouragans terrestres dans le même hémisphère, car ces derniers correspondent à un minimum de pression tandis que la tache rouge représente un maximum (un anticyclone). Des observations plus précises indiquent que cette rotation est surtout localisée dans la périphérie de la tache, et que la vitesse dans la zone centrale est davantage erratique (Figure 2).

1. Visualisation par la sonde *Voyager 2* de l'atmosphère de Jupiter dans la région de la tache rouge (au milieu à droite).

Plusieurs effets permettent de comprendre la permanence de la tache rouge de Jupiter. Tout d'abord, elle est localisée entre deux « bandes » d'écoulement en sens inverse de l'atmosphère jovienne (vers l'Ouest au Nord de la tache, et vers l'Est au Sud) : ce cisaillement entretient la rotation des masses de gaz (comme pour une bille à l'intérieur d'un roulement). La rotation de la tache semble aussi se « nourrir » de l'absorption de structures tourbillonnaires de plus petites tailles, créées par une instabilité de Kelvin-Helmholtz (p. 102) à l'interface entre des zones de vitesses différentes,

La formation de la tache rouge à partir de l'écoulement très turbulent de l'atmosphère jovienne, ainsi que l'absence d'autres structures du même type comme un tourbillon de sens opposé

restent surprenantes : on la reproduit cependant en partie par des modèles de laboratoire et des simulations numériques.

Le phénomène en détail

Nous avons vu à propos des cyclones (p. 72) que les mouvements à grande échelle de l'atmosphère terrestre sont très influencés par les forces de Coriolis, proportionnelles à la vitesse des écoulements et à la composante normale à la surface de la vitesse de rotation de notre planète. Ces dernières sont toutes deux plus élevées sur Jupiter que sur Terre (la vitesse angulaire de rotation est par exemple deux fois et demie plus grande). L'influence de la force de Coriolis est, de ce fait, encore plus grande que sur Terre : elle domine la force centrifuge et la viscosité, et équilibre à elle seule les gradients de pression. Par ailleurs, l'intérieur de Jupiter recèle des sources de chaleur importantes et des températures élevées qui induisent des mouvements de convection thermique (p. 126), marqués par les bandes colorées de l'atmosphère, qui influencent les écoulements atmosphériques.

Il est possible de modéliser ces écoulements sur une table tournante simulant la rotation de Jupiter (Figure 3). L'atmosphère est représentée par une couche mince de liquide dont l'épaisseur varie avec la distance à l'axe, afin de reproduire l'effet de la variation de la rotation locale avec la latitude. L'influence des mouvements de convection est, quant à elle, prise en compte en injectant du fluide près de l'axe de rotation et en l'aspirant plus à l'extérieur. L'écoulement radial ainsi créé est dévié par la force de Coriolis, et il se forme de petits tourbillons avec les deux sens de rotation. On observe alors que seuls les tourbillons d'un sens de rotation donné (dépendant de celui de la table) survivent. Si l'écoulement radial est suffisamment fort, ils se rassemblent ultérieurement en un gros tourbillon unique, analogue à la tache rouge.

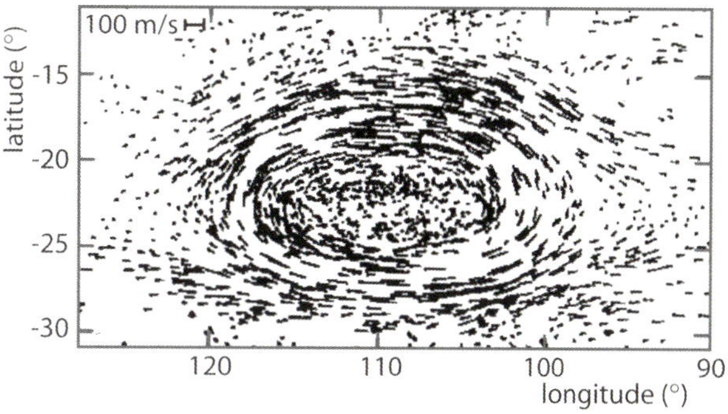

2. Champ de vitesse à l'intérieur de la tache rouge de Jupiter. La longueur des traits et leur orientation indiquent le module et la direction de la vitesse.

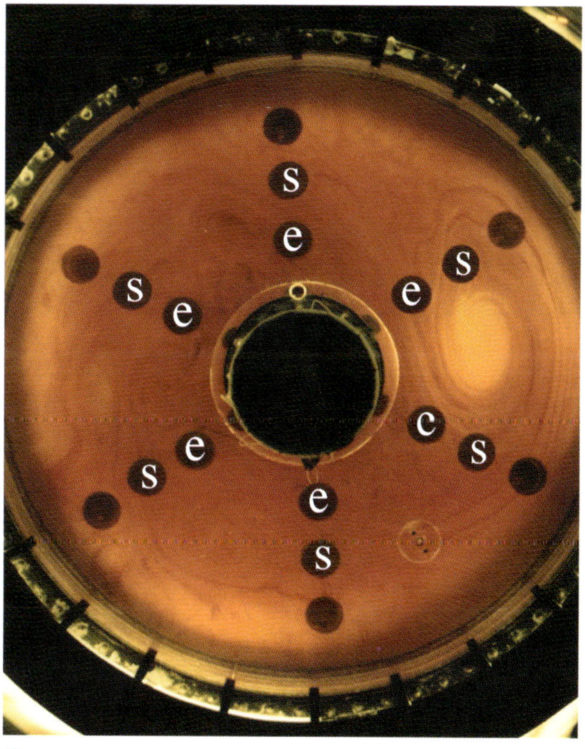

3. Modélisation en laboratoire de l'apparition d'un tourbillon localisé, du type de celui de la tache rouge de Jupiter. Un récipient cylindrique rempli d'une couche de liquide (qui simule l'atmosphère de la planète) est mis en rotation. De plus, du liquide est injecté par les orifices marqués « e » et sort par ceux marqués « s ». Ce déplacement de liquide reproduit les mouvements de convection de l'atmosphère de la planète. Sous l'effet de la force de Coriolis, ces écoulements font apparaître des tourbillons dont finalement un seul subsiste (à droite de la photographie).

Hydrodynamique et constante de Planck

Des réseaux de vortex quantiques dans les superfluides

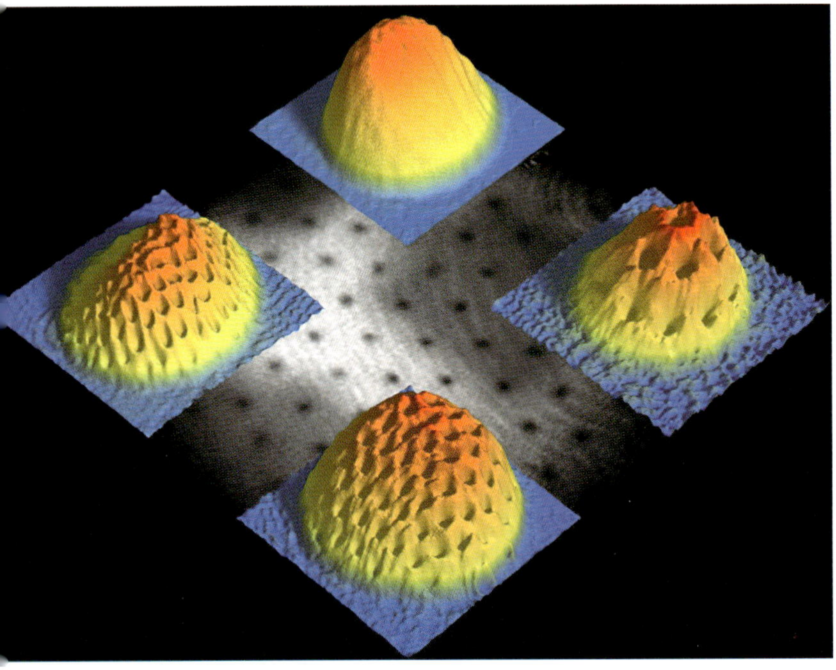

1. **Condensats de Bose-Einstein en rotation.** Dans ce montage pseudo-tridimensionnel, l'axe vertical correspond à la densité de condensat, qui est également codée en fausses couleurs (bleu : densité nulle ; rouge : densité élevée), et le plan horizontal est perpendiculaire à l'axe de rotation. Chacune des quatre images correspond à une vitesse de rotation différente (elle augmente de haut en bas, et de droite à gauche de la figure). La disparition de l'état superfluide dans le cœur rotationnel des tourbillons est reflétée par les creux, dont le nombre augmente avec la vitesse. L'image est due à Wolfgang Ketterle, qui a obtenu récemment le prix Nobel pour ses travaux sur ces condensats d'atomes froids.

Lorsqu'on refroidit un bain d'hélium liquide à une température inférieure à 2,17 kelvins (soit – 271 °C environ), sa viscosité s'annule. Il existe de nombreuses manifestations spectaculaires de cette *superfluidité* de l'hélium, comme le fait de pouvoir s'écouler sans effort à travers des canaux de quelques nanomètres de diamètre, ou encore de circuler indéfiniment sans ralentissement dans un anneau rempli de poudre fine compactée.

Faisons maintenant tourner un récipient cylindrique rempli d'hélium superfluide. Dans le cas d'un liquide classique mis en rotation, après une phase transitoire, le liquide tourne en bloc à vitesse angulaire constante comme un solide. Or, un tel régime ne peut être atteint que si le fluide est mis en mouvement par des forces visqueuses. Un fluide sans viscosité devrait donc rester immobile si le récipient qui le contient est mis en rotation : c'est effectivement ce qui est observé pour l'hélium superfluide, mais seulement aux très faibles vitesses de rotation. Au-delà d'une vitesse seuil, un premier tourbillon apparaît : comme pour ceux rencontrés p. 70, l'écoulement est rotationnel au niveau d'un cœur (ici de très faible diamètre : quelques dixièmes de nanomètre) où la superfluidité disparaît. De plus, la *circulation* de la vitesse autour du cœur a une valeur bien définie $C = h/m$ dans la région qui reste superfluide (h est la constante de Planck et m la masse de l'atome d'hélium). S'il en était besoin, l'apparition de h confirmerait à elle seule le caractère quantique de la superfluidité ! Au fur et à mesure que la

vitesse de rotation d'ensemble augmente, un nombre de plus en plus grand de ces tourbillons apparaissent.

Des réseaux de vortex ont aussi été observés dans des phases condensées d'atomes froids, ou *condensats de Bose-Einstein,* qui représentent une nouvelle forme de superfluides. La figure 1 représente ainsi des réseaux obtenus en faisant tourner un paquet de 1 mm de diamètre contenant 10 millions d'atomes froids de sodium. Les superfluides sont décidément des systèmes uniques pour associer effets quantiques et hydrodynamiques !

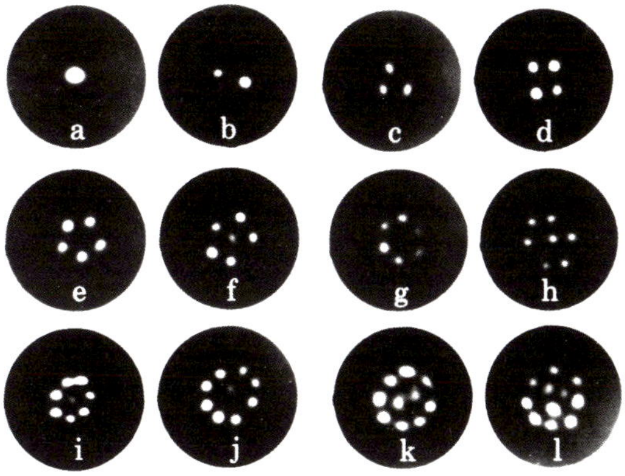

2. Visualisation à l'aide de charges électriques de tourbillons dans un bain tournant d'hélium superfluide, dans un plan parallèle à la surface du bain et perpendiculaire aux cœurs des tourbillons. Des charges électriques injectées dans le superfluide se piègent préférentiellement sur les cœurs. On les en extrait ensuite en les accélérant parallèlement à l'axe de rotation, avant de les focaliser vers un écran fluorescent. Les taches blanches sur la figure correspondent à l'impact des charges sur l'écran. La taille réelle de chaque disque noir est de quelques millimètres. Les différentes photos correspondent à des vitesses de rotation croissantes de (a) à (l), entraînant l'apparition successive de tourbillons quantifiés.

Le phénomène en détail

Avant celles des condensats de Bose, des images de réseaux de vortex dans l'hélium superfluide ont été obtenues en injectant des particules chargées dans un bain d'hélium superfluide en rotation à surface libre (Figure 2).

Précédemment, on avait pu déterminer la circulation autour de ces vortex en tendant un fil métallique dans l'axe d'un récipient en rotation. En effet, le premier vortex qui se crée lorsque la vitesse augmente se place le long du fil. Si on fait vibrer ce dernier, la rotation de l'hélium autour du fil entraîne un changement de fréquence de résonance. Il a ainsi été possible de vérifier directement que la circulation était bien égale à h/m. Cette valeur reflète le fait que l'état superfluide est caractérisé par une fonction d'onde macroscopique, dont la phase varie de 2π après un tour autour du tube de tourbillon (la vitesse est proportionnelle au gradient de cette fonction d'onde).

La figure 3 compare le champ de vitesse associé à la rotation en bloc d'un fluide visqueux, et celui créé par un réseau de tourbillons quantifiés dans un liquide superfluide. Aux vitesses de rotation élevées, le second champ de vitesse devient voisin du premier, sauf près des cœurs des tourbillons. Outre les condensats de Bose et l'hélium superfluide, de tels réseaux ont également été observés dans les supraconducteurs. On peut en effet les considérer comme des superfluides chargés, où des paires d'électrons remplacent les atomes d'hélium. Ces réseaux portent le nom de Alexei Abrikosov, prix Nobel de physique 2003 .

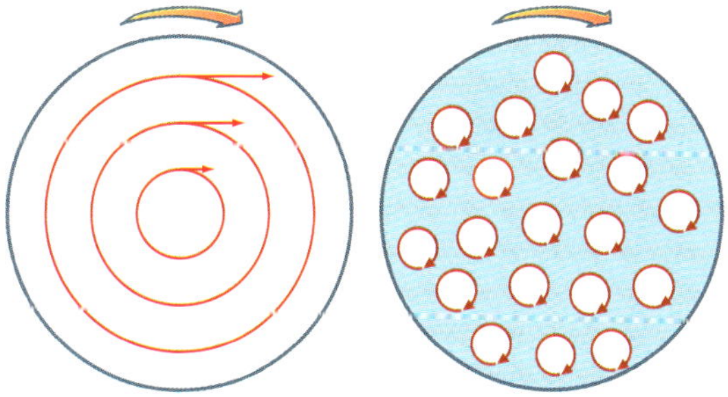

3. Champs de vitesse correspondant à la rotation en bloc d'un fluide réel (à gauche), et à un réseau de tourbillons quantiques (à droite). La circulation de la vitesse le long de la paroi du récipient est égale à $C_1 = 2\pi r^2\omega$ dans le premier cas (ω est la vitesse angulaire de rotation et r le rayon du récipient) ; dans le second cas, elle est la somme des circulations autour de n vortex, soit $C_2 = nh/m = C_1$.

Les ronds de fumée : de l'Etna au dauphin

Des anneaux tourbillons qui jouent à saute-mouton

Les fumeurs ne sont pas les seuls à émettre des ronds de fumée : des phénomènes similaires peuvent apparaître lorsqu'une impulsion brève est appliquée à un fluide dans un canal étroit s'élargissant brusquement. La *Bocca Nuova* de l'Etna en est un exemple spectaculaire. Le cratère de ce volcan émet des anneaux de fumée (contenant une grande quantité de vapeur d'eau) comme celui qui apparaît sur la figure 1. Ces structures impressionnantes subsistent parfois plusieurs minutes, à des altitudes de quelques centaines de mètres au-dessus du cratère. Les anneaux sont probablement produits par des bouffées de gaz et de vapeur d'eau émises pendant un temps bref à travers des orifices étroits.

De leur côté, les dauphins sont aussi des amateurs d'anneaux – ou plus exactement de bulles en forme d'anneau, avec lesquels ils jouent (Figure 2). Ils créent d'abord ces tourbillons par un mouvement de leurs nageoires ou de leur tête, avant de souffler de l'air à l'intérieur. Ils produisent aussi des bulles filamentaires en forme d'hélice de plusieurs mètres, qu'ils transforment ensuite en anneaux.

1. Anneau tourbillon sortant de la Bocca Nuova de l'Etna le 24 février 2000. Le diamètre du tourbillon est supérieur à celui de la bouche du volcan et varie entre 50 et 200 mètres.

Qu'il s'agisse d'anneaux de fumée ou de bulles en forme de tore, ces tourbillons sont analogues aux filaments rectilignes observés lors de la vidange de récipients (p. 70) ou dans les sillages d'obstacles (p. 96) – mais ils se rebouclent sur eux-mêmes. On retrouve donc leurs mêmes propriétés fascinantes et souvent inattendues, à des échelles de quelques micromètres (dans l'hélium superfluide p. 78) comme de plusieurs dizaines de mètres (près des volcans).

2. Anneau tourbillon émis par un dauphin.

Le phénomène en détail

Les tourbillons en anneau sont formés d'un cœur de diamètre petit devant le rayon de l'anneau et autour duquel le fluide tourne (Figure 3). Une particularité importante par rapport à un filament rectiligne isolé est le fait que chaque élément de l'anneau est soumis au champ de vitesse créé par les autres parties. Un tourbillon en anneau ne peut donc pas rester immobile et est en mouvement par rapport au fluide qui l'entoure (autrement dit, l'anneau de fumée s'éloigne du fumeur !). Comme pour les filaments rectilignes, la « force » de ces tourbillons est caractérisée par la *circulation C* de la vitesse du fluide autour du cœur (p. 70) : pour une valeur donnée du rayon de l'anneau, sa vitesse augmente avec la circulation. Mais, curieusement, elle diminue lorsque le rayon augmente, car chaque partie de l'anneau devient alors plus éloignée de la partie d'en face qui lui communique sa vitesse.

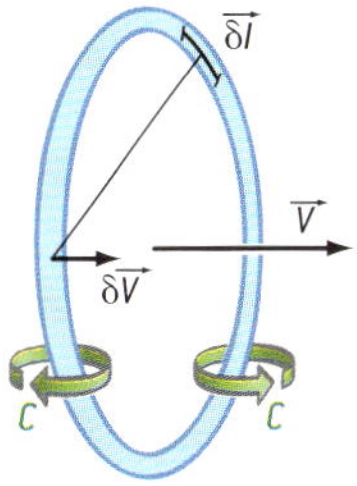

3. Champ de vitesse autour du cœur d'un anneau tourbillon de circulation C. Chaque élément de l'anneau est soumis à la vitesse induite par tous les autres éléments de longueur δl, qui contribuent chacun pour δV à la vitesse totale V de déplacement de l'anneau.

On peut produire simplement chez soi ces tourbillons sans s'intoxiquer avec de la fumée de tabac : perçons un orifice circulaire d'un ou deux centimètres de diamètre au fond d'une boîte de conserve vide et fermons l'autre côté de la boîte par une membrane tendue. Après avoir rempli la boîte de fumée d'encens, il suffit de tapoter la membrane pour voir sortir un tourbillon en anneau par l'orifice.

Une expérience spectaculaire consiste à produire deux tourbillons de ce type l'un après l'autre : ils jouent alors à « saute-mouton » et se dépassent en s'interpénétrant à tour de rôle (Figure 4). Le mécanisme se répète tant que la circulation des anneaux ne faiblit pas trop sous l'effet de la viscosité.

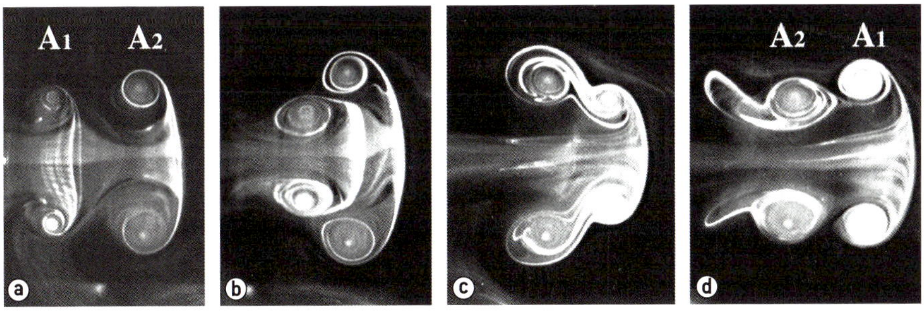

4 Mouvement « en saute-mouton » de deux anneaux de tourbillons coaxiaux. (a) La vitesse induite par l'anneau A_2 de devant sur celui A_1 de derrière a une composante vers l'avant qui l'accélère, et une composante transverse qui réduit son rayon – et l'accélère encore plus. Inversement, la vitesse induite par l'anneau A_1 sur l'anneau A_2 augmente le rayon de ce dernier et le ralentit. Le premier anneau rattrape donc l'autre (b). Le champ de vitesse de A_2 aide alors A_1 à le dépasser en le traversant (c), jusqu'à ce que leur position soit échangée (d). Le processus recommence ensuite.

Avions et circulation

Des tourbillons encombrants mais vraiment indispensables

Dans ce chapitre, nous rencontrons les tourbillons au fond d'une baignoire, et jusque dans l'atmosphère de Jupiter. On en trouve aussi derrière les avions : ils sont en effet émis au bout des ailes et persistent en arrière de l'appareil, leur cœur parallèle à la trajectoire. Il suffit de regarder cette photo d'une expérience spectaculaire effectuée par la NASA (Figure 1) pour se convaincre de l'ampleur de ces tourbillons, dont l'existence est directement liée à la force de portance qui maintient l'avion en l'air. On aperçoit d'ailleurs ces tourbillons à l'œil nu lorsque l'air est humide derrière les avions, au décollage ou à l'atterrissage : la vapeur d'eau les matérialise en effet en se condensant.

Ces tourbillons posent de nombreux problèmes pour l'aviation commerciale : au vu de leur intensité derrière le petit avion de l'image, on imagine en effet ce qu'elle peut être derrière un Airbus A380 ! Ainsi, au cours de vols d'essais, un avion léger volant 5 km dans le sillage d'un Boeing 747 faisait un tour sur lui-même toutes les deux secondes... Il faut donc attendre, pour que cette turbulence disparaisse, un temps d'autant plus long que

1. Visualisation des tourbillons de bout d'aile par de la fumée colorée injectée au niveau du sol.

l'avion est imposant. À l'atterrissage, un avion d'une centaine de places doit rester à plus de 9 kilomètres derrière un gros-porteur ; au décollage, il lui faut attendre au moins 2 minutes après le départ de ce dernier. Le temps de dissipation de cette turbulence est un des facteurs limitant les cadences d'atterrissage sur les grands aéroports.

2. Visualisation des lignes d'écoulement de gauche à droite sur une maquette d'aile en tunnel hydrodynamique.

Le phénomène en détail

Ces tourbillons sont nettement visibles à l'extrémité d'une maquette fixe d'aile dans un écoulement d'eau (Figure 2) : un filet de colorant bleu injecté au bout de l'aile s'enroule et trahit la présence du tourbillon. Comment expliquer son apparition ? Une première approche consiste à remarquer que la valeur de la pression sous l'aile de l'avion est plus forte qu'au-dessus (c'est d'ailleurs la résultante des forces associées à cette différence de pression qui supporte le poids de l'avion !). Il apparaît donc un écoulement de la face inférieure vers la face supérieure de l'aile, superposé à la vitesse moyenne et qui amorce une rotation dans le sens indiqué sur la figure 3. Les tourbillons de bouts d'aile laissés en arrière par l'avion correspondent au prolongement par continuité de cette rotation. L'ensemble représente un gigantesque tourbillon en anneau (*cf.* sujet précédent) qui se refermerait sur la piste de décollage, si les éléments de fluide en rotation laissées en arrière ne se dissipaient pas à cause de la viscosité !

Au mouvement de rotation que nous venons de décrire est associée une circulation C de la vitesse du fluide, qui est identique autour des ailes et des tourbillons de bout d'aile. Cette circulation joue un rôle crucial car elle est à l'origine de la force de portance sur les ailes, qui équilibre le poids de l'avion : c'est, en effet, une *force de Magnus* dont nous avons fait connaissance à propos des balles coupées (p. 42). Elle est proportionnelle à la vitesse de l'avion et à la circulation C de l'air. Pour un poids et une vitesse donnés de l'avion, la valeur de C est ainsi fixée et d'autant plus grande que l'avion est lourd. Faute de pouvoir réduire C, on cherche à ce que les tourbillons se dispersent le plus près possible derrière l'avion. Ainsi, des petits ailerons inclinés (les *winglets*) placés au bout des ailes apportent une amélioration. On essaie aussi d'injecter du fluide au niveau des ailes, ou d'y introduire des pièces tournantes. Ces approches s'inscrivent dans le cadre plein d'avenir du *contrôle actif* des écoulements.

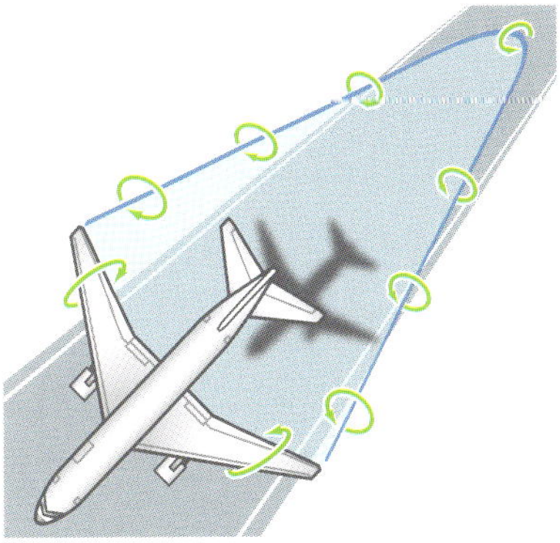

3. Schéma des tourbillons de bout d'aile derrière un avion. En l'absence de mécanisme de diffusion, le tourbillon émis au niveau de la piste de décollage resterait au sol et gênerait le décollage d'autres avions.

Comment marcher sur l'eau ?

Se mouvoir en émettant des tourbillons

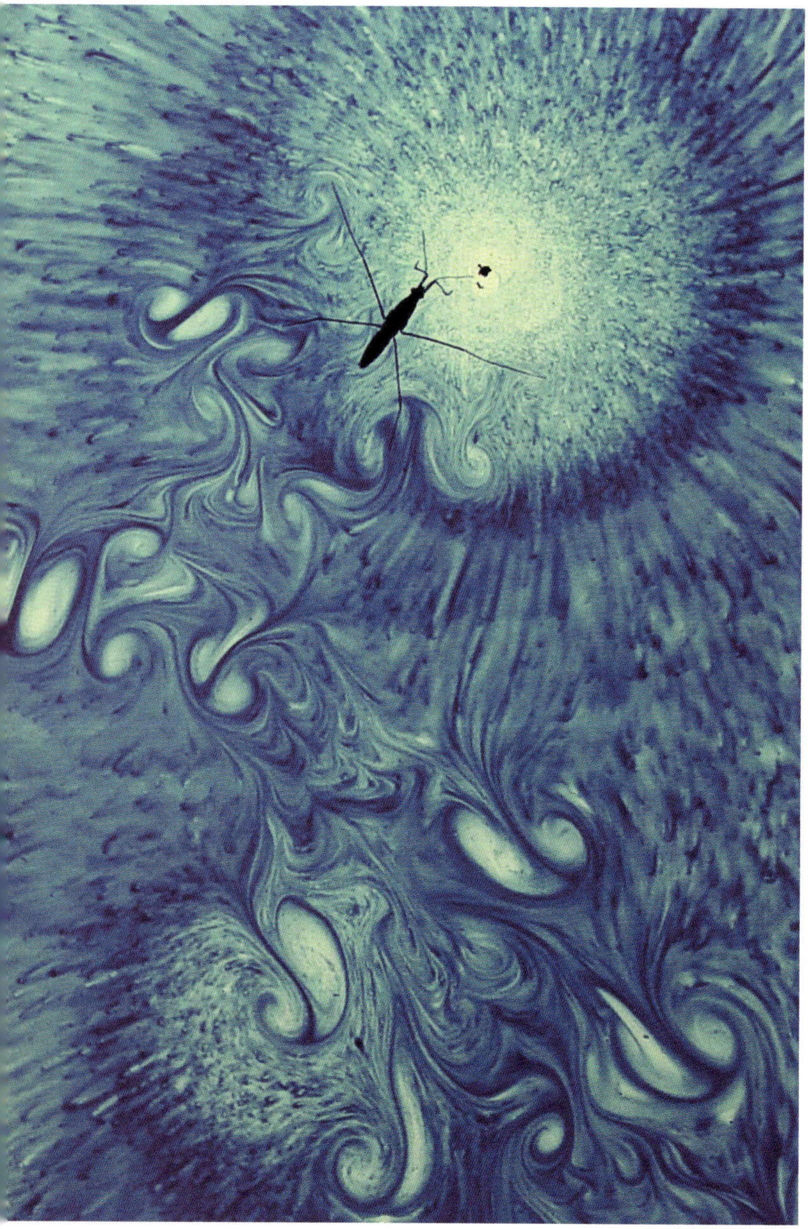

1. Allée de paires de tourbillons émis par une araignée d'eau en mouvement, révélée par une fine couche de colorant à la surface de l'eau. Le réseau de lignes courbes parallèles est dû à un faible écoulement parasite induit par les variations de tension superficielle avec la concentration de colorant, et qui guide le mouvement de l'araignée (cet *effet Marangoni* est l'objet de la p. 64).

L'araignée d'eau glisse élégamment à la surface de l'étang, en produisant sur son passage une allée de petites vaguelettes. Comment peut-elle flotter et se mouvoir avec ses pattes comme seul appui ? Comment ce « patineur sur étang » peut-il avancer ? Un chercheur du MIT, John Bush, a apporté des réponses à ces questions grâce à des visualisations (Figures 1 et 2). Il a également construit, à ce dessein, des robots miniaturisés reproduisant le mouvement des insectes.

Analysons en premier lieu le maintien de l'insecte à la surface de l'eau : on note que la surface est légèrement enfoncée, comme une membrane élastique qui se déforme sous une charge (Figure 2). Ici, ce sont les forces de tension superficielle qui résistent au poids de l'insecte et limitent cette déformation : cette dernière augmente en effet l'aire de l'interface eau-air et, par conséquent, l'énergie interfaciale correspondante. Par ailleurs, plus l'aire de contact entre les pattes et la surface est importante, plus ces forces sont élevées, ce qui explique pourquoi l'araignée pose ses pattes à l'horizontale. Cependant, cet effet n'apparaît que parce que les pattes de l'araignée sont recouvertes d'une multitude de petits poils, qui les rendent hydrophobes. Dans le cas

contraire où les pattes seraient « mouillées par l'eau », elles s'enfonceraient sans déformer la surface. De la même manière, la pollution de la surface de la mer est responsable de la mort de nombreux oiseaux aquatiques, puisqu'elle détruit l'hydrophobicité du plumage qui permet leur flottabilité.

La propulsion est assurée par les mouvements des pattes, qui agissent comme des avirons : la quantité de mouvement communiquée au fluide par l'émission des tourbillons (Figure 3) dont on voit la trace sur la figure 1, est compensée par une quantité de mouvement opposée transmise à l'insecte, comme la conservation de cette grandeur l'exige : c'est l'effet de recul des armes à feu.

2. Araignée d'eau (*gerris remigis*) adulte. Les forces de capillarité créées par la déformation de la surface de l'eau sous les pattes équilibrent son poids et lui permettent de flotter.

Le phénomène en détail

On a longtemps pensé que cet apport de quantité de mouvement était associé à des ondes capillaires de courte longueur d'onde. L'effet lié à l'émission des tourbillons est en fait bien plus important, et il est en outre amplifié par la déformation de la surface au voisinage des pattes (dans l'analogie avec un aviron, cette zone déformée joue le rôle de la partie élargie). Les expériences de laboratoire sur des insectes ou des modèles mécaniques ont montré que les paires de tourbillons observées en surface se prolongeaient en profondeur, pour se raccorder deux par deux et former des demi-anneaux de tourbillon (p. 80). Ces derniers sont perpendiculaires à la surface, et on prouve théoriquement que le champ de vitesse correspondant et la quantité de mouvement associée sont identiques, sous la surface, à ceux correspondant à un anneau complet (comme si le demi-anneau était complété par son reflet dans la surface).

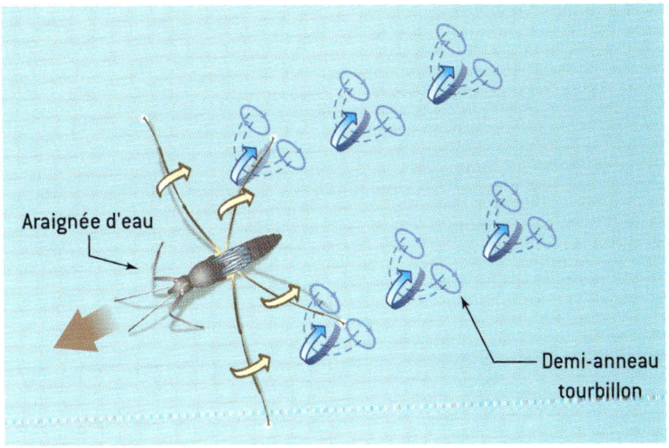

3. Propulsion d'une araignée d'eau à la surface de l'eau. La quantité de mouvement des anneaux tourbillons émis vers l'arrière est compensée par une quantité de mouvement identique vers l'avant, communiquée à l'insecte.

La propulsion de nombreux autres animaux résulte d'émissions de tourbillons. Ainsi, les oiseaux produisent un nouveau tourbillon en anneau à chaque battement d'aile. De même, les poissons émettent des boucles de tourbillons lors du battement alternatif de leur queue. Les dauphins des parcs d'attraction nautique sont aussi capables de « marcher sur l'eau », mais à des nombre de Reynolds bien plus élevés. Pour cela, ils utilisent les tourbillons émis par les battements de leur queue, à la fois pour se tenir verticalement hors de l'eau et pour avancer.

Enfin, aux toutes petites échelles de taille, certains coléoptères émettent un produit tensioactif et utilisent pour leur propulsion l'effet Marangoni (p. 64) associé aux gradients de tension superficielle qu'ils produisent ainsi.

PARTIE 5

Turbulence

« On ne se baigne jamais deux fois dans le même fleuve » affirmait Héraclite, qui évoquait ainsi l'imprévisibilité des écoulements turbulents. À l'opposé de la permanence des écoulements lents des fluides visqueux, les violents courants de marée du *Saltstraumen* qui remontent un fjord norvégien à la vitesse de 40 km/h (soit un nombre de Reynolds supérieur à 10^{10} !) illustrent le caractère changeant des flux turbulents. La taille très variée des structures tourbillonnaires est une autre caractéristique de la turbulence, qu'illustraient déjà les gravures de Léonard de Vinci. Le désordre de ces écoulements n'exclut pas l'organisation en *structures cohérentes* comme les allées de tourbillons ou les couches de mélange au contact entre des courants de vitesses différentes.

Léonard de Vinci et la turbulence

La cascade des mouvements tourbillonaires

1. Dessin de Léonard de Vinci représentant un écoulement turbulent. L'organisation des structures tourbillonnaires de tailles variables qu'il a représentées ne fut comprise que cinq cents ans plus tard. En insert, les quelques lignes (écrites de droite à gauche mais vues dans un miroir) décrivant la turbulence, traduites ci-dessous.

Il y a plus de cinq cents ans, Léonard de Vinci représenta des écoulements turbulents dans une série de dessins dont celui d'une cascade s'écoulant dans un bassin (Figure 1). On y remarque un enchevêtrement de tourbillons de dimensions très diverses, allant de la taille du bassin à celle des plus petits motifs visibles sur l'image : ces deux seules échelles limites suffisent à caractériser l'écoulement. Les écoulements aux échelles intermédiaires sont semblables entre eux – au facteur de grandissement près. Léonard résumait ses observations dans un texte prophétique :

Où la turbulence de l'eau se crée,
où la turbulence de l'eau se maintient plus longtemps,
où la turbulence de l'eau retourne au repos.

De fait, l'énergie cinétique est acquise par l'écoulement au niveau des plus grands tourbillons. Elle est alors transférée en cascade et sans dissipation à des tourbillons de plus en plus réduits, jusqu'à être dissipée par viscosité dans les petits tourbillons où les gradients de vitesse sont élevés. On parle ainsi de *cascade directe* d'énergie.

Ce n'est qu'en 1941 que le mathématicien russe A.N. Kolmogorov fournit la première description théorique de la turbulence et proposa des relations (ou lois d'échelle) entre les différents paramètres de l'écoulement. Cette description toujours d'actualité repose sur une vision statistique d'écoulements sans organisation visible, un peu similaires à l'agitation thermique désordonnée des molécules d'un gaz. Cependant, des observations plus récentes, en particulier celles de grandes structures cohérentes (p. 104), montrent que cette simplifica-

tion est excessive. Elle est aussi remise en question par l'observation numérique et expérimentale de filaments de tourbillons, qui sont créés et disparaissent en permanence aux petites échelles dans ces écoulements.

En 1932, peu avant sa mort, Horace Lamb, un grand mécanicien des fluides, disait que, une fois au paradis, il espérait comprendre l'électrodynamique quantique et la turbulence. Il se déclarait optimiste… pour le premier problème uniquement. La turbulence recèle encore bien des mystères !

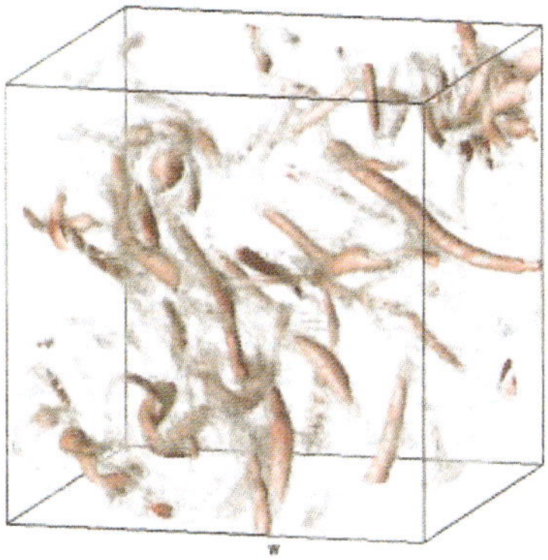

2. Simulation numérique d'un petit volume d'un écoulement turbulent. Les filaments allongés (en marron) représentent les zones où la vorticité est élevée : elles correspondent à des petits tourbillons cohérents. Entre ces zones, la vorticité est distribuée de façon désordonnée et gaussienne.

Le phénomène en détail

Le tourbillon de vidange (p. 70) fournit un modèle simple du transfert d'énergie entre tourbillons de différentes tailles : on y retrouve en effet les trois points du texte de de Vinci. Du fluide est introduit tangentiellement à la périphérie d'un récipient cylindrique (création de turbulence à grande échelle : 1re ligne du poème). Il se rapproche progressivement de l'axe en augmentant sa vitesse de rotation, sans être freiné par la viscosité (2e ligne). Cette amplification de la rotation résulte de l'étirement du tourbillon au niveau de l'orifice de vidange (étirement également présent en turbulence). Près du cœur, le cisaillement devient important : la dissipation visqueuse définit la limite inférieure de l'échelle des mouvements possibles, et donc celle des plus petits tourbillons (3e ligne).

On sait simuler des écoulements turbulents dans de très petits volumes de fluide, par résolution numérique directe des équations de la mécanique des fluides au prix de longs temps de calcul. La figure 2 montre les zones où la rotation locale du fluide (la *vorticité*) dépasse une valeur seuil dans une telle simulation. Elle prouve l'existence de filaments de tourbillons localisés, ressemblant à un plat de spaghettis enchevêtrés.

Ces tourbillons ont également été observés en laboratoire dans un écoulement d'eau induit par la rotation en sens opposés de deux disques parallèles (Figure 3). Le cœur des filaments est visible car c'est une zone de basse pression (p. 38) qui piège les microbulles présentes dans l'écoulement. Ces tourbillons se déstabilisent et éclatent rapidement : ils contribuent à induire des variations fortes et rapides de vitesse dans ces écoulements.

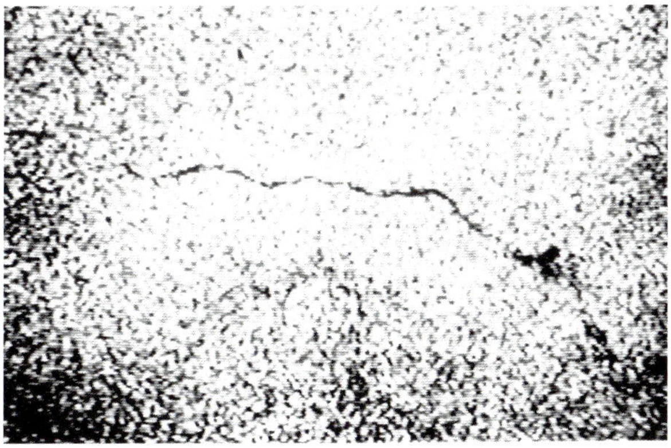

3. Visualisation expérimentale d'un filament tourbillonnaire dans un écoulement turbulent à nombre de Reynolds de l'ordre de 100 000. Le filament est visualisé par des bulles de gaz carbonique initialement dissous dans l'eau et qui diffusent la lumière. Les bulles sont à la fois produites et piégées par la faible pression au cœur du filament.

L'automobile... et son Cx

Pour fendre l'air, soignez vos arrières

La forme d'une voiture résulte d'exigences contradictoires : si le souci de l'esthétique du véhicule et d'une allure « sportive » favorise les profils allongés, les exigences de confort et d'habitabilité conduisent au contraire aux formes plus parallélépipédiques des véhicules familiaux. Face à ces contraintes, l'ingénieur cherche à imposer la sienne : elle tient en une expression – "*un faible* C_x" – et vise à réduire la force de freinage exercée par l'air (la *traînée*) et, ainsi, la consommation aux vitesses élevées. La forme d'un nouveau modèle résulte en pratique d'allers-retours entre des essais en soufflerie (Figures 1a et b) et des calculs sur ordinateur (Figure 2), d'où émerge un profil. Ce dernier est alors ajusté pour tenir compte de l'esthétique, mais aussi des impératifs de confort, de sécurité et de facilité de production.

La force de freinage aérodynamique dépend en premier lieu du profil global du véhicule : comme pour les balles (p. 92), l'influence de l'arrière de la voiture est prépondérante devant celle de l'avant.

1. (a) **Essai en soufflerie d'un modèle réduit de véhicule Clio (Renault).** Une fumée colorée est injectée en amont : elle permet d'observer la déflexion de l'écoulement sur l'avant et le développement d'une couche limite le long des parois du véhicule.
(b) **Vue du sillage en arrière de la maquette pour un essai du même type.**

En effet, sur l'avant, le toit et les côtés du véhicule, les lignes d'écoulement suivent de près la surface de la carrosserie : la dissipation d'énergie est localisée dans une mince *couche limite* sur la paroi où la vitesse de l'air passe d'une valeur égale à celle de la voiture à sa valeur à plus grande distance. Vers l'arrière en revanche, cette couche limite « décolle » : il apparaît un sillage turbulent de grande taille (Figure 1b) où la dissipation d'énergie est beaucoup plus forte. L'aérodynamicien cherchera donc en priorité à réduire ce sillage, par exemple en arrondissant le décrochement arrière du toit.

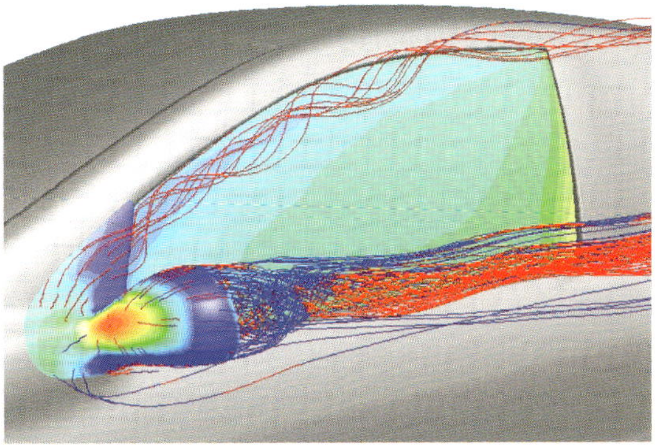

2. Simulation numérique de l'écoulement autour d'un rétroviseur. Les lignes représentent les lignes de courant, tandis que les couleurs sur la paroi codent la pression exercée par l'air (le bleu correspond à une forte dépression et le rouge à une dépression nulle).

Une fois la forme générale du véhicule optimisée, il est possible de réduire significativement la traînée en soignant la forme des accessoires de petite taille : balais d'essuie-glace, poignées de portes, enjoliveurs de roue, ou encore rétroviseurs (Figure 2). Ces éléments sont en effet susceptibles de provoquer une dissipation d'énergie sensible et font l'objet d'études poussées.

Le phénomène en détail

Le C_x est le quotient de la force aérodynamique de traînée réelle F_T s'exerçant sur le véhicule, sur une valeur de référence correspondant à une plaque solide perpendiculaire à un écoulement de vitesse V_x à grande distance. Dans ce dernier cas, la pression sur la plaque est de l'ordre de la pression dynamique $P = \rho V_x^2$ qui correspond au transfert de toute la quantité de mouvement de l'écoulement à la plaque (il faut en effet multiplier la quantité de mouvement par unité de volume ρV_x par la vitesse V_x pour obtenir le flux (Figure 3). Le C_x est donc égal au rapport $F_T/(S\rho V_x^2)$ où S est la surface de la projection du véhicule sur un plan perpendiculaire à l'écoulement.

Ce nombre est approximativement indépendant de la vitesse pour des écoulements turbulents ; il est d'autant plus faible que la voiture est bien profilée. Le tableau suivant indique pour trois véhicules du même constructeur les valeurs de C_x, ainsi que du produit SC_x qui caractérise la force de freinage à vitesse donnée : il illustre les progrès accomplis d'une génération à l'autre.

	R18	R21	Laguna
C_x	0,34	0,30	0,31
S (m^2)	1,86	1,95	1,59
SC_x (m^2)	0,695	0,59	0,5

La baisse est considérable par rapport aux véhicules du début du XXe siècle qui présentaient des valeurs de C_x de l'ordre de 0,8 à 0,6. Cependant, il est difficile aujourd'hui de le diminuer significativement pour les véhicules courants. Si les véhicules des « courses d'économie » présentent des valeurs de SC_x encore plus faibles, c'est au détriment de l'habitabilité.

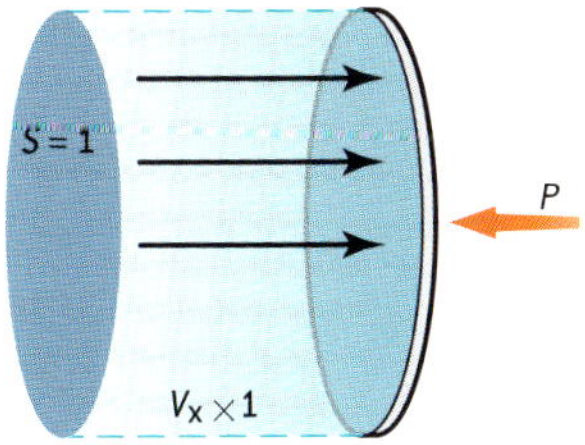

3. **La force par unité de surface qui s'exerce sur un plan solide perpendiculaire à l'écoulement d'un fluide est la pression dynamique *P*.** Elle est égale à la quantité de mouvement du fluide par unité de surface ρV_x, multipliée par V_x qui représente la distance parcourue par l'air dans l'unité de temps.

Le secret des longs drives

Quand la traînée fait sa crise

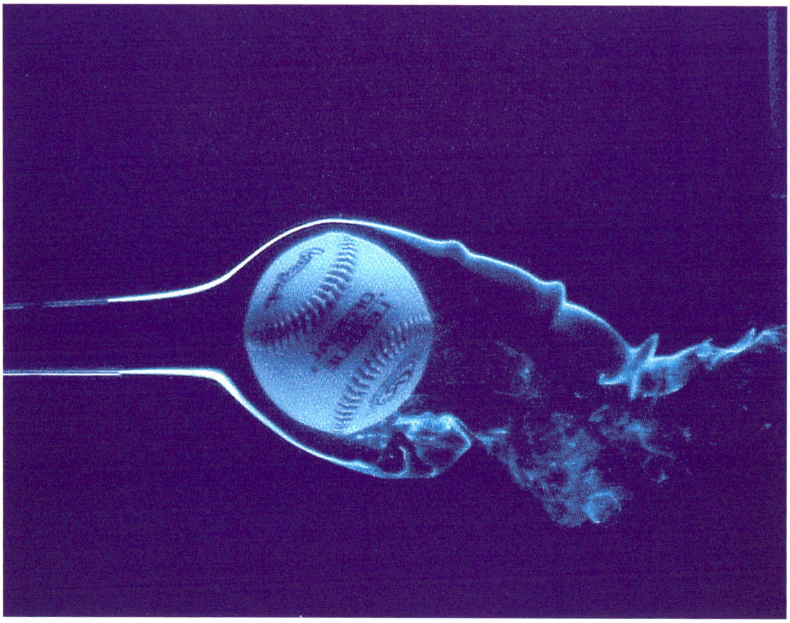

1. Ce cliché a été obtenu en injectant du colorant en amont d'une balle de base-ball placée dans un écoulement d'eau, de nombre de Reynolds 3 400. On observe le décollement des deux filets de colorant au niveau des coutures de la balle. Cette dernière est également animée d'un mouvement de rotation à 0,5 tour/s qui explique la dissymétrie des filets de colorant.

Pourquoi une balle de golf est-elle piquetée de petites alvéoles ? Pourquoi n'utilise-t-on quasiment jamais de balles lisses ? Il est en effet tentant de penser que le frottement de l'air sur leur surface serait ainsi plus faible : les coques des voiliers de course ne sont-elles pas soigneusement polies avant une compétition ? Pourtant, soumise à une même impulsion, une balle rugueuse atteint une vitesse plus grande qu'une balle lisse.

Grâce à des filets d'eau colorée, observons l'effet de la rugosité sur l'écoulement autour d'une balle de base-ball (Figure 1). Ces filets contournent la balle sur sa face amont, mais, au-delà d'un certain point, tout se passe comme s'ils « décollaient » de la surface pour s'en éloigner. Après ce « point de décollement » apparaît un sillage turbulent où la dissipation d'énergie est très importante : sa taille et son orientation influencent directement le mouvement de la balle. Pour une balle de base-ball, ce décollement se produit sur les coutures supérieure et inférieure : c'est ce qui explique pourquoi les *pitchers* (lanceurs) les plus habiles parviennent à contrôler l'écoulement autour de la balle en plaçant avec soin leurs doigts par rapport aux coutures. Même s'ils sont peu au fait des subtilités aérodynamiques en jeu, ils produisent ainsi des trajectoires difficiles à anticiper pour le « batteur » qui leur fait face.

Le phénomène en détail

Les balles de golf exploitent un autre effet de la rugosité : leur sillage est moins large que celui d'une balle lisse, ce qui diminue la dissipation d'énergie dans cette zone. C'est le secret des longs *drives* des grands golfeurs, dont certains dépassent les 250 m. La force de freinage sur ces balles est la traînée introduite dans le sujet précédent. Elle est la somme de deux composantes : la friction de l'air à la paroi, là où le fluide épouse le contour de la balle, et la force résultant de la dissipation d'énergie dans la zone turbulente en aval. Cette dernière est prédominante de sorte qu'un *drive* réussi passe par un sillage étroit (c'est également ainsi qu'on minimise la traînée des voitures).

Pour une sphère, il suffit d'un léger relief sur la face amont lisse (un fil dans le cas de la figure 2) pour réduire le sillage : il rend turbulent l'écoulement dans la couche limite proche de l'obstacle, là où s'exerce la friction. Le décollement de la couche limite est ainsi repoussé en aval, ce qui réduit la largeur du sillage. Les mouvements turbulents transverses dans la couche limite échangent du fluide et, par conséquent, de la quantité de mouvement entre les régions proches de la paroi et les zones plus éloignées – c'est aussi le cas pour les écoulements turbulents dans un tube (Figure 1 p. 10). Cette accélération du fluide proche de la paroi retarde l'apparition de la recirculation du fluide et du décollement de la couche limite, qui est le facteur dominant de la traînée.

Plus précisément, quelle que soit la rugosité des balles (et même si elles sont lisses), la couche limite devient turbulente au-delà d'une valeur seuil du nombre de Reynolds Re. Cette transition est marquée par une chute, ou « crise », de la traînée qui se produit pour une valeur de Re plus faible pour les balles rugueuses que pour les balles lisses (Figure 3). Il existe donc une gamme de valeurs de Re intermédiaires, correspondant d'ailleurs aux situations pratiques, pour lesquelles le coefficient de traînée des balles rugueuses est beaucoup plus faible que celui des balles lisses.

La rugosité des balles n'est qu'un des facteurs dont les sportifs tirent parti pour obtenir les trajectoires souhaitées. Nous avons vu ainsi qu'en la faisant tourner, on peut défléchir une balle en même temps qu'on la stabilise.

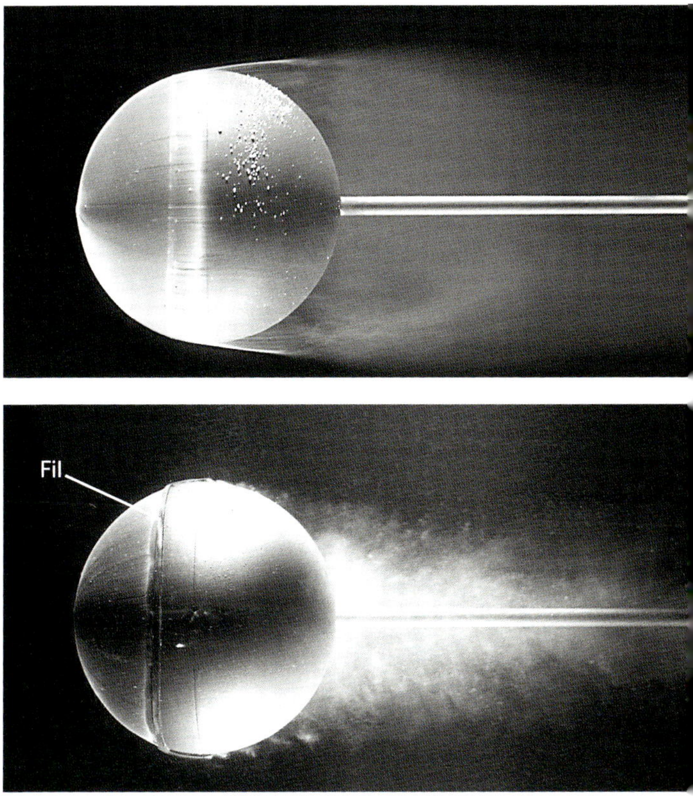

2. Comparaison du décollement des couches limites laminaires et turbulentes derrière une sphère. Les vitesses d'écoulement sont les mêmes dans les deux cas, mais un fil disposé sur la face avant de la sphère (en bas) provoque une transition laminaire- turbulent de la couche limite et par suite un sillage plus étroit.

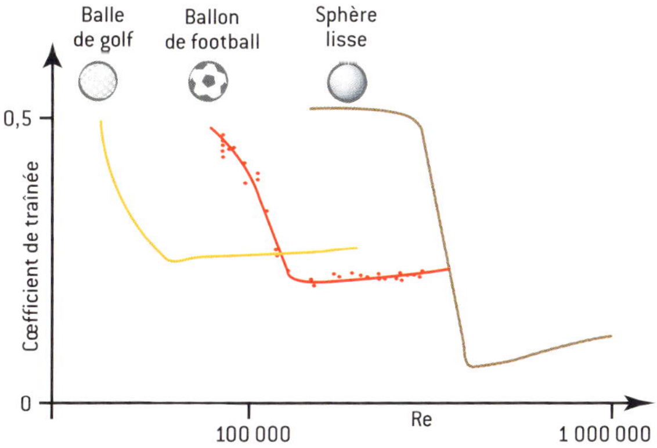

3. Variation des coefficients de traînée (C_x) de l'air sur une balle de golf, un ballon de football et une sphère lisse en fonction du nombre de Reynolds. Le C_x correspond à la définition donnée dans le sujet précédent (p. 90) traitant de l'aérodynamique des voitures.

Grands et petits champignons

Effets d'échelles et similitude dans les écoulements turbulents

Voici deux photos d'écoulements bien différents et qui, pourtant, présentent des géométries globalement similaires : celle de gauche a été prise lors d'un essai nucléaire effectué en 1957 dans le désert du Nevada ; celle de droite a été obtenue en laissant tomber une goutte d'eau colorée dans de l'eau claire.

Les échelles de taille et de vitesse sont très différentes : plusieurs kilomètres de hauteur et quelques dizaines ou même quelques centaines de mètres par seconde à gauche ; quelques centimètres et quelques centimètres par seconde à droite. Enfin (et surtout), les nombres de Reynolds sont totalement différents : plusieurs milliards pour le champignon nucléaire et une centaine pour la goutte. L'écoulement est donc très fortement turbulent dans le premier cas alors qu'il reste laminaire dans le second.

Pourtant, une fois les différences de tailles intégrées, la structure à grande échelle tout comme la géométrie globale – « en champignon » avec des jets latéraux – des deux

1. (a) Essai nucléaire dans le Nevada (1957). (b) Goutte d'eau colorée de fluorescéine tombant dans un volume d'eau claire (la photo est retournée). La comparaison est due à L.W. Sigurdson.

écoulements sont quasi identiques. C'est aux échelles de longueur très inférieures que la dissemblance est considérable. Dans une explosion nucléaire, il existe un continuum de tourbillons, d'échelles de tailles allant de quelques centaines de mètres jusqu'à quelques centimètres : plus le nombre de Reynolds est élevé, plus les mouvements turbulents s'étendent jusqu'aux petites échelles (p. 88). Pour la goutte en revanche, les mouvements désordonnés à petite échelle, caractéristiques de la turbulence, sont absents. C'est ainsi qu'en observant attentivement les fumées de votre prochain film-catastrophe, vous pourrez distinguer les scènes d'incendie réelles des scènes fictives tournées avec des maquettes !

Le phénomène en détail

En dépit de leurs différences évidentes, il existe des analogies entre les mécanismes des deux écoulements de la figure 1. L'explosion nucléaire débute par une boule de feu peu dense, qui s'élève sous l'effet de la différence de densité avec l'air environnant ; c'est cette même différence qui fait descendre la goutte. Par ailleurs, bien que réduit, le nombre de Reynolds qui caractérise la goutte d'eau colorée reste grand devant l'unité. De ce fait, les effets inertiels sont importants, même dans cet exemple. L'enveloppe en forme de champignon, qui résulte d'un mouvement de recirculation du type tourbillon en anneau (p. 80), en témoigne : elle ne serait pas observée à un très faible nombre de Reynolds (comme dans la p. 20). Ces analogies expliquent pourquoi la forme globale reste similaire, tandis que les dissemblances aux échelles de taille inférieures sont patentes.

Il existe de nombreux écoulements laminaires et turbulents de géométrie globale similaire. Les figures 2a et b montrent ainsi des écoulements entre deux cylindres coaxiaux en rotation relative. La première photo a été obtenue juste au-dessus du seuil de l'instabilité dite de *Taylor-Couette*, qui fait apparaître des cellules d'écoulement toriques (Figure 2c) entre les deux cylindres : l'écoulement est régulier et laminaire (on peut rapprocher ces structures, apparaissant au-dessus d'un seuil, des cellules de Rayleigh-Bénard, *cf.* p. 126). Si on augmente fortement la vitesse de rotation, l'écoulement devient turbulent (Figure 2b). La structure à grande échelle en rouleaux toriques de recirculation reste cependant pratiquement inchangée, même s'il s'y superpose des mouvements turbulents à petite échelle.

Nous retrouverons cette coexistence dans d'autres grandes structures, telles que l'allée de tourbillons de Bénard-Von Karman (p. 96) ou de la couche de mélange (p. 104).

2. Instabilité de Taylor-Couette entre deux cylindres coaxiaux (le cylindre intérieur (non visible) est en rotation). La visualisation des écoulements est assurée par des particules réfléchissantes. (a) À faible vitesse de rotation, juste au-dessus du seuil d'apparition de cellules toriques, l'écoulement est laminaire. (b) Lorsque la vitesse de rotation est élevée, l'écoulement devient turbulent à l'intérieur des cellules qui sont cependant conservées. (c) Schéma agrandi des lignes de courant.

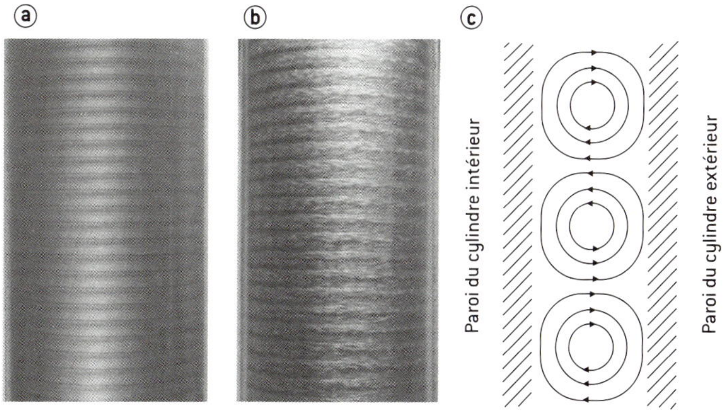

Allées de tourbillons derrière un obstacle

Des structures périodiques à nombre de Reynolds élevé

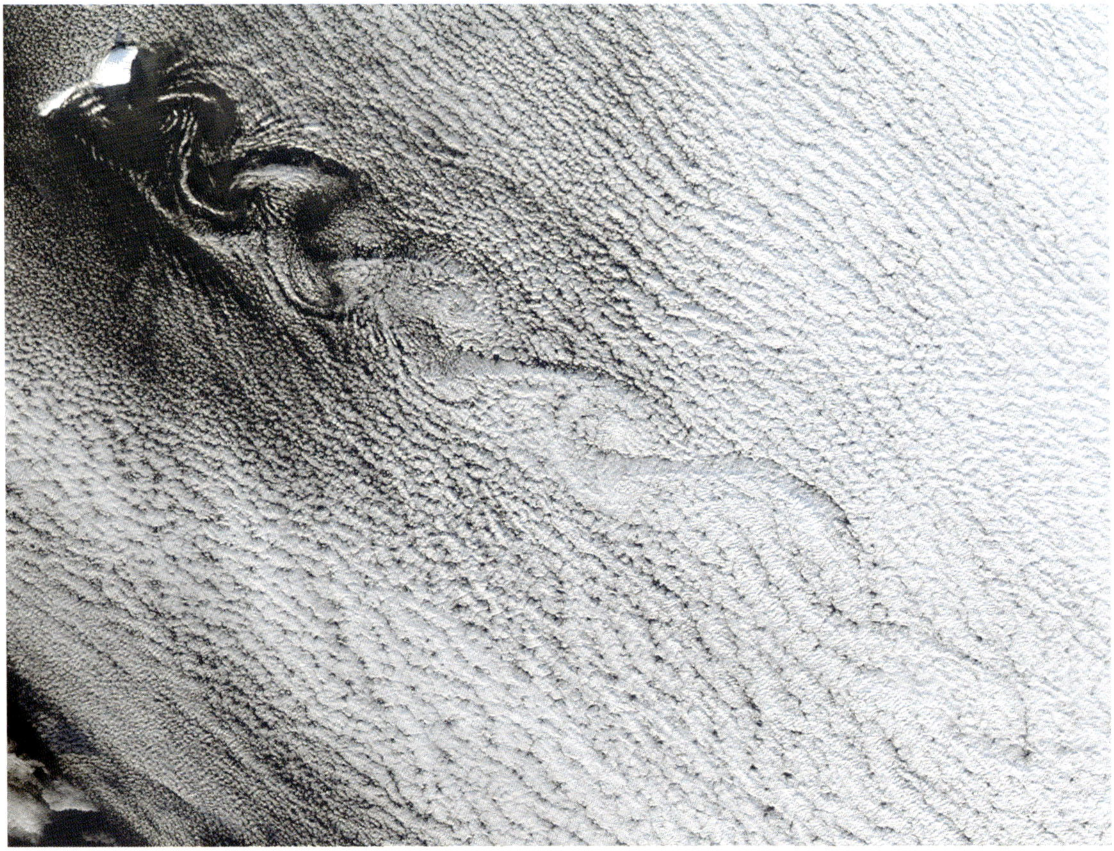

1. Visualisation de l'allée de tourbillons sous le vent de l'île Jan Mayen, située dans l'Océan Arctique au nord-est de l'Islande (le champ de l'image est de 70 × 50 km environ). L'île est située en haut et à gauche de l'image, et le vent souffle vers le coin en bas à droite.

À vitesse suffisante, les écoulements autour d'un obstacle solide produisent des allées de tourbillons alternés, que chacun a pu observer par exemple derrière une pile de pont. Les scientifiques ont eu la surprise de retrouver des arrangements périodiques similaires sur des photos satellites : sous le vent de certaines îles, les nuages forment en effet une telle allée double de tourbillons. L'île Jan Mayen en fournit un exemple particulièrement spectaculaire (Figure 1) : soumis à un vent régulier, un volcan culminant à l'altitude de 2300 m engendre derrière lui une structure périodique qui persiste sur plus de 100 kilomètres !

Ces observations résultent de la même structure hydrodynamique, appelée *allée de tourbillons de Bénard-von Karman*. Elle se produit lorsqu'un obstacle allongé comme un cylindre est placé en travers d'un écoulement. On observe alors, en aval de l'obstacle, une émission de tourbillons d'axes parallèles à ce dernier. Ils sont émis d'un côté puis de l'autre avec des sens de rotation alternés, puis entraînés vers l'aval par l'écoulement moyen tout en se distribuant en quinconce, selon une allée régulière.

La fréquence d'émission des tourbillons croît avec la vitesse de l'écoulement et lui est proportionnelle : certains débitmètres industriels exploitent d'ailleurs ce principe en mesurant cette fréquence. Le *nombre de Strouhal* (voir aussi p. 100) exprime cette proportionnalité : c'est le quotient du temps de contournement de l'obstacle sur la période d'émission des tourbillons.

Si, de plus, l'obstacle est libre de vibrer, il se produit un couplage entre l'émission périodique des tourbillons et l'oscillation de cet obstacle ; ainsi, lors de l'installation des premiers fils télégraphiques dans l'Ouest américain, les Indiens s'étonnaient du bruit aigu qu'émettaient dans le vent ces « fils qui chantent » par suite des vibrations de l'air. L'émission de tourbillons est souvent nuisible, car elle peut induire des forces importantes sur les obstacles. L'exemple le plus classique est l'effondrement du pont suspendu de Tacoma aux États-Unis en 1940. Par un vent relativement modéré, la fréquence d'émission des tourbillons vint à coïncider avec la fréquence d'une résonance mécanique du tablier du pont : les oscillations résultantes prirent une grande amplitude et détruisirent l'ouvrage.

Le phénomène en détail

Les allées de tourbillons apparaissent dans l'écoulement derrière un cylindre lorsque le nombre de Reynolds, qui mesure l'importance des effets d'inertie devant ceux de la viscosité, dépasse une valeur critique (p. 10). Si cette condition est satisfaite, des tourbillons sont observés pour des valeurs très variables de ce nombre.

En laboratoire, les chercheurs injectent des colorants fluorescents en amont d'un obstacle fixe, placé dans un écoulement plan d'eau (Figure 2). En éclairant l'ensemble par un plan lumineux créé par un laser, perpendiculaire à l'axe du cylindre, ils obtiennent une « coupe » fictive de l'écoulement : c'est la méthode de *tomographie laser*.

On pourrait objecter que la hauteur du volcan de la figure 1 est faible par rapport aux échelles de distances horizontales : la géométrie paraît donc très différente de celle, quasi bidimensionnelle, de l'écoulement perpendiculaire à un long barreau cylindrique. En fait, les tourbillons se forment dans l'atmosphère lorsqu'une stratification atmosphérique stable s'établit : c'est le cas lorsque la température augmente (et donc la densité de l'air diminue) avec l'altitude. Cette distribution de densité conduit au blocage des mouvements verticaux de l'atmosphère ; ainsi, l'écoulement de chaque couche de fluide peut être considéré comme approximativement bidimensionnel, et indépendant des autres couches.

2. Visualisation d'une allée de tourbillons de Bénard-von Karman par tomographie laser avec un colorant fluorescent. L'allée est créée par un écoulement (de gauche à droite) sur un cylindre (en jaune) perpendiculaire au plan de figure. Notez que, dans un tel écoulement non stationnaire, le colorant fluorescent ne marque pas directement la direction de la vitesse locale.

L'arroseur arrosé...

... et autres couplages entre déformation solide et écoulement

Si « l'arroseur arrosé » évoque la naissance du cinéma comique à travers le film tourné en 1895 par les frères Lumière, il représente pour le physicien un exemple classique d'un comportement instable dû au couplage entre les déformations d'un tube élastique, et un écoulement dans un tel tube.

Examinons cela de plus près (mais sans nous mouiller), à l'aide d'un modèle simple (Figure 1) constitué d'un tube de caoutchouc connecté à un robinet et pendant librement. Pour de faibles vitesses d'écoulement, le tube reste quasi immobile et vertical. Au-delà d'un certain débit seuil, il oscille. De façon schématique, ce mouvement se décompose en une oscillation globale semblable à celle d'un pendule, et des déformations transverses variables le long du tube. Ces deux composantes sont couplées par l'écoulement : le jet est dévié dans le tube par suite des déformations et cette déviation communique en retour à ce dernier une impulsion transverse (exprimée par la force *F* sur la figure 1). Cette impulsion renforce son mouvement d'oscillation et augmente son énergie cinétique. C'est un peu ce qui se passe quand nous entretenons le mouvement d'une balançoire, en déplaçant notre corps afin de communiquer des impulsions à la corde au moment opportun. C'est donc le couplage des deux composantes de mouvement et de déformation, et le transfert de quantité de mouvement du fluide en écoulement au système mécanique, qui sont la cause de l'instabilité.

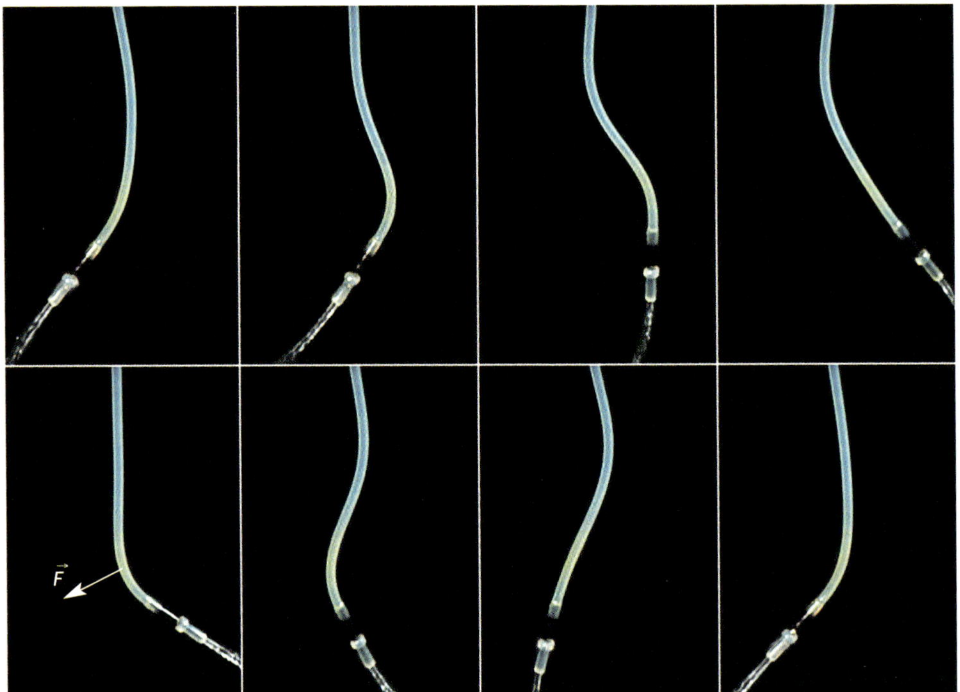

1. La séquence de photos représente une période de l'oscillation d'un tuyau pendant librement (le point d'encastrement est légèrement au-dessus de l'image). Ces oscillations sont provoquées par un écoulement d'eau qu'on voit sortir par une buse dans la partie inférieure.

Il existe de très nombreuses situations d'instabilités dues à de tels couplages, en particulier pour des écoulements fluides autour d'obstacles solides déformables. Le ronflement nocturne en est un exemple, un drapeau qui flotte au vent un autre plus plaisant. Dans ce dernier cas, le drapeau est déformé par les forces qu'exerce l'air qui s'écoule autour de lui : ces déformations modifient en retour l'écoulement, qui adopte une structure différente suivant la phase de l'oscillation. Enfin, il s'avère souvent nécessaire de prendre en compte l'élasticité des objets.

Ces couplages entre écoulement et déformations évoquent les poissons ou les nageurs en compétition qui ondulent de tout leur corps dans un couplage actif avec l'eau.

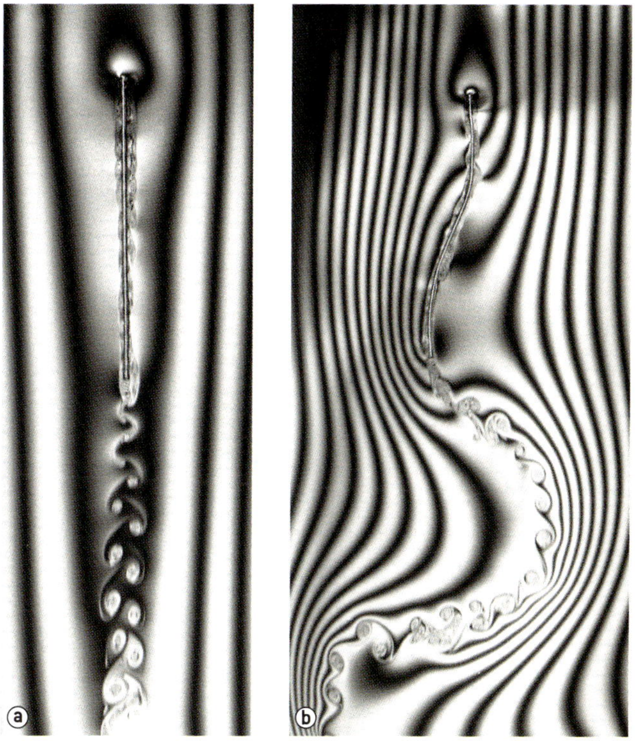

2. Fil de soie attaché à sa partie supérieure et placé dans l'écoulement d'un film de savon vers le bas. (a) À faible vitesse : le *drapeau modèle* reste droit. (b) À vitesse plus élevée, le drapeau « claque » au « vent ». L'observation par transmission est faite en lumière monochromatique, d'où l'apparition de franges d'interférence traduisant des variations d'épaisseur du film de savon.

Le phénomène en détail

Un ingénieux modèle de l'oscillation du drapeau a été proposé (Figure 2). La toile est remplacée par un fil de soie de quelques microns de diamètre, tandis qu'un film de savon, qui s'écoule verticalement à vitesse constante dans un plan contenant le fil, se substitue au vent. Le principe de fonctionnement d'une telle soufflerie bidimensionnelle est décrit à propos de la turbulence d'un film de savon (Figure 3 p. 106). Tant que la vitesse d'écoulement du film est faible, le fil de soie (le « drapeau ») reste tendu dans la direction de l'écoulement (Figure 2a). Il apparaît en aval une rangée rectiligne de petits tourbillons de sens alterné, semblables à ceux émis derrière un obstacle (p. 96). En revanche, si l'écoulement est suffisamment rapide, on remarque une oscillation du fil dans le plan du film de savon sous forme d'onde progressive (b). Cette dernière continue de se propager vers l'aval dans le fluide et se superpose au sillage (cette fois oscillant). Ce sillage est formé de petits tourbillons, mais qui, dans ce cas, présentent tous le même sens de rotation.

Ces observations montrent qu'il existe deux types de comportements pour un objet déformable placé dans un écoulement (ou parcouru par lui). Dans le premier, le fluide glisse simplement autour (ou à l'intérieur) du solide dont la forme est peu modifiée. Dans le second régime, le couplage entraîne des déformations périodiques de l'objet, avec pour conséquence des perturbations de l'écoulement autour et en aval de l'obstacle (ou à l'intérieur du conduit).

Jeux en tous genres

Helmholtz et les tuyaux d'orgue : une leçon d'aérodynamique

1. Vue d'un des « jeux principaux » de l'orgue de la cathédrale de Lapua, en Finlande. Ces tuyaux sont dits à bouche, du nom de la fente visible à la base de la partie cylindrique du tuyau servant de résonateur.

Le grand orgue est à coup sûr l'instrument de musique le plus impressionnant par sa taille. Son immense variété de « jeux » (groupe de tuyaux de même type) assure, pour une même note, des effets musicaux très divers. Les tuyaux dits « à bouche » de la figure 1 ont ainsi un fonctionnement similaire à celui d'une flûte à bec. La partie supérieure, de section circulaire ou rectangulaire, sert de résonateur acoustique : chacun des tuyaux du jeu (comme celui de la flûte) présente des fréquences de résonance bien définies (que l'on nomme partiels) pour lesquels il peut émettre un son intense. L'émission du son s'effectue dans la partie inférieure du tuyau, qui ressemble un peu à un sifflet et joue un rôle d'« oscillateur fluide ». Dans un tuyau d'orgue, cet oscillateur est étroitement couplé au résonateur acoustique qui lui impose une fréquence correspondant à l'un de ses partiels.

Ces sujets furent à l'origine des travaux de Hermann Von Helmholtz sur les tourbillons et la turbulence. Soulignons que le mode d'émission du son dans les jeux à bouche décrit ici est loin d'être le seul : l'orgue comprend également des « jeux à anche », proches d'autres instruments comme la clarinette ou le hautbois. L'acoustique des instruments de musique est l'objet d'études très actives, où les visualisations et les expériences numériques fournissent une meilleure compréhension du jeu des instrumentistes, mais visent aussi à produire des sons nouveaux. Les tourbillons d'Helmholtz n'ont pas joué leur dernière note !

Le phénomène en détail

Dans les tuyaux d'orgue des jeux « à bouche » ou dans la flûte à bec, l'émission du son correspond à l'oscillation d'un jet, issu d'une *lumière*, de part et d'autre d'une *lèvre supérieure* rigide (Figure 2). La figure 3 représente l'écoulement dans un dispositif modèle et montre l'émission de tourbillons qui accompagne ces oscillations du jet.

Dans un tuyau d'orgue (ou une flûte), le jet est situé à une extrêmité du résonateur : son oscillation de part et d'autre de la lèvre supérieure est alors forcée par les écoulements de sens alterné à travers la *bouche*, induits par le champ acoustique. La fréquence d'oscillation du jet se verrouille ainsi sur l'un des partiels du tuyau.

Le jeu normal d'un tuyau d'orgue utilise la plus basse fréquence de résonance (premier partiel ou fondamental). Si on souffle plus fort, l'émission se couple à des partiels supérieurs du tuyau sonore (on parle alors d'*overblowing*). Enfin, si le jet est très rapide et turbulent, on obtient un bruit chaotique plutôt qu'une belle note sonore : tout néophyte s'essayant à un instrument à vent en a fait l'expérience à ses dépens !

Le résultat serait très différent en l'absence de résonateur (par exemple après avoir séparé la tête du corps d'une flûte à bec). Aux faibles vitesses U, le jet issu de la lumière oscillerait à une fréquence propre f approximativement proportionnelle à U : f est alors en effet déterminée par l'inverse du temps de convection $\tau_c = W/U$ des perturbations de l'écoulement sur la largeur W de la *bouche*, entre la base du jet et la lèvre supérieure. Les variations de pression induites sur cette dernière agissent en retour sur l'écoulement du jet et entretiennent l'oscillation. On parle dans ce cas de « son de biseau » (*edge tone*). Notons que le nombre de Strouhal correspondant $Sr = fW/U$ (c'est le quotient du temps τ_c par la période de la vibration) est grosso modo constant lorsque le débit varie. Cependant, aux vitesses plus élevées, il peut se produire un saut à des régimes harmoniques de fréquence supérieure. Nous avions déjà rencontré ce nombre de Strouhal dans une autre instabilité hydrodynamique oscillatoire : l'allée de tourbillons de Bénard-Von Karman (p. 96) ; il était alors également quasi indépendant de la vitesse d'écoulement.

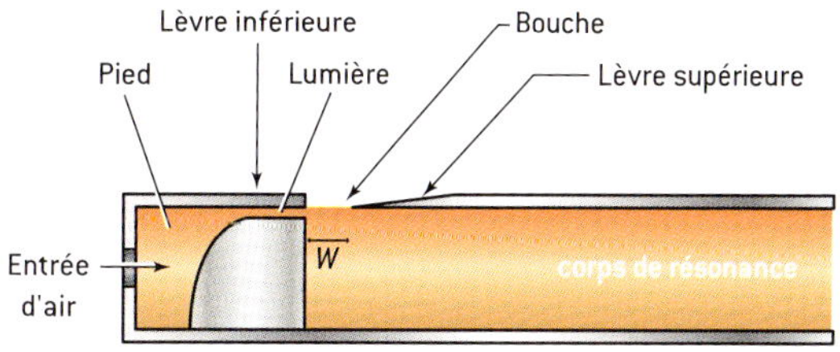

2. Schéma de l'écoulement de l'air dans la partie inférieure d'un tuyau d'orgue à bouche (en bois cette fois). Le jet émis par la « *lumière* » oscille de part et d'autre de la *lèvre supérieure* après avoir traversé l'espace entre les lèvres supérieure et inférieure, appelé la *bouche*.

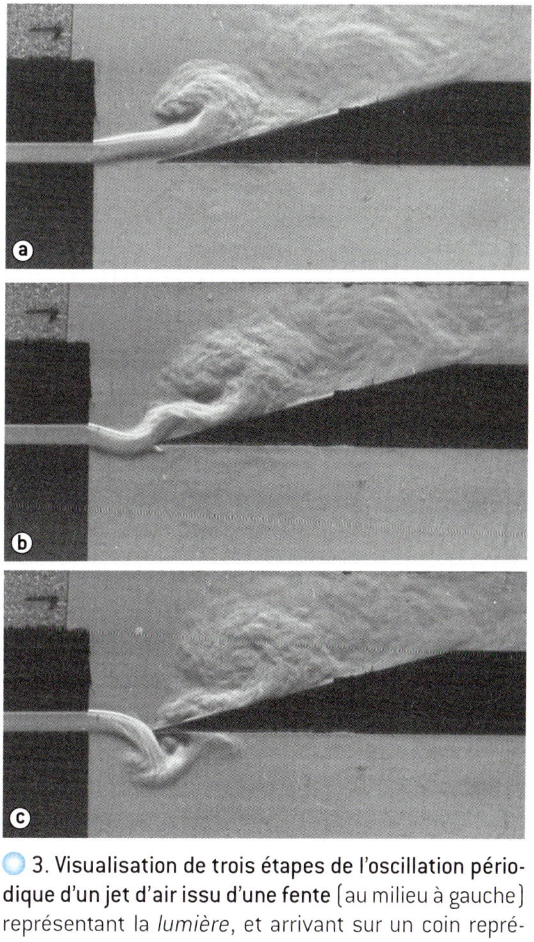

3. Visualisation de trois étapes de l'oscillation périodique d'un jet d'air issu d'une fente (au milieu à gauche) représentant la *lumière*, et arrivant sur un coin représentant la *lèvre supérieure*. Ce modèle simple simule la partie inférieure d'un tuyau d'orgue (ou l'embouchure d'une flûte à bec). Les images ont été obtenues par une technique d'ombroscopie : on détecte les variations d'indice optique dues à l'injection d'un gaz (ici du dioxyde de carbone) d'indice différent de celui de l'air. L'écoulement s'effectue de gauche à droite.

Les vagues dans les nuages

Les rangées périodiques de tourbillons de Kelvin-Helmholtz

Les nuages prennent des formes diverses, mais banales seulement en apparence. Elles apportent en effet de précieux renseignements sur les écoulements atmosphériques dans leur voisinage : il en est ainsi des structures périodiques, comme les vagues de la figure 1, ou encore les rouleaux parallèles s'étendant sur des kilomètres de la page 126.

L' allure caractéristique en vagues provient d'une instabilité hydrodynamique, dite de *Kelvin-Helmholtz* : le physicien et physiologiste allemand Hermann Von Helmholtz a été le premier à expliquer ce phénomène, qu'il avait remarqué lors d'une promenade en montagne en 1886. Cette instabilité apparaît lorsque deux couches d'air de densités différentes, superposés dans une configuration stable (le fluide le moins dense au-dessus), se déplacent horizontalement et à des vitesses distinctes (dans l'atmosphère, cela présuppose donc une configuration où la température augmente avec l'altitude). Le phénomène est à rapprocher de la génération de vagues en présence d'un vent parallèle à la surface de l'eau, vagues qui deviennent déferlantes au-dessus d'une certaine vitesse du vent (p. 112)).

Les instabilités de ce type représentent un danger non négligeable pour les avions ; les régions où l'écoulement est descendant correspondent aux « trous d'air » redoutés des passagers. Ces instabilités ne sont pas toujours marquées par des nuages : elles se produisent en effet souvent par temps clair (on parle de turbulence d'air clair), et ne sont donc pas décelables sans instruments.

1. Nuages en forme de vagues dans le Wyoming aux États-Unis. Ils résultent du déplacement relatif de couches d'air de vitesses différentes.

Le phénomène en détail

Considérons une configuration où le gradient de vitesse entre les deux fluides (à gauche de la figure 2a) est localisé au voisinage de leur interface commune horizontale. Une déformation de l'interface provoque un resserrement des lignes du courant sur la face convexe, et donc une augmentation de la vitesse. Il en résulte une pression moindre (notée P^-) par *effet Bernoulli* (p. 36). Inversement, la pression sur la face concave (notée P^+) est plus grande : la déformation initiale s'en trouve renforcée. De plus, la partie déformée est entraînée par la vitesse localement plus élevée, ce qui tend à la faire déferler (Figure 2b) ou même à enrouler l'interface sur lui-même.

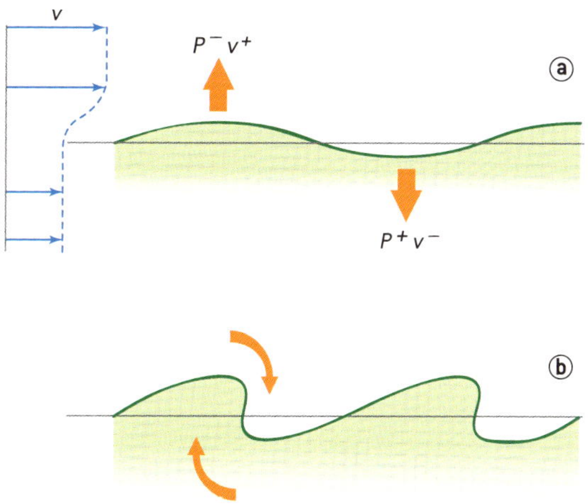

2. **Principe du développement de l'instabilité de Kelvin-Helmholtz pour deux couches liquides superposées animées de vitesses différentes (flèches bleues).** (a) Une faible déformation de l'interface est amplifiée par les variations de pression résultant de l'effet Bernoulli. (b) Des effets non linéaires conduisent, aux grandes amplitudes, à un déferlement similaire à celui observé pour des vagues (p. 112).

Si l'exemple précédent fait appel à des fluides miscibles, l'instabilité de Kelvin-Helmholtz est aussi observée avec des fluides non miscibles. Dans ce cas, la tension superficielle (p. 54) stabilise l'interface et augmente la différence de vitesse nécessaire pour que l'instabilité se développe. La figure 3 représente une expérience de laboratoire mettant en œuvre deux liquides non miscibles, de densités différentes mais voisines. Ils sont initialement superposés dans une cellule fermée limitée sur le côté par deux plaques de verre transparentes verticales. Lorsqu'on incline la cellule, les mouvements en sens inverse des deux fluides provoquent un effet de cisaillement qui déstabilise l'interface : des vagues périodiques marquant l'instabilité apparaissent alors. Ces vagues déferlent d'ailleurs si la différence de vitesse est suffisamment importante, comme l'illustre la figure 3.

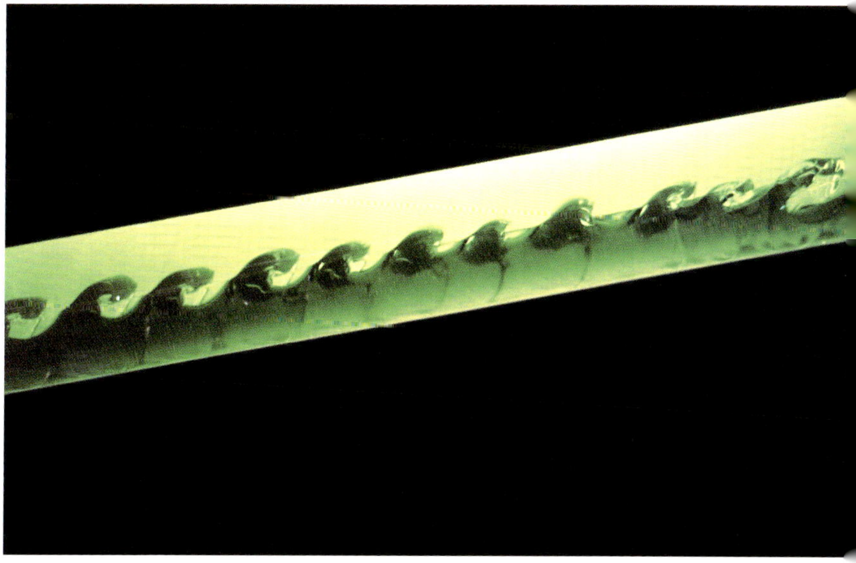

3. **Instabilité de Kelvin-Helmholtz dans une cellule parallélépipédique contenant deux liquides non miscibles superposés.** Les liquides sont observés à travers deux plaques verticales parallèles constituant les côtés de la cuve.

Nous rencontrerons une instabilité du même type dans *la couche de mélange*, à la jonction de deux écoulements parallèles de vitesses différentes : elle est observée, par exemple, dans les tourbillons de Naruto au Japon (p. suivante).

Tourbillons de marée à Naruto

De grandes structures présentes dans des écoulements très turbulents

Les tourbillons de Naruto au Japon fascinent depuis des siècles marins et artistes, et attirent d'innombrables touristes ; pour l'hydrodynamicien, ils représentent un bel exemple naturel d'instabilité de *couche de mélange*. On les observe deux fois par jour lorsqu'un courant de marée s'établit entre la mer intérieure du Japon et le passage de Kii, connecté plus directement à l'océan extérieur. Canalisé entre deux caps proches, l'écoulement forme un jet étroit et accélère pour atteindre 20 à 30 km/h. L'interface entre ce jet rapide et la mer environnante quasi immobile se structure en une série de tourbillons (Figure 1), qui tournent tous dans le sens horaire d'un côté du jet, et dans le sens antihoraire de l'autre.

1. Vue d'avion à une altitude de 250 m de la formation de tourbillons dans le détroit de Naruto. Le courant de marée au centre va de gauche à droite, et la taille des plus grands tourbillons est de l'ordre d'une vingtaine de mètres. Insert : impression sur éventail d'une vue de la même région au XIXe siècle, exécutée par le célèbre Hiroshige. Les deux rochers bordant le courant représentés sur la gravure sont en dehors du champ de la photo, à gauche de cette dernière.

Le même phénomène a fait l'objet de recherches approfondies dans les années 70 au *California Institute of Technology* (Figure 2), où Anatol Roshko mit en évidence ces allées simples de tourbillons à l'interface entre deux jets plans parallèles animés de vitesses différentes. Ses résultats mirent du temps à être acceptés. Ils remettaient en effet en cause un dogme établi dans les années 1960, à partir des travaux d'A. N. Kolmogorov en Union Soviétique : alors qu'une « vraie » turbulence n'aurait dû présenter aucun ordre dans l'espace ou le temps, l'équipe du Caltech démontrait l'existence de structures régulières, même à de très grandes vitesses ! De fait, s'il existe bien dans ces expériences une turbulence désordonnée, d'autant plus importante que les écoulements sont rapides ; mais elle n'apparaît qu'à des tailles petites devant celle des grandes structures. Ces dernières, qui, de manière surprenante, persistent à très grand nombre de Reynolds, ont reçu le nom de *structures cohérentes*.

Le phénomène en détail

L'expérience de Roshko met en jeu un écoulement à deux dimensions : la vitesse ne varie pas dans la direction perpendiculaire au plan de l'image de la figure 2, et parallèle à la surface de séparation des deux fluides. Au départ, la vitesse est discontinue le long de la surface qui sépare les deux fluides, et la vorticité y est infinie. La formation des rouleaux résulte de l'instabilité de cette nappe, que nous avions déjà discutée à propos de l'étude de l'instabilité de Kelvin-Helmholtz (p. 102).

Au cours de leur déplacement à la vitesse moyenne des fluides, les tourbillons de même signe s'associent pour en former de plus grands, comme on le voit dans les rectangles rouges de la figure 2. Le même processus d'appariement est à l'œuvre sur la photo du détroit de Naruto : les tourbillons créés dans la zone amont en bas à gauche sont nettement plus petits que ceux observés au milieu et à droite. Ces derniers résultent d'une suite de tels appariements, caractéristiques d'écoulements plans (p. 106).

La structure de la couche de mélange n'est en réalité pas purement bidimensionnelle : la simulation numérique de la figure 3 montre ainsi de fins filaments de tourbillons longitudinaux. Ils se forment par déformation de tourbillons transverses : ces structures peuvent être alors étirées et renforcées sous l'effet du cisaillement (comme dans la vidange des baignoires p. 70). Cependant, le cisaillement n'agit pas sur l'écoulement bidimensionnel transverse de départ, où l'axe des tourbillons est perpendiculaire à la vitesse du fluide.

L'étude des structures cohérentes entre deux écoulements fluides parallèles permet de mieux comprendre les phénomènes de combustion entre un jet réactif et un comburant (l'air) séparés, tels que la *flamme de diffusion* (p. 136). La réaction ainsi que les échanges de masse et de chaleur s'opèrent de cette manière à l'interface entre ces deux jets. Cette interface présente des instabilités hydrodynamiques de couche de mélange dont dépend l'efficacité de la combustion.

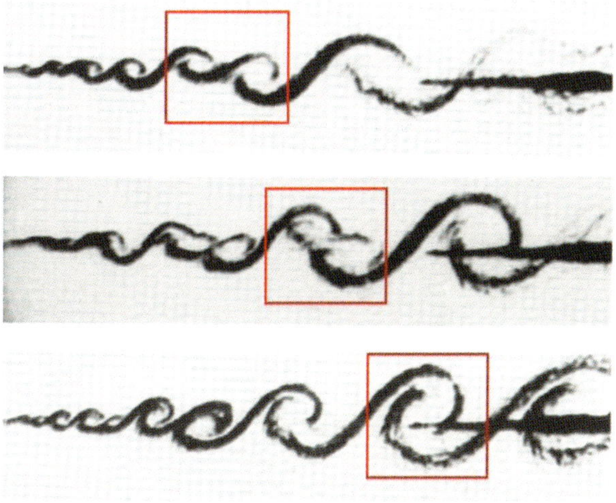

2. Vue d'une couche de mélange, observée en laboratoire, au contact entre deux jets de vitesses différentes (la vitesse du jet supérieur est plus grande que celle du jet parallèle inférieur, et dirigée de gauche à droite). Le temps va croissant de haut en bas. On note un phénomène d'appariement et de coalescence des tourbillons lorsque ces derniers se déplacent vers l'aval (intérieur du carré rouge).

3. Simulation numérique d'une couche de mélange entre deux fluides de vitesses différentes. La couleur bleue marque les zones où la vorticité de l'écoulement dépasse une valeur seuil. On remarque l'existence de filaments de tourbillons longitudinaux reliant les tourbillons transverses. Notez également l'appariement et la coalescence des tourbillons transverses en paquets de plus en plus grande taille, déjà observés dans les figures 1 et 2.

Petit tourbillon deviendra grand !

La turbulence bidimensionnelle dans un film de savon

Les films de savon géants de plusieurs mètres carrés sont une attraction classique des musées scientifiques comme l'Exploratorium de San-Francisco (Figure 1) ; ils sont également utiles pour étudier la turbulence à deux dimensions. Les irisations de ces films ont une origine semblable à celles d'un film d'huile à la surface d'une flaque d'eau. Elles résultent en effet d'interférences optiques, observables car l'épaisseur du film est de l'ordre de la longueur d'onde de la lumière. Les couleurs qui en découlent dépendent de l'épaisseur locale du film de savon, qui varie très légèrement sous l'effet des écoulements. Enfin, ces taches sont sans cesse en mouvement : elles matérialisent les écoulements turbulents désordonnés dans le film liquide qui nous intéressent ici.

1. Turbulence dans un film plan vertical de savon de très grande surface. Ces films peuvent subsister très longtemps à condition d'être réalimentés en permanence en liquide pour compenser les pertes par drainage dues à la gravité.

La figure 2 montre une expérience de laboratoire où un film de savon plan, alimenté par un réservoir supérieur, s'écoule de haut en bas entre deux fils tendus. L'écoulement ne peut être que parallèle au film compte tenu de sa très faible épaisseur : le dispositif représente donc l'équivalent à deux dimensions d'une soufflerie classique pour les écoulements en volume. Il permet ainsi d'étudier la turbulence à deux dimensions derrière une rangée de tiges fixes traversant le film.

Qu'observe-t-on ? Il se forme derrière chaque dent du peigne une paire de tourbillons tournant en sens opposés, immédiatement entraînés par l'écoulement du film vers le bas (Figure 3). Si, initialement, leur taille correspond à la séparation entre tiges, ces structures grossissent à mesure qu'on s'éloigne de la grille, par coalescence de plus petits tourbillons. Nous avons d'ailleurs déjà rencontré le même phénomène dans les tourbillons de Naruto et, plus généralement, dans la couche de mélange entre deux écoulements parallèles de vitesses différentes (sujet précédent). Les tourbillons deviennent de plus en plus grands au fur et à mesure qu'ils évoluent, tout en se déplaçant vers l'aval.

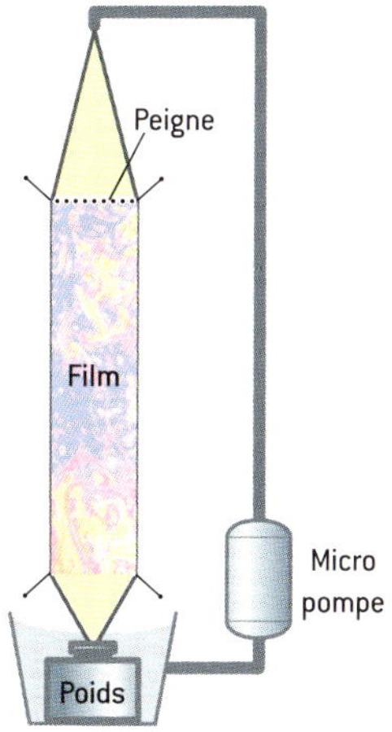

2. Principe d'une « soufflerie » plane à deux dimensions. Le film s'écoule vers le bas et est limité latéralement par deux fils de coton tendus parallèlement. Un peigne placé transversalement au film crée des tourbillons en aval.

Le phénomène en détail

La turbulence ainsi observée est très différente de celle qui se développe dans les trois dimensions de l'espace, par exemple derrière une grille placée dans une soufflerie. Dans les écoulements en volume, comme dans l'exemple d'un tourbillon de vidange, l'étirement des tourbillons par l'écoulement joue un grand rôle. Cet étirement tend à concentrer la rotation locale du fluide en de fins filaments et transfère l'énergie cinétique par étapes vers des tourbillons de plus en plus petits : cette *cascade directe* caractérise les écoulements 3D en volume (p. 88).

Dans l'écoulement à deux dimensions du film de savon, le champ de vitesse associé aux tourbillons est nécessairement dans le plan du film, et l'axe des tourbillons lui est perpendiculaire. On ne peut donc pas étirer les tourbillons dans cette direction, l'épaisseur du film ne variant que très peu : le transfert de l'énergie cinétique vers des petits tourbillons par cascade directe n'a donc pas lieu. Le phénomène-clé est au contraire la croissance des tourbillons par coalescence : il se produit une *cascade inverse* de l'énergie.

Les modèles de turbulence à deux dimensions s'appliquent en particulier aux composantes à grande échelle des écoulements océaniques et atmosphériques. Il s'agit des déplacements d'eau et d'air sur sur des distances horizontales grandes devant l'épaisseur de la couche fluide – typiquement plusieurs centaines de kilomètres – rendus bidimensionnels par les effets combinés de la rotation de la terre (p. 72) et de la structure en couches stratifiées en densité de l'atmosphère.

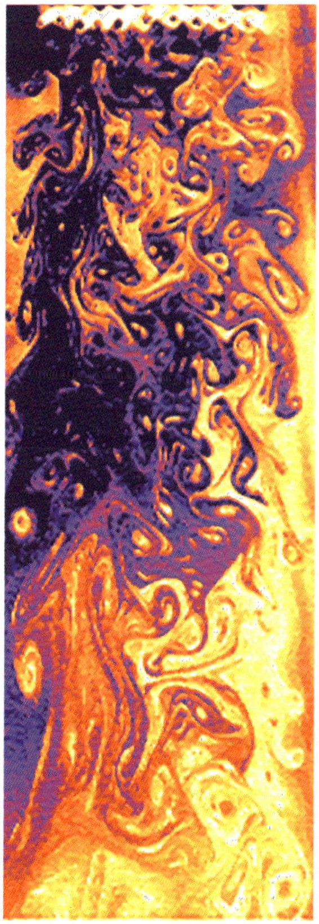

3. Structures tourbillonnaires formées dans l'expérience de la figure 2.

Un mauvais mélange dans l'Amazone

Le mariage difficile du Rio Negro et du Solimões

1. Vue satellite du confluent du Rio Negro et du Rio Solimões au niveau de Manaus (zone blanche en haut à gauche). Notez la séparation des flots des deux affluents, visible loin en aval de la ville. Dimension de la zone : 60 × 45 km.

Au niveau de Manaus (Figure 1), les eaux du Rio Negro, dont la couleur noire est due à des pigments en suspension, rencontrent celles, beiges et chargées de sédiments, du Rio Solimões pour former le fleuve Amazone. Or, comme le montre le cliché, les deux affluents se mélangent peu et conservent des couleurs bien distinctes à plus de dix kilomètres en aval du confluent. De plus, on identifie jusqu'à 100 kilomètres en aval les

2. Détail de la surface des écoulements juxtaposés du Rio Negro et du Rio Solimões.

eaux de chaque affluent dans des prélèvements à différentes profondeurs. À grande échelle, un facteur-clé de ce faible mélange est l'absence de déformations transverses importantes de la frontière entre les deux fleuves (Figure 2). Localement, la largeur de cette frontière est encore plus faible : quelques centimètres.

Un tel phénomène n'est pas exceptionnel : le parcours des eaux de certains fleuves est repérable par avion ou par satellite bien au-delà de leurs estuaires : on les distingue au sein d'une mer plus limpide par la couleur des sédiments qu'elles charrient. C'est ainsi que le trajet des sédiments entraînés par l'Orénoque est suivi jusqu'aux Caraïbes (Figure 3).

Ces observations illustrent parfaitement la problématique du mélange et son caractère multi-échelles. Disposer d'écoulements turbulents ne suffit pas pour bien mélanger deux fluides : des mouvements à grande échelle, assurant une interpénétration des deux fluides sur l'ensemble du volume, sont aussi nécessaires. Les mouvements désordonnés à plus petite échelle assureront ensuite le mélange local, jusqu'à des distances de quelques millimètres pour lesquelles la diffusion moléculaire associée au mouvement brownien prend le relais.

Le phénomène en détail

Les vitesses des deux fleuves donnant naissance à l'Amazone sont différentes (2 km/h pour le Rio Negro, et 4 à 6 km/h pour le Rio Solimões). Dans cette configuration instable, on pourrait s'attendre au développement d'une allée de tourbillons de même sens, comme dans la « couche de mélange » p. 104. Les quelques tourbillons qui apparaissent (Figure 2) sont cependant de taille insuffisante pour faire s'interpénétrer les deux fluides. Comparée aux expériences de Roshko où la couche de mélange opère un brassage efficace, le contraste de vitesse entre les deux fleuves est ici plus faible et varie sur une distance transversale plus importante.

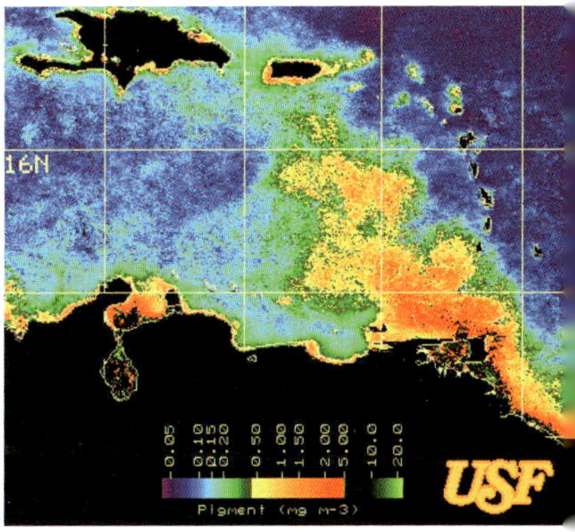

3. Les sédiments charriés par l'Orénoque sont entraînés par les courants marins. Ils sont identifiables jusqu'aux Caraïbes, au Nord-Ouest de l'embouchure.

Si le mélange finit par s'effectuer, c'est à cause de la différence de densité entre les deux fleuves. L'eau du Solimões est en effet plus dense car elle contient davantage de sédiments et qu'elle est plus froide d'un degré que celle du Rio Negro. Elle va donc descendre et s'étaler transversalement pour former une couche sur toute la largeur du fond. Dans le même temps, l'eau plus légère du Rio Negro tend à monter et s'étale par-dessus la couche d'eau du Solimões (les pêcheurs de Manaus le savent bien qui lancent leurs filets en profondeur dans le Solimões, plus riche en matières nutritives en suspension… et donc en poissons). Ces deux mouvements en sens inverse transverses à l'écoulement principal redistribuent donc chacun des deux flots d'eau sur toute la largeur de l'Amazone. En revanche, ils n'assurent pas de mélange aux petites échelles : c'est pourquoi des prélèvements localisés sont identifiables loin en aval du confluent.

Dans des applications comme les brûleurs ou les moteurs à explosion, il faut obtenir en un temps très bref un mélange homogène de différentes espèces. On cherche donc à créer une interface très déchiquetée et d'aire élevée, sur laquelle l'interdiffusion moléculaire des réactifs est optimisée. Pour cela, l'ingénieur s'emploiera à la fois à induire des mouvements tourbillonnaires instationnaires à toutes les échelles de taille, et à fractionner le fluide injecté.

PARTIE 6

Ondes

Ces « surfers » profitant du mascaret de la Gironde près de Saint-Pardon ne se soucient probablement pas de la complexité des équations hydrodynamiques qui régissent ce phénomène spectaculaire ! De fait, nous verrons dans ce chapitre que les ondes à la surface d'un liquide recouvrent une très large gamme d'effets, dont certains sont proches de phénomènes courants en acoustique ou en optique (diffraction, réfraction, ondes solitaires). Des curiosités comme le ressaut hydraulique ou le mascaret ont aussi des points communs avec les ondes de choc.

La diversité des vagues

De la haute mer à la plage, les ondes à la surface de l'eau

1. **Houle formée en haute mer sous l'effet du vent.** On remarque les différentes tailles de vagues qui correspondent aux différentes longueurs d'onde en présence.

Les bouches de Bonifacio, entre la Corse et la Sardaigne, concentrent les vents et les courants marins à la manière de deux lèvres, et proposent au plaisancier un cours concret sur la formation et la propagation des vagues.

Au départ, le vent amplifie les petites déformations spontanées de la surface de la mer, par l'effet Bernoulli (p. 36) qui expliquait déjà la formation de nuages en forme de vagues (p. 102). Les ondes qui apparaissent alors s'atténuent d'autant plus rapidement que leur longueur d'onde (la distance entre deux crêtes, notée λ) est courte. La *houle* (Figure 1) qui résulte de ce processus est donc composée uniquement des vagues de grande longueur d'onde : elle se propage sur des centaines de kilomètres, indépendamment du vent qui lui a donné naissance.

En haute mer, la profondeur de l'eau est généralement grande devant la longueur d'onde λ et n'influence pas la vitesse de propagation des déformations ; en revanche, cette célérité est d'autant plus élevée que λ est grand. Ainsi, une houle de 10 mètres de longueur d'onde a une célérité de 30 km/h, alors que les rides de petite longueur d'onde produites par le vent local sur sa surface donnent l'impression de rester sur place. Cette variation de la vitesse de propagation avec λ est caractéristique d'*ondes dispersives*.

Un caillou jeté dans l'eau crée un ensemble de vaguelettes de longueurs d'onde et donc de célérités différentes. Ces ondes interfèrent et l'amplitude résultante est nulle, sauf sur un bourrelet où se concentre leur énergie. La vitesse de propagation de ce bourrelet est la *vitesse de groupe*. Elle est plus faible que la vitesse de chacune des vaguelettes qui l'engendrent, appelée *vitesse de phase* : on le constate d'ailleurs en observant les ondelettes qui traversent continuellement le bourrelet vers l'aval.

Le phénomène en détail

La propagation des vagues résulte de l'action combinée de l'inertie et de la gravité : en effet, cette dernière vide les bosses créées par l'action du vent dans les zones creuses qui grossissent à leur tour avant de se vider de nouveau. Ce mouvement de va-et-vient se répète alors tout en se propageant à une célérité c. Si la profondeur h est assez grande devant la longueur d'onde λ ($h >> \lambda$), l'amplitude des mouvements induits par l'onde décroît exponentiellement avec la profondeur (Figure 2a), qui n'influence alors pas la propagation. La célérité c ne peut donc dépendre que de g et λ, et on a dimensionnellement : $c \propto (g\lambda)^{1/2}$ (g est l'accélération de la pesanteur). Les vitesses de phase c_ϕ et de groupe c_g suivent toutes deux cette loi ; toutefois, en raison du caractère dispersif de l'onde, les coefficients de proportionnalité sont différents et $c_\phi = 2c_g$.

Pour les ondes en eau peu profonde ($h << \lambda$), la profondeur remplace la longueur d'onde dans la forme dimensionnelle de la célérité puisque $c \propto (gh)^{1/2}$. Ces ondes ne sont plus dispersives car elles se propagent à la même vitesse quelle que soit leur longueur d'onde λ et, dans ce cas, $c_\phi = c_g$. Par ailleurs, l'amplitude des mouvements horizontaux induits par l'onde reste sensiblement constante quasiment jusqu'au fond (Figure 2b), comme on peut s'en rendre compte en observant les mouvements du sable induits par les vagues près d'une plage (p. 150).

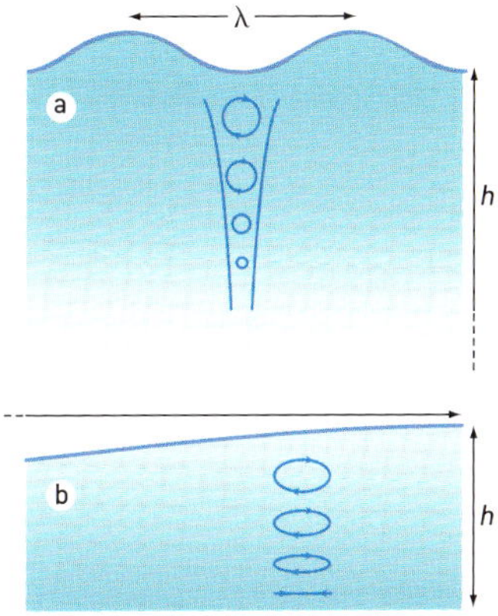

2. Trajectoires des particules de fluide associées à la propagation d'ondes de gravité à la surface de l'eau. (a) Ondes en eau profonde ($h >> \lambda$) : les trajectoires sont circulaires et l'amplitude du déplacement décroît exponentiellement avec la profondeur. (b) Ondes en eau peu profonde ($h << \lambda$) : les trajectoires sont elliptiques et l'amplitude horizontale varie peu avec la profondeur.

Bien qu'ils se propagent en pleine mer, les tsunamis comme celui qui a ravagé l'Indonésie en décembre 2004 sont des exemples d'ondes en eau peu profonde engendrées par des séismes sous-marins : leur extension latérale (quelques dizaines ou centaines de kilomètres) est en effet plus grande que la profondeur des océans (quelques kilomètres). Cette dernière valeur leur confère une célérité qui peut dépasser 200 m/s. En plein océan, les variations de niveau lors du passage de ces ondes qui se propagent sur des milliers de kilomètres sont modestes (moins du mètre). Près des côtes en revanche, ces ondes ralentissent fortement lorsque la profondeur diminue. L'eau s'accumule alors et il se forme un bourrelet qui peut atteindre une dizaine de mètres de haut (Figure 3).

3. Vue de l'arrivée à Hilo (Hawaii) le 1er avril 1946 d'un tsunami produit par un tremblement de terre dans les îles Aléoutiennes.

Quand les vagues font de l'optique

Diffration et réfraction de vagues

Les vagues à la surface de la mer illustrent parfaitement les phénomènes généraux de propagation des ondes. Facilement observables grâce aux déformations qu'elles produisent en surface (*cf.* sujet précédent), ces vagues peuvent s'élargir et leur direction de propagation se modifier lorsqu'elles rencontrent des obstacles au voisinage des côtes. Un changement de direction a également lieu si leur vitesse varie, suite à une brusque variation de la profondeur. Ces exemples illustrent deux phénomènes physiques bien connus en optique : *la diffraction* et *la réfraction*. Il s'agit en fait d'un retour aux sources car, au XIXe siècle, c'est l'étude des ondes de surface qui a permis de comprendre la nature vibratoire de la lumière.

La figure 1 montre un exemple de diffraction sur les côtes du Maroc. À leur arrivée à proximité du rivage, les crêtes des vagues sont sensiblement rectilignes et parallèles à ce dernier. Après avoir traversé une ouverture large d'une trentaine de mètres entre les pointes de deux digues, ces vagues s'incurvent au contraire pour occuper tout l'espace offert ; si elles continuaient de se propager en ligne droite, elles persisteraient sur une bande limitée, de largeur égale à l'ouverture. La diffraction est ici très importante car la distance entre les deux digues est comparable à la longueur d'onde des vagues (i.e. la distance entre crêtes). On observe également, sur la figure 2, des effets de diffraction entre les deux îles en haut de l'image.

Ces résultats confirment l'universalité du phénomène de diffraction qui se produit aussi bien pour des longueurs d'onde de quelques mètres (les vagues) que de quelques dixièmes de micron (la lumière), à condition que la taille de l'obstacle soit comparable à la longueur d'onde.

1. Diffraction des vagues de l'Atlantique à la surface de la mer, lors de leur passage entre deux digues à l'entrée du petit port de Rabat (Maroc).

Le phénomène en détail

On étudie souvent la diffraction à l'aide d'une cuve à ondes de surface (Figure 3). Des vaguelettes rectilignes sont créées par l'oscillation d'une lame verticale dans une mince couche d'eau, et un obstacle percé d'une ouverture est placé sur le trajet de l'onde. Après avoir traversé l'ouverture, les crêtes des vagues s'incurvent par diffraction. L'angle θ du cône à l'intérieur duquel les vagues se propagent est d'autant plus élevé que la taille d de l'ouverture est faible : θ est de l'ordre du quotient de la longueur d'onde λ sur d. Dans le cas de la figure 1, la longueur d'onde est de l'ordre de 10 m et la largeur du passage entre les digues de 30 m : l'angle θ vaut donc environ 15°.

La vitesse des ondes en eau peu profonde ($\lambda >> h$) est proportionnelle à la racine carrée de la profondeur h : il en résulte un phénomène de réfraction des vagues arrivant obliquement sur une plage, analogue à celui qu'engendre une variation de l'indice optique (et donc de la vitesse de la lumière). Comme la célérité des vagues diminue avec la profondeur de l'eau, elles progressent d'autant plus vite que la plage est éloignée et la profondeur grande. Le front de vague se courbe donc pour suivre le contour de la plage : il atteindra presque en même temps la grève sur toute sa longueur. Cet effet de diffraction intervient aussi dans les vagues de la figure 1. Cependant, le ralentissement des vagues près de la plage provoque en sus leur déferlement (Figure 4) qui, lui, n'a pas d'équivalent direct en optique.

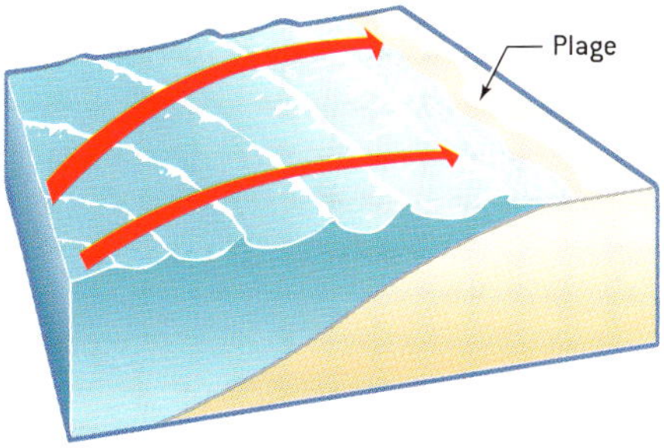

4. Schéma montrant la réfraction de vagues arrivant initialement en oblique par rapport à une grève.

2. Phénomènes de diffraction et de réfraction multiples de vagues près de la côte du Finmark, en Norvège.

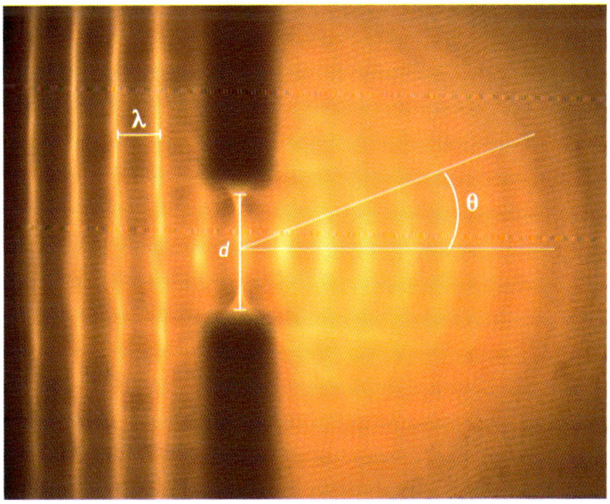

3. Diffraction d'ondes de surface sur une cuve à ondes. Les ondes sont créées par l'oscillation d'une lame située à gauche de la photo, vibrant à 5 Hz perpendiculairement à la surface d'une mince couche d'eau. Les ondes arrivent sur un obstacle parallèle à la crête des vagues (en clair) et dans lequel est ménagée une ouverture de 4 cm de large. L'angle θ correspondant à la demi-ouverture de la zone de propagation des ondes est ici de l'ordre de 30°.

Mascarets, pororocas, et autres barres

Des vagues qui remontent les fleuves sans se déformer

1. Ce mascaret remonte la rivière de Petitcodiac qui débouche dans la baie de Fundy (Nouveau-Brunswick, Canada). La rivière s'écoule de droite à gauche sur la figure, tandis que la vague créée par la marée montante se déplace en sens inverse.

Intéressons-nous à un estuaire à marée montante : l'élévation du niveau de l'eau progresse vers l'intérieur des terres, à contre-courant de l'écoulement du fleuve. Dans certaines conditions – réunies dans l'exemple de la figure 1 – cet effet s'amplifie pour former une vague, appelée *mascaret*, qui se propage vers l'amont. Cette perturbation peut dépasser un mètre de haut. Elle remonte le courant sur plusieurs dizaines de kilomètres, à une vitesse qui atteint parfois 15 km/h lors des grandes marées d'équinoxe, et finit souvent par déferler. Dans d'autres cas, on observe au lieu d'un déferlement une série de vagues régulières et de grande amplitude (Figure 2).

Pour qu'un mascaret apparaisse, plusieurs ingrédients doivent être réunis : marée de grande amplitude, estuaire « en entonnoir » avec un fort élargissement à l'embouchure (Figure 3), faible hauteur d'eau, pente douce s'accentuant à l'embouchure, et enfin absence de cuvettes sur le fond. Un vent venant de la mer et parallèle au cours de la rivière amplifiera également le phénomène.

Le nombre de sites dans le monde présentant des mascarets importants est très limité : on en observe en Chine, au Brésil, au Canada, en Alaska et en Angleterre (sur la Severn et la Trent). En France, il ne reste guère que les estuaires de la Gironde et de la Dordogne. Le mascaret de la Seine (la « barre ») a disparu en 1963, avec la construction du chenal de Rouen. Dès le début du XXe siècle, ce mascaret attirait les touristes en grand nombre, mais il présentait un danger certain pour la navigation (on lui a même attribué, à tort, le naufrage de la barque où périt la fille de Victor Hugo). En Gironde, les « surfers » à la recherche de belles vagues durables ont rejoint les curieux et se font porter par le mascaret sur plusieurs kilomètres. Sur l'estuaire de l'Araguari au Brésil, certains bravent même les piranhas pour profiter du « pororoca ».

2. Mascaret de la Gironde : il correspond à un nombre de Froude plus faible que dans la figure 1 et prend la forme d'une suite d'ondes. Elles se propagent de gauche à droite à contre courant de l'écoulement du fleuve qui va de la droite vers la gauche.

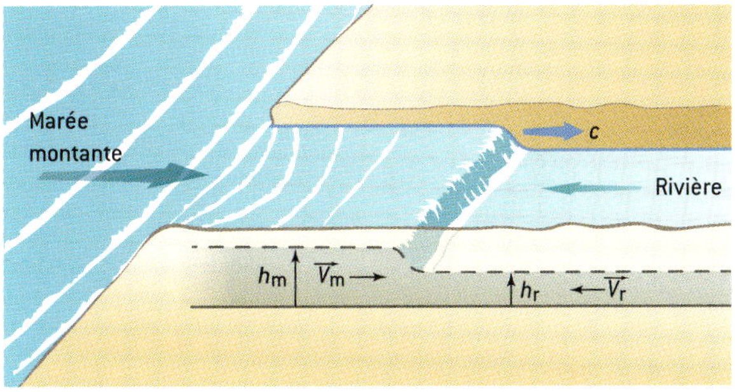

3. La formation d'un mascaret résulte de la rencontre entre l'écoulement à vitesse V_r de la rivière vers la mer, et celui de vitesse V_m en sens inverse produit par la marée montante. L'effet est amplifié par la forme de l'embouchure du fleuve. Le mascaret correspond à la formation d'un bourrelet avançant à une vitesse c et séparant la zone arrière d'épaisseur h_m et la zone avant d'épaisseur h_r.

Le phénomène en détail

La montée de l'eau de mer à l'extérieur de l'estuaire provoque un courant vers l'intérieur des terres. C'est alors que le profil en entonnoir de l'embouchure accélère l'écoulement (Figure 3), et amplifie l'élévation du niveau d'eau. Cet accroissement se propage sous forme d'une vague, au départ en pente douce mais dont le front avant devient de plus en plus raide. Cet effet non linéaire vient de la variation de la vitesse des vagues avec l'épaisseur h du fluide, lorsque la longueur d'onde de la perturbation est grande devant h (p. 112). Localement, la vitesse de l'onde est donc plus élevée dans les parties hautes que dans les parties basses de l'onde : si le contraste est assez fort, les zones les plus hautes rattrapent le front avant de la vague et déferlent (Figure 1).

La structure du mascaret est largement déterminée par le *nombre de Froude Fr*, quotient de la vitesse V_m du courant induit par la marée sur la vitesse caractéristique des ondes de surface. L'amplitude du phénomène est d'autant plus importante que ce nombre est élevé. Des valeurs peu supérieures à 1 conduisent à des oscillations de la surface (Figure 2), tandis qu'une structure du type de la figure 1 apparaît au-delà de Fr de l'ordre de 4 ou 5.

La constance de la forme du bourrelet au cours de sa propagation résulte d'une compensation entre la dispersion de l'onde (qui a tendance à l'étaler), et les effets non linéaires indiqués plus haut (responsables du raidissement du front). Une compensation similaire a lieu dans les tsunamis, ce qui explique pourquoi leurs effets se font encore sentir à des milliers de kilomètres de l'épicentre où ils ont pris naissance.

Ressauts en tous genres

Un mascaret dans un évier ?

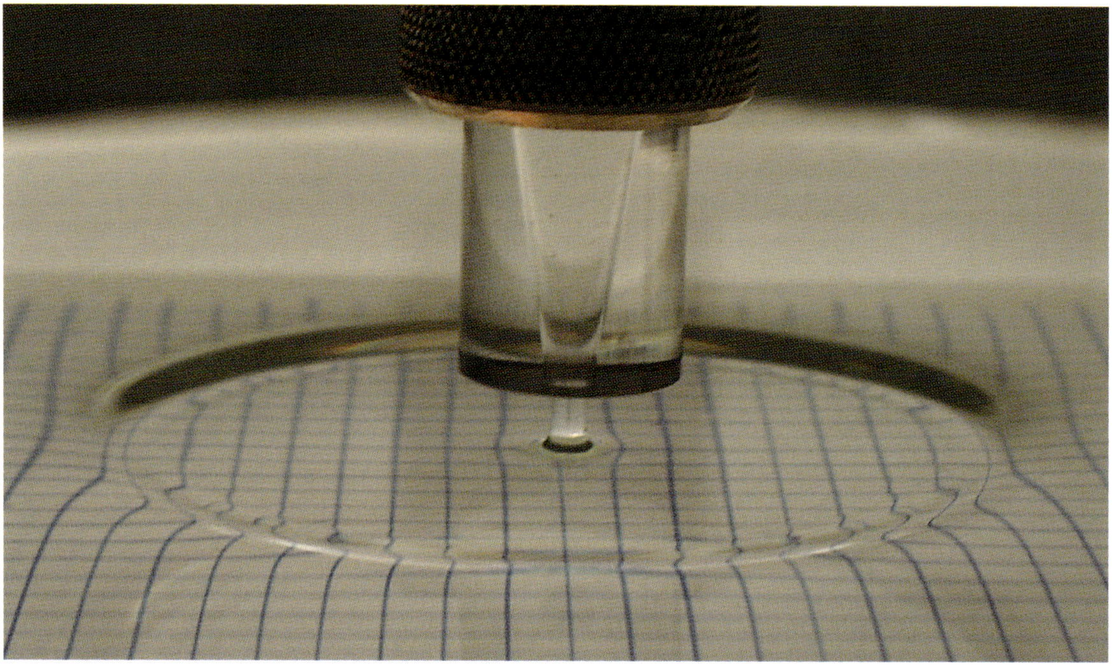

1. Ressaut hydraulique formé par un jet incident sur un plan horizontal. Le fond quadrillé permet d'estimer l'épaisseur de la couche liquide.

Un jet d'huile qui arrive verticalement sur un plan solide horizontal donne naissance à un film liquide. Ce film s'écoule radialement sur cette surface, vers l'extérieur (Figure 1). Près de la zone d'impact du jet, l'épaisseur du film est faible et sa vitesse élevée. L'observation la plus surprenante est l'existence d'un bourrelet stationnaire de liquide qui se forme à une certaine distance du centre : il s'accompagne d'une brusque augmentation de l'épaisseur du film vers l'extérieur, et d'un ralentissement simultané de l'écoulement.

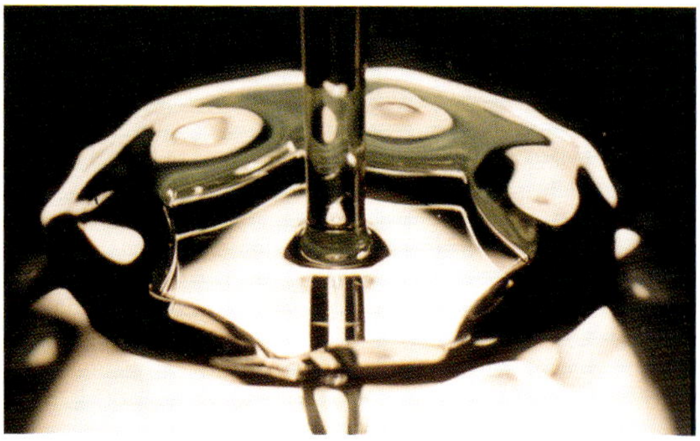

2. Ressaut hydraulique de contour hexagonal créé par l'impact d'un fluide visqueux sur un plan. Le nombre de côtés des polygones observés est variable suivant l'épaisseur de la couche de fluide, son débit et sa viscosité. Le ressaut a ici une forme de bourrelet, limité à l'extérieur comme à l'intérieur par des couches liquides planes sur lesquelles se reflètent le jet et le dispositif d'éclairage.

Cette expérience est semblable à l'observation courante d'un filet d'eau qui tombe sur le fond d'un évier. Comme dans l'exemple précédent, il se produit, à quelques centimètres du point d'impact, une transition d'un régime d'écoulement rapide vers un régime lent. Le bourrelet à la frontière entre les deux zones fluctue, et entraîne de nombreuses bulles. La différence d'aspect entre les deux expériences tient à la vitesse du liquide : elle est plus faible dans la figure 1, où l'écoulement est régulier (ou « laminaire »), que dans l'exemple de l'évier où l'écoulement est fluctuant (c'est-à-dire « turbulent », *cf.* p. 88). Curieusement, pour des conditions expérimentales légèrement différentes, on observe des figures spectaculaires comme des hexagones (Figure 2) au lieu d'un cercle.

3. Ressaut hydraulique en bas d'un déversoir à proximité du barrage d'Itaipu (frontière Brésil-Paraguay). L'eau s'écoule très rapidement sur le plan incliné avant que l'épaisseur de la couche liquide n'augmente brusquement. Cette transition est ici déclenchée par une légère remontée du plan incliné.

Dans tous les cas, la transition entre les deux zones d'écoulement représente un *ressaut hydraulique*. À une échelle beaucoup plus grande, des discontinuités analogues sont observées en bas des déversoirs (Figure 3) par lesquels s'évacue le « trop plein » des barrages : l'écoulement y est turbulent et accompagné d'un fort brassage d'air (c'est, cette fois, un écoulement parallèle et non plus radial).

Le phénomène en détail

Le nombre de Froude Fr, dont nous avons fait connaissance au sujet précédent, caractérise le rapport entre la vitesse v du liquide et la célérité $(gh)^{1/2}$ des ondes de surface (h est l'épaisseur de la couche de fluide). Le ressaut hydraulique marque le passage d'une zone où Fr est supérieur à l'unité, à une région où il lui est inférieur et où le fluide s'écoule plus lentement. Les déformations accidentelles de la surface viennent par ailleurs renforcer le ressaut : celles qui sont dans la zone lente en aval peuvent « remonter » le courant vers le ressaut (puisque Fr < 1), tandis que les perturbations dans la zone rapide sont au contraire entraînées par le courant jusqu'au ressaut (Figure 4). Il existe une analogie entre le bourrelet d'un ressaut et les « ondes de choc » dans les souffleries et écoulements supersoniques (p. suivante) : les fronts de choc séparent en effet une zone d'écoulement supersonique (équivalente à la zone amont du ressaut) d'une zone d'écoulement subsonique (à comparer à la région aval). Le nombre de Mach joue en acoustique le rôle du nombre de Froude pour le ressaut hydraulique.

Si les ressauts sont fixes, les mascarets ou les vagues déferlantes se propageant sur un fluide globalement immobile (p. 116), constituent la version « mobile » du même phénomène. Imaginez que vous fixez le mascaret en vous déplaçant à sa vitesse : vous contemplerez alors une discontinuité stationnaire du niveau, comparable à celle observée dans un ressaut.

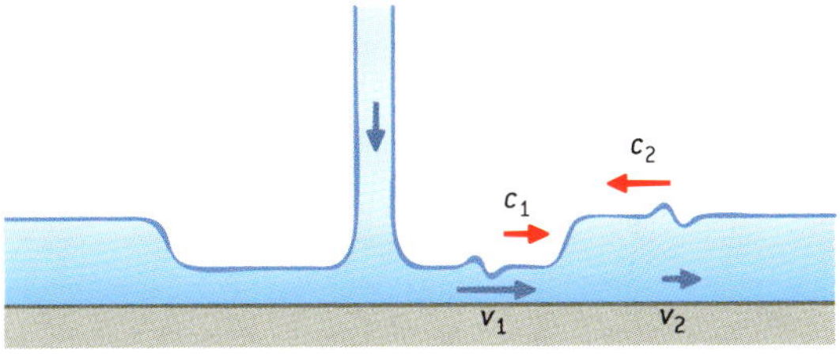

4. **Vue en coupe d'un ressaut hydraulique pour un jet de fluide visqueux arrivant sur un plan.** Les célérités c des ondes de surface sont inférieures à la vitesse v_1 du liquide dans la région centrale (Fr > 1), et supérieures à la vitesse v_2 (Fr < 1) dans l'anneau externe.

Ondes de choc et bang sonique

Le "V" qui mesure la vitesse des avions supersoniques

1. Brouillard de condensation en arrière d'un avion de chasse *F/A-18* volant à vitesse transsonique (légèrement inférieure à la vitesse du son). Le mécanisme de formation du brouillard est complexe. On remarquera néanmoins la forme conique de ce dernier, qui rappelle celle d'une onde de choc.

Le bruit produit par un avion (sub ou supersonique) est dû à des petites variations périodiques de la pression de l'air par rapport à la pression atmosphérique locale. Ce bruit est d'origine aérodynamique : le déplacement de l'avion provoque un écoulement d'air et une surpression locale qui se propage jusqu'au sol. Lorsque la vitesse V de l'avion dépasse celle du son, notée c (de valeur 330 mètres par seconde près du sol en conditions courantes), les différentes ondes sonores qu'il émet se combinent pour engendrer une très brusque variation de pression – on parle *d'onde de choc*. Les ondes s'accumulent sur un cône dont l'angle au sommet est d'autant plus faible que la vitesse de l'avion est grande par rapport à c, i.e. que *le nombre de Mach* M $=V/c$ est grand devant 1. Lorsque la surface du cône atteint un observateur au sol, ce dernier entendra un « bang » violent si l'altitude de l'appareil n'est pas trop élevée. Ces nuisances sonores ont conduit à l'interdiction des vols supersoniques au-dessus des zones habitées.

Acoustiquement spectaculaire, le passage du mur du son peut l'être aussi visuellement, comme en témoigne la photo (Figure 1) d'un chasseur *F/A-18 Hornet* volant à une vitesse légèrement inférieure à celle du son. Des ondes de choc apparaissent sur les

parties de l'avion où la vitesse est la plus forte et dépasse localement *c*. Les variations de pression dans ces zones sont alors suffisantes pour provoquer une condensation de la vapeur d'eau, et faire apparaître un curieux brouillard, derrière le cockpit et sur tout l'arrière de l'avion.

Le phénomène en détail

En laboratoire, les ondes de choc sont étudiées grâce à des maquettes placées dans des souffleries supersoniques. La visualisation est souvent effectuée par la technique dite du « Schlieren » (Figure 2), qui tire parti des variations de la densité et donc de l'indice optique de l'air, dans ces écoulements supersoniques compressibles. Pour un objet se déplaçant à une vitesse V supersonique ($V > c$), les ondes de choc adoptent la forme d'un cône qui est l'enveloppe des ondes sphériques de pression émises par l'avion entre l'instant origine (position M(0)) et l'instant t (position M(t)) (Figure 3). Ces ondes acoustiques se propagent à la célérité c à partir de leur point d'émission : comme elles sont toutes tangentes au cône, le demi-angle au sommet θ vérifie $\sin \theta = c/V$. L'accumulation des différentes ondes (qu'illustrent sur la figure les cercles émis à des temps très proches) explique les variations très brusques de la pression et de la densité de l'air sur la surface du cône, responsables du « bang » sonique. Ces ondes furent, dans les années 1940-50, un obstacle majeur à la réussite des vols supersoniques : dans les premiers essais à l'issue souvent tragique, elles pouvaient en effet bloquer les gouvernes des avions et les rendre incontrôlables, surtout en piqué à grande vitesse.

2. Ondes de choc autour d'une maquette de la navette spatiale Hermès à Mach 5, dans une soufflerie supersonique. Les variations de pression produites par les ondes de choc s'accompagnent de variations de l'indice optique, qui diffractent la lumière. C'est le principe des visualisations par la méthode du Schlieren.

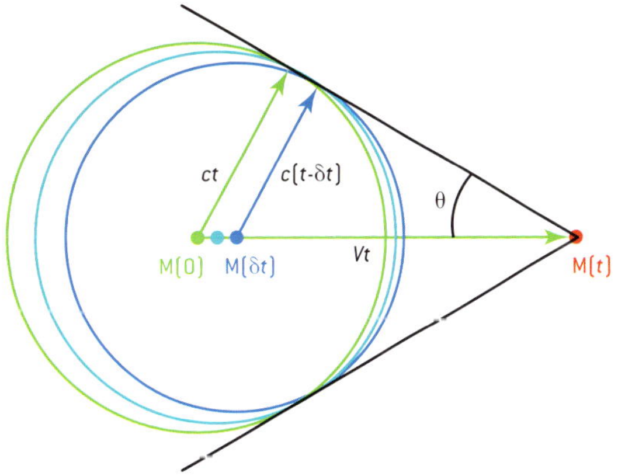

3. Cône de Mach (traits noirs) à l'intérieur duquel sont localisées les ondes de pression émises par un objet M en mouvement, et dont la surface constitue l'onde de choc. Du rapport des distances parcourues par l'onde (ct) et par le mobile (vt) dans le temps t, on déduit la relation trigonométrique $\sin \theta = c/V$.

Pour le mécanicien des fluides, les ondes de choc représentent des surfaces à la traversée desquelles la vitesse de l'air passe brusquement d'une valeur inférieure à la vitesse du son, à une valeur supérieure. De ce point de vue, elles sont équivalentes aux ressauts hydrauliques, la vitesse d'écoulement étant supérieure à celle des ondes de surface avant le ressaut, et inférieure après (*cf.* sujet précédent). Les variations de niveau de la couche fluide jouent alors un rôle similaire aux variations de pression en acoustique. Le nombre de Froude pour les ondes de surface est l'analogue du nombre de Mach.

Du canard au porte-avions

Un angle de sillage invariant

1. Vue du porte-avions J.F. Kennedy et de ses navires d'accompagnement au large du Koweit, en février 2000 (Encart : canards sur une rivière).

Les objets en mouvement à la surface de l'eau laissent derrière eux un sillage, témoin de leur passage (Figure 1). Deux lignes de perturbation symétriques partent de l'avant du mobile et dessinent un même « V », bien que les tailles des objets et les écoulements derrière eux puissent être très différents ; ainsi, les remous turbulents dans le sillage des navires sont absents de celui des canards. Un gros plan montre que ces lignes sont des zones étroites où se concentrent de petites vagues obliques par rapport au sillage, d'où leur aspect de plume d'oiseau. Le point le plus surprenant est le fait que l'angle entre les deux lignes est identique pour un canard ou un navire de guerre et vaut 39° environ : la valeur de cet *angle de Kelvin,* établie par Lord Kelvin, ne dépend ni de la taille, ni de la vitesse des objets flottants.

À première vue, ces sillages en V font penser aux ondes de choc coniques émises par les avions supersoniques (p. précédente). Dans ce dernier cas, l'angle du cône diminue quand la vitesse de l'avion augmente. La différence entre ces deux systèmes résulte des lois de propagation très différentes des types d'ondes en jeu. Ainsi, la vitesse des perturbations de pression (les ondes acoustiques) est indépendante de leur longueur d'onde λ : le milieu est non dispersif. Au contraire, la vitesse des ondes de surface en eau profonde augmente avec la longueur d'onde (p. 112).

Le phénomène en détail

Qu'il s'agisse d'un bourrelet à la surface de l'eau ou d'une brève surpression, la perturbation créée par un mobile résulte de la superposition d'ondelettes de longueur d'ondes différentes. Pour les ondes acoustiques, toutes ces composantes se propagent à la même vitesse (la célérité du son), qui est aussi celle de la propagation de l'énergie des perturbations de pression. Les ondelettes de longueurs d'onde variables émises au cours du déplacement ont alors pour enveloppe le même « cône de Mach » (Figure 3 p. 120).

Au contraire, pour les ondes en eau profonde, la vitesse de phase varie avec la longueur d'onde λ selon la relation $c_\phi = (g\lambda)^{1/2}$ (p. 112). Le bourrelet marquant la propagation de l'énergie de la perturbation se déplace, lui, à la « vitesse de groupe » c_g égale à la moitié de la valeur de c_ϕ pour les ondelettes qui le composent.

Pour des ondelettes de longueur d'onde λ_i, l'enveloppe $M(t)A_i$ correspondant au cône de Mach fait avec la vitesse V un angle de tangente $V/c_{\phi i}$ variable avec $c_{\phi i}$ et, par suite, avec λ_i (Figure 2). Quant à l'énergie de ces ondelettes, elle s'accumule sur la ligne $M(t)B_i$ dont l'angle α_i avec la vitesse V du mobile vérifie $\tan \alpha_i = V/c_{gi}$ ($c_{gi} = c_{\phi i}/2$ est leur vitesse de groupe). Lorsque l'orientation du segment $[M(t)A_i]$ varie, l'angle α_i passe par un maximum α_{max} égal à 19,5° autour duquel sa variation est très lente : l'énergie des ondelettes correspondant à une large gamme de longueurs d'onde s'accumule donc autour de cet angle. L'angle de Kelvin entre les deux bourrelets symétriques formant le sillage ainsi produit est alors égal à $2\alpha_{max}$, soit 39°. Le raisonnement présenté ici est très simplifié. Une simulation numérique (Figure 3) montre, ainsi, que la structure du système d'ondes ressemble aux surfaces caustiques où la lumière se concentre à la sortie d'une lentille.

L'angle de sillage n'est constant que si l'épaisseur de la couche liquide (la mer ou la rivière) est grande devant la longueur d'onde des vagues, et la vitesse assez élevée. Pour vous en convaincre, déplacez une baguette dans une fine couche de fluide : l'angle diminue lorsque la vitesse augmente, comme pour une onde de choc supersonique ; dans ce cas la vitesse de l'onde est indépendante de la longueur d'onde et ne dépend que de l'épaisseur.

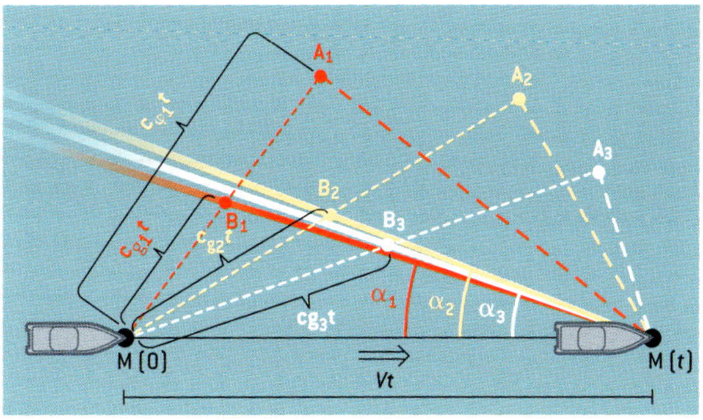

2. Propagation des ondes produites par un mobile se déplaçant à une vitesse constante V, d'une position initiale M(0) (t = 0) à une position M(t) pendant le temps de trajet t. Les vitesses $c_{\phi i}$ et c_{gi} sont les vitesses de phase et de groupe correspondant aux différentes longueurs d'onde. Les cônes de Mach correspondant aux ondelettes de trois longueurs d'onde différentes λ_i (i = 1, 2 et 3) prises comme exemples s'appuient sur les segments $[M(t)A_i]$.

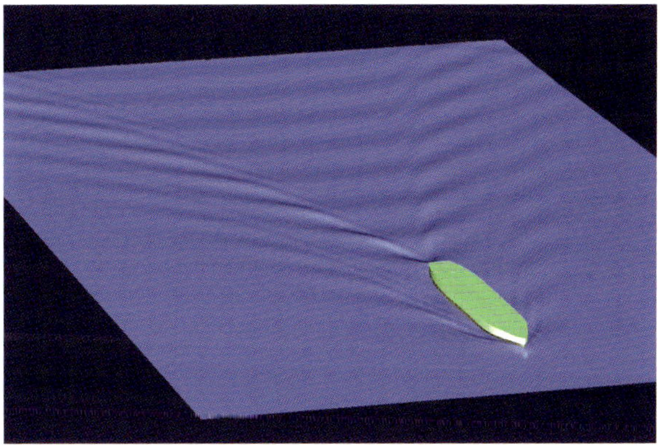

3. Vue en perspective d'une simulation numérique d'un sillage. En plus des bourrelets de grande amplitude faisant entre eux l'angle de Kelvin, il existe d'autres perturbations parmi lesquelles des ondes perpendiculaires à la direction du mouvement.

PARTIE 7

Instabilités

Les immenses nuages en enclume reflètent une instabilité atmosphérique, marquée par la montée d'une masse d'air chaud sous l'effet de la poussée d'Archimède. L'instabilité voisine de Rayleigh-Bénard (l'apparition de rouleaux de convection entre deux plaques de températures différentes) a été étudiée dans ses moindres détails depuis plus d'un siècle en laboratoire : elle est pour les mécaniciens des fluides la « drosophile » des études d'instabilités ! Ce ne sont que deux exemples d'une variété infinie de phénomènes, qui représentent souvent un premier stade d'une transition vers la turbulence. Dans tous les cas, nous rencontrerons une compétition entre des mécanismes déstabilisants (la poussée d'Archimède dans l'instabilité de Rayleigh-Bénard) et stabilisants (la viscosité et la diffusion thermique) : leur importance relative déterminera le seuil au-delà duquel l'instabilité se développe.

Rayleigh-Bénard et les nuages

Un ordre qui naît d'un déséquilibre de température

L'observation des nuages invite le promeneur à la contemplation, mais elle renseigne le météorologue sur les distributions de température et de vent en altitude. Notre œil pourra ainsi être attiré par une rangée de nuages (des alto ou strato-cumulus) régulièrement espacés (Figure 1). Ces structures trahissent les mouvements atmosphériques verticaux qui se produisent lorsque la température de l'air au sol est plus élevée qu'en altitude: une instabilité thermique se développe et entraîne les masses d'air chaud et léger proches du sol. La vapeur d'eau qu'elles contiennent donne naissance, en se condensant, à des rangées de nuages: elles marquent l'emplacement des rouleaux de convection thermique créés par l'instabilité (Figure 2).

Il existe bien d'autres exemples de structures variées qui permettent de décrypter les mouvements de l'atmosphère et ses caractéristiques, comme celles du cumulo-nimbus de l'introduction.

1. Ces formations nuageuses périodiques traduisent l'existence de rouleaux de convection dans l'atmosphère. De telles allées se forment aux altitudes moyennes et s'alignent souvent dans la direction du vent. Insert: on peut recréer de tels rouleaux en laboratoire, comme le montre cette vue de dessus de rouleaux de convection formées entre deux plaques circulaires de températures différentes.

Le phénomène en détail

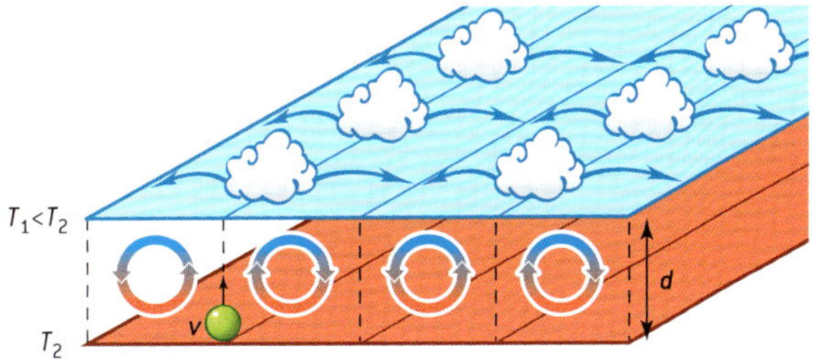

2. **Principe de l'apparition de cellules de convection approximativement circulaires** dans une couche d'air chauffée par en dessous. Les nuages se forment à l'endroit où l'air chaud venant du bas rencontre les masses d'air froid en haut de la couche.

Pour comprendre l'apparition de ces rouleaux, représentons l'atmosphère comme une couche fluide horizontale d'épaisseur *d*, chauffée par en dessous (Figure 2). Supposons qu'un petit volume de ce fluide (en vert) soit légèrement plus chaud (et donc moins dense) que ses voisins. Cette « bulle » s'élève et rencontre des régions plus froides, la température diminuant avec l'altitude. Elle accélère donc car sa différence de densité avec l'air avoisinant augmente : la perturbation initiale est amplifiée, reflétant une situation instable. Pour compenser cette remontée de fluide, d'autres petits volumes de fluide descendent : ces mouvements s'organisent en rouleaux transportant – ou *convectant* – l'air chaud vers le haut et l'air froid vers le bas. La distance entre les sommets des rouleaux est de l'ordre de leur hauteur.

Il existe un seuil inférieur ΔT_c de différence de température entre le bas et le haut de la couche pour que l'instabilité apparaisse. ΔT_c augmente très vite (comme $1/d^3$) lorsque l'épaisseur *d* de la couche décroît. Au-dessous du seuil, les différences locales de température, qui sont le moteur de l'instabilité, s'atténuent par diffusion thermique ; dans le même temps, l'énergie cinétique qu'acquiert le fluide est dissipée par frottement visqueux plus vite que le liquide n'est accéléré. Ce seuil peut être étudié en laboratoire, mais la convection atmosphérique se situe bien au-delà de cette valeur.

Les structures de convection ne sont pas toujours des rouleaux parallèles, et sont parfois plus proches de cellules hexagonales (Figure 3). La localisation des nuages peut alors différer d'un système à l'autre : les nuages apparaissent et décorent la frontière des cellules (à g.) lorsque l'air monte sur les bords des cellules, y laisse une partie de sa vapeur d'eau par condensation, puis redescend au centre. Inversement, lorsque l'air monte par le centre des cellules, les bords sont libres de nuages (à d.). On observe également des cellules hexagonales en laboratoire sur des couches horizontales de fluide à surface libre chauffées par en dessous (par exemple une couche d'huile dans une poêle). Le moteur principal de l'instabilité est alors la variation de tension superficielle avec la température à la surface : c'est l'effet Marangoni (p. 64).

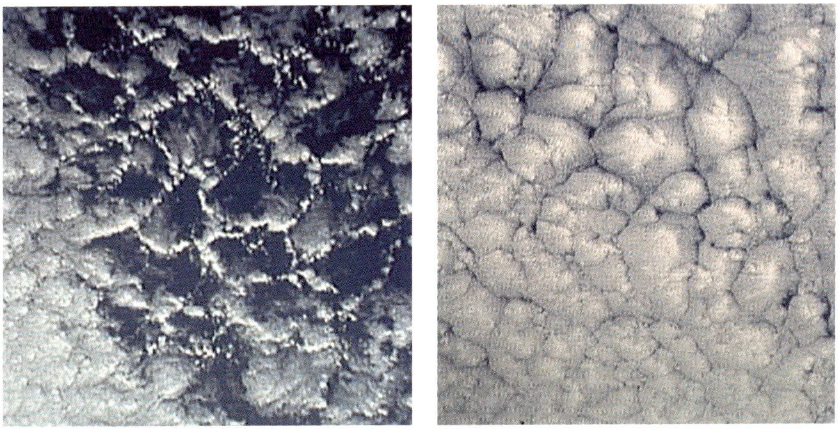

3. **Structures nuageuses marquant des cellules de convection quasi hexagonales.** À gauche, l'air monte par les bords, et redescend au centre. Lorsque l'air monte par le centre des cellules, ce sont les bords qui sont libres de nuages (à droite).

Des doigts de sel

La mécanique des fluides et la prospection géophysique

Si la poussée d'Archimède est le moteur de la convection dans l'atmosphère (p. 126), elle peut aussi soulever les montagnes : les doigts (ou dômes) de sel sont un exemple remarquable d'une telle instabilité. Des grandes masses de sel enfouies dans la croûte terrestre remontent en effet de plusieurs kilomètres vers la surface, en repoussant des couches supérieures de sédiments. La faible densité du sel par rapport à ces sédiments est à l'origine de cette ascension.

La figure 1 est une vue satellite au nord du Canada d'une structure de ce type affleurant en surface. L'érosion a entamé la couverture superficielle et a dégagé la zone centrale, constituée de sel ; elle est entourée de bandes composées de roches plus jeunes, entraînées lors de la remontée du doigt. L'étude de ces « *diapirs* » est particulièrement importante, car ils sont parfois un indice de réserves de pétrole (Figure 2). L'histoire géologique présumée d'une telle structure est la suivante : il y a plusieurs centaines de millions d'années, du sel s'est déposé après l'évaporation de l'eau de mer dans un bassin sédimentaire, pour former une croûte de matériaux solides peu denses : les *évaporites*. Par la suite, des couches de sédiments plus denses se sont déposées avant d'être elles-mêmes compactées et transformées. Ce sont ces couches

1. Vue satellite du dôme Isachsen dans l'île Ellef Ringnes au Canada. La largeur de l'image correspond à une distance au sol de 25 km. Autour de la zone centrale formée de sel, d'une taille de 6 x 8 km, affleurent les différentes couches entraînées par la montée du doigt.

supérieures que le sel soulève et peut même finir par percer (*diapirein* en grec).

Comment le sel peut-il ainsi présenter un comportement si proche de celui d'un liquide ? De fait, comme beaucoup d'autres solides, il se déforme irréversiblement et « coule » si on le soumet à de très fortes contraintes (il faudrait d'ailleurs plutôt parler de *fluage* et de déformation *plastique*).

Un tel exemple témoigne de la généralité de la convection induite par la poussée d'Archimède, puisqu'on la retrouve jusque dans les très lents mouvements à l'intérieur de notre planète.

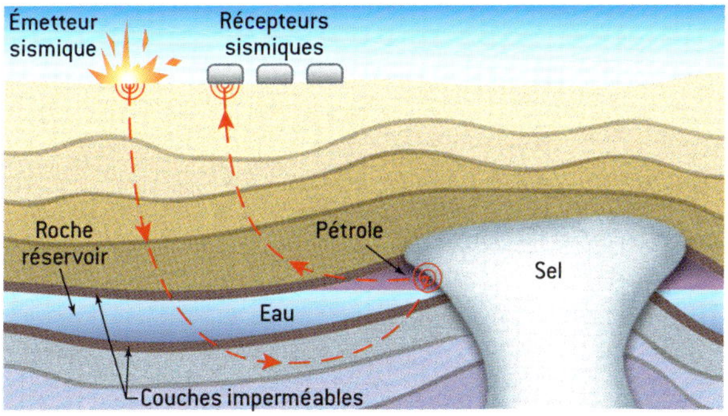

2. Principe de la cartographie par sondage sismique d'un diapir.. Les ondes sismiques ne se propagent pas en ligne droite à cause des variations de vitesse : elles peuvent ainsi explorer la partie inférieure (en « surplomb ») du diapir.

Le phénomène en détail

Nombre de gisements de pétrole se trouvent à proximité de diapirs, par exemple au Moyen-Orient. En effet, lors de l'ascension du sel, les couches géologiques se soulèvent sur le côté du dôme (Figure 2). Lorsqu'une de ces couches est poreuse (mais limitée par d'autres couches imperméables) et contient des fluides légers (gaz ou pétrole) en même temps que de l'eau de mer plus lourde, ces fluides migrent jusqu'à l'extrémité de la couche en contact avec le sel. Ce dernier, imperméable, agit comme un bouchon qui les empêche d'aller plus haut.

Il est donc important de détecter et de cartographier ces « dômes de sel », ce qui est souvent effectué par « réflexion sismique » (Figure 2). Un émetteur (une explosion en surface par exemple) génère des ondes sismiques qui se propagent dans le sous-sol. Suivant la nature des matériaux traversés, elles se réfractent ou se réfléchissent sur les différentes couches géologiques et sur le doigt de sel. Des capteurs détectent en surface les signaux réfléchis : un traitement mathématique complexe « inverse » alors les données, c'est-à-dire reconstruit l'image du doigt de sel et des couches géologiques à partir des signaux des capteurs. On obtient en définitive des « coupes sismiques » comme celle de la figure 3.

3. Structure d'un doigt de sel, déterminée par les techniques de cartographie par ondes sismiques schématisées sur la figure 2, pour un site du golfe du Mexique.

Des structures de même type peuvent être reproduites en laboratoire, par exemple en partant de couches superposées de fluides de densités différentes en configuration instable (le fluide le plus léger en dessous). Dans ce cas, la géométrie des doigts dépend du rapport des viscosités des liquides : lorsque les deux viscosités sont comparables, les doigts adoptent l'aspect d'un champignon proche de la géométrie d'un diapir (p. 94).

Rayleigh-Taylor et les fontaines liquides

Quand des gouttes et des jets se forment à partir d'une nappe continue

1. La cascade de Laroque (Aveyron), photographiée par Jean Dieuzaide.

Pourquoi l'eau s'écoule-t-elle de la cascade de Laroque (Figure 1) en filets discontinus régulièrement espacés, au lieu de former une nappe liquide continue ? On retrouve le même phénomène lorsque l'eau de pluie déborde d'une gouttière bouchée. Dans ces expériences, les filets sont distribués régulièrement le long d'une ligne et forment une structure à une dimension. Un processus identique est à l'œuvre lorsque des gouttes d'eau apparaissent sous un couvercle surplombant une casserole d'eau bouillante : dans ce cas, les gouttes sont distribuées sur l'ensemble de la surface en une structure à deux dimensions (Figure 2).

Ces deux exemples reflètent le développement d'une même instabilité, dite de *Rayleigh-Taylor,* résultant de la compétition entre *gravité* et *tension superficielle.* En effet, si la pesanteur déforme la partie inférieure de la couche de liquide, sa tension superficielle (p. 54) s'oppose à l'augmentation de l'aire interfaciale qui en résulte, et limite par conséquent la croissance des déformations. Industriellement, l'instabilité de Rayleigh-Taylor peut perturber considérablement les procédés d'enduction, dans lesquels on dépose des films liquides uniformes sur des surfaces (par exemple des couches sensibles sur une pellicule photographique).

2. Vue de dessous d'un réseau de gouttes formées à la surface d'une plaque de verre, initialement recouverte d'un mince film plan d'huile, puis retournée. Au bout d'une minute environ, des gouttes apparaissent, disposées en un réseau hexagonal. La distance entre les gouttes est de l'ordre du centimètre.

Le phénomène en détail

Pour étudier en laboratoire le développement de l'instabilité de Rayleigh-Taylor à deux dimensions, on dépose un film continu d'huile sur une plaque plane, qui est ensuite retournée à l'horizontale. Il se développe alors une structure périodique dont le motif de base est une bosse liquide (Figure 2). Pour que les bosses croissent, il faut que le liquide s'écoule des creux vers les bosses, parallèlement à la plaque dans le film fluide (Figure 3). Le débit de cet écoulement contrôle le taux de croissance des bosses, qui varie comme le cube de l'épaisseur initiale e_0 du film et comme l'inverse de la viscosité du liquide : on utilise donc une huile visqueuse afin que le développement des bosses et le décrochement des gouttes soient assez lents. Notons que le débit de l'écoulement de Poiseuille d'un liquide visqueux entre deux plans, induit par une différence de pression donnée, présente la même variation en fonction de ces deux paramètres.

Approfondissons le mécanisme de formation de ces réseaux. Le moteur de l'instabilité est la gravité d'intensité g : une déformation de la surface d'amplitude verticale h provoque des variations déstabilisantes de la pression hydrostatique δp_h dans le film. Ces variations sont de l'ordre de $\rho g h$, où ρ est la masse volumique du fluide. Le rôle stabilisant de cette dernière s'exprime par des différences de pression capillaire $\delta p_c \cong \gamma / R$ (R est le rayon de courbure de la bosse et γ la tension superficielle). Les deux longueurs h et R sont liées à la dimension caractéristique l de la bosse parallèlement à la surface par la relation $hR = l^2$ (l est de l'ordre de grandeur de la longueur d'onde du motif périodique). En combinant ces relations, on vérifie que l'équilibre des pressions δp_h et δp_c est atteint pour une dimension de l'ordre de la *longueur capillaire* $l_c = (\gamma/\rho g)^{1/2}$ (l_c = 1,5 mm dans la figure 2). L'amplitude des déformations de grande longueur d'onde (très supérieure à l_c) croît au cours du temps, mais très lentement. Les déformations de longueur d'onde plus petite que l_c ne se développent pas. L'analyse théorique montre que le compromis est obtenu lorsque la longueur d'onde est de 10 fois la longueur capillaire (soit environ 1,5 cm, en accord avec les observations). C'est cette même longueur capillaire qui détermine la distance entre les filets d'eau dans les instabilités à une dimension, comme celle de la gouttière débordante.

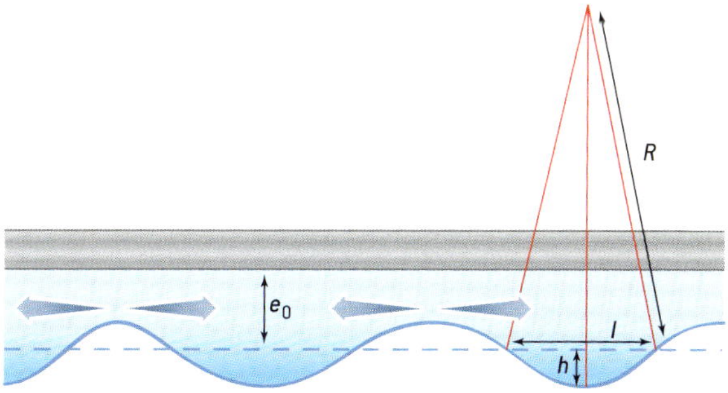

3. L'instabilité de Rayleigh Taylor se développe par le déplacement de liquide dans la couche liquide horizontale (flèches). La capillarité s'oppose à la déformation induite par la gravité. Les déformations en épaisseur h et en extension transverse l sont reliées géométriquement au rayon de courbure R par la relation $Rh = l^2$, exacte pour un arc de cercle.

Doigts et dendrites

Le résultat d'un conflit entre tension superficielle et viscosité

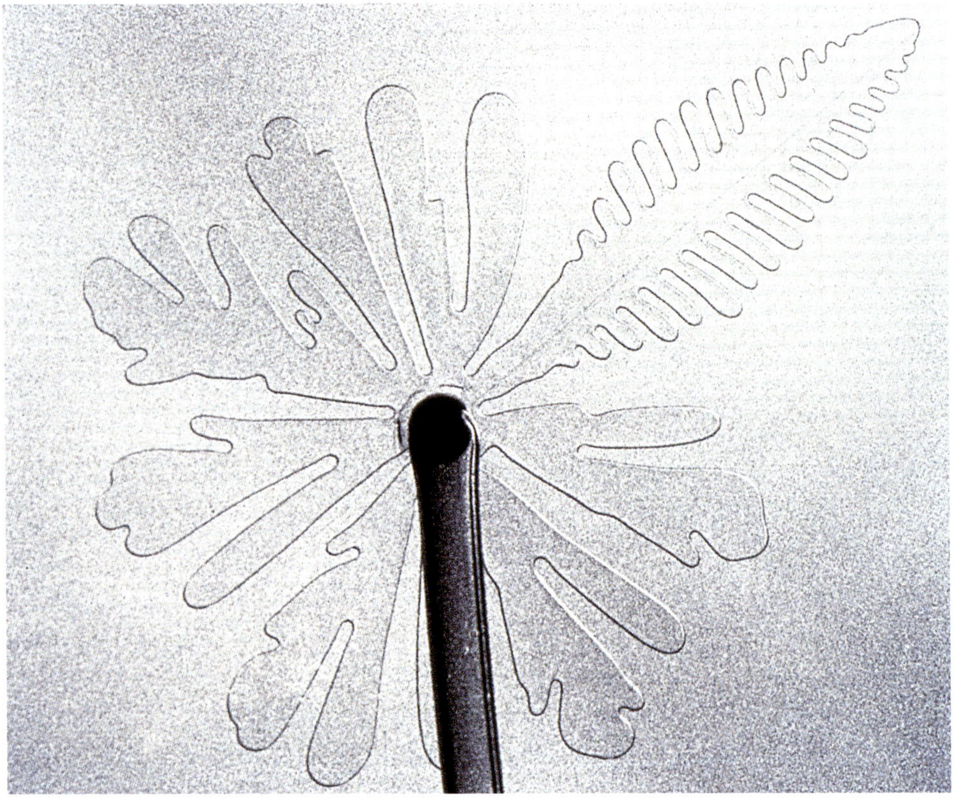

1. Structures de digitation produites par injection d'azote dans l'intervalle, initialement rempli d'huile, entre deux plaques parallèles et horizontales en verre. Le gaz est injecté à partir d'un trou (en noir) percé au centre de la plaque supérieure. On remarque, en haut à droite de la photographie, une structure de forme différente des autres. Elle est due à la présence d'un mince fil disposé entre les plaques, qui a modifié la forme du doigt lors de sa croissance.

Les guerres d'invasion illustrent bien les instabilités des fronts : si la pénétration d'une armée s'effectue parfois en restant limitée par un *front* continu et régulier, elle peut, au contraire, progresser par des *percées* en forme de doigt lorsqu'il existe localement des cheminements plus faciles. La mécanique des fluides offre des illustrations plus pacifiques de ces deux stratégies. L'expérience de la figure 1 présente ainsi un exemple d'invasion du second type : une huile visqueuse remplit initialement l'espace entre deux plaques de verre parallèles et horizontales, observées de dessus. À partir d'un trou central percé dans la plaque supérieure on injecte de l'azote qui chasse radialement l'huile. On constate alors que la frontière entre ces deux fluides non miscibles se déforme, favorisant la pénétration du fluide le moins visqueux (le gaz) sous forme de doigts qui se frayent leur chemin à travers l'huile. Une analyse de la photographie montre que presque tous les doigts ont la même largeur : au fur et à mesure de la pénétration radiale du gaz, ils se divisent de manière à la conserver. La forme du

doigt visible dans la partie supérieure droite de la photographie est très différente: elle évoque la structure des *dendrites* qui, semblables à des sapins de Noël, sont observées lors de la croissance de certains cristaux (par exemple les cristaux de glace sur des vitres givrées). Ce changement radical est provoqué par la présence d'un fil à peine visible sur la surface d'une des plaques dans l'axe de ce doigt: cela montre l'extrême sensibilité de ce type de mode de croissance à d'infimes perturbations.

Si l'expérience est répétée en inversant les fluides (l'huile est injectée par le trou central dans une cellule remplie de gaz), l'invasion est progressive et sans apparition de doigt: le rayon du cercle de contact entre les deux milieux croît simplement au cours du temps, et nous retrouvons le front régulier de la métaphore militaire initiale.

Le phénomène en détail

On peut réaliser plus simplement l'expérience décrite ci-dessus: il suffit pour cela de déposer une goutte d'un liquide très visqueux (comme une huile silicone) sur une plaque. Posons dessus une plaque transparente afin d'écraser progressivement la goutte et de chasser l'air initialement présent à la périphérie. Lorsque les deux plaques se rapprochent, le diamètre de la goutte augmente uniformément (Figures 2a et b) ; si, ensuite, on les écarte, l'air pénètre par l'extérieur et forme des structures en forme de doigts (Figures 2c et d).

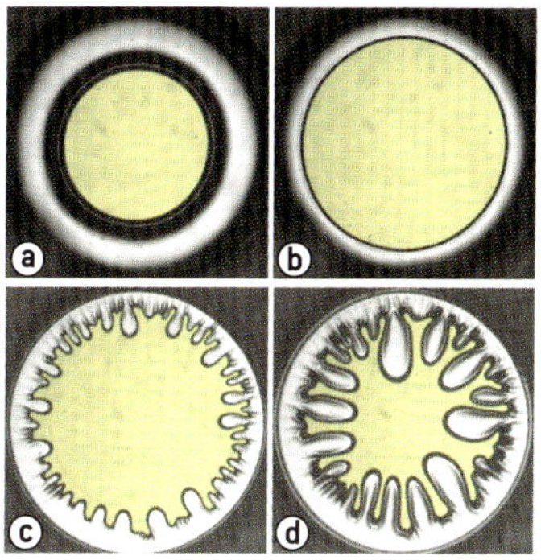

2. Vue d'une goutte d'huile silicone colorée, de viscosité égale à 100 000 fois celle de l'eau, entre deux plaques horizontales (la plaque supérieure est transparente. (a-b) Étalement de la goutte quand on rapproche les plaques en les maintenant parallèles. (c-d) Déformations observées quand on les écarte. Le cercle noir autour de la goutte (en a) est dû à un effet d'optique.

Le phénomène de digitation est une instabilité qui résulte du contraste de viscosité entre l'air et l'huile: pour déplacer un fluide dans un canal à vitesse donnée, la surpression nécessaire est en effet plus faible pour un gaz que pour un liquide (Figure 3).

Pour comprendre la forme de ces doigts et, en particulier, pourquoi leur largeur est toujours plus grande qu'une valeur minimale, il faut tenir compte de la tension superficielle. Les forces capillaires s'opposent en effet à ce que le bout du doigt ait un trop petit rayon de courbure qui engendrerait une pression défavorable supplémentaire (p. 54). En revanche, en présence d'un défaut comme une bulle à la pointe du doigt (ou le fil de la figure 1), une forte courbure peut exister localement et la géométrie change complètement. Les instabilités d'interface peuvent être aussi induites par des différences de densité entre les fluides si le front est horizontal (p. 130). Suivant les configurations, les différences de densité ou de viscosité stabilisent les interfaces ou créent des doigts. Seule la tension superficielle résiste dans tous les cas à la déformation de l'interface.

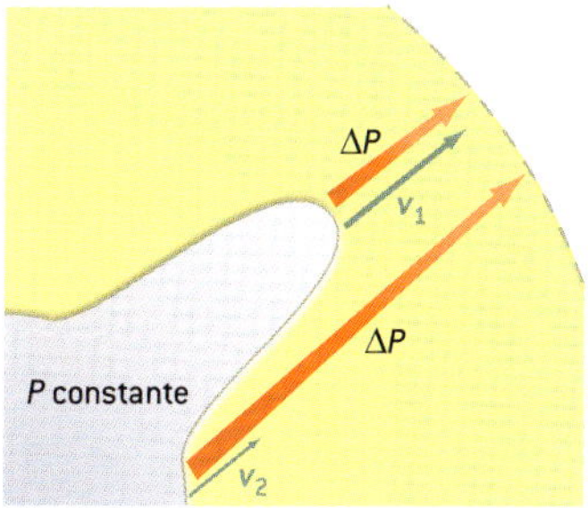

3. Mécanisme de formation d'un doigt dans la configuration de la figure 1. La surpression ΔP appliquée pour injecter du gaz (en gris) s'exerce entre le front séparant le liquide du gaz, et le bord externe (ligne pointillée) de la région occupée par le liquide (en jaune). En effet, les variations de pression dues aux effets visqueux dans le gaz sont négligeables devant celles dans l'huile, et la pression dans le gaz peut être considérée comme constante. Le gradient de pression au niveau d'un doigt est donc plus élevé que dans la zone en retrait, la longueur du film d'huile parallèlement à l'écoulement y étant plus faible. Il en résulte que la vitesse v_1 au niveau du doigt est plus grande que celle v_2 en retrait: cela amplifie toute déformation du front apparue initialement de façon accidentelle.

L'instabilité de l'imprimeur

Des stries périodiques indésirables sur une couche liquide

1. Deux cylindres tournant en sens contraire entraînent du liquide initialement présent au niveau de la surface inférieure du cylindre du bas. Le ménisque se forme dans la zone où les cylindres se séparent. C'est là que prennent naissance les stries créées sur des couches liquides de cette « instabilité de l'imprimeur », visibles sur la surface des deux cylindres. La feuille à enduire n'est pas en place ici mais elle n'influence pas le phénomène.

Que ce soit pour peindre en continu une mince plaque de tôle ou pour effectuer une impression sur une rotative, il faut déposer sur des feuilles en mouvement une fine couche de peinture ou d'encre, d'une épaisseur aussi uniforme que possible. On fait pour cela appel à un ensemble de rouleaux tournants d'axes parallèles (Figure 1) : le rouleau inférieur entraîne dans sa rotation la peinture jusqu'au rouleau supérieur sur lequel défile la feuille à enduire. Or il apparaît fréquemment sur la couche liquide ainsi entraînée des stries parallèles et régulières, éminemment dommageables pour l'uniformité de la couche produite. Ces stries reflètent une instabilité du ménisque, qui se développe à l'endroit où les deux cylindres se séparent : elle fait apparaître des traces filamentaires sur la couche déposée sur la feuille.

Dans son principe, cette instabilité est assez proche de la digitation dont nous venons de faire connaissance au sujet précédent. Le ménisque est instable du côté vers lequel la rotation fait tourner le fluide : l'huile, plus visqueuse, est entraînée par les parois tandis que l'air reste en arrière, ce qui conduit à la formation de doigts dirigés vers l'arrière. Outre ses implications pratiques pour les procédés d'enduction, cette instabilité présente un fort intérêt fondamental : elle appartient en effet à la famille des instabilités cellulaires. Les mécanismes détaillés diffèrent de l'une à l'autre, mais des descriptions communes sont souvent possibles : cela limite la nécessité de tenir à jour un catalogue de ces instabilités ! Ainsi, sous une gouttière qui déborde (p. 130), les filets liquides forment également des structures linéaires périodiques,

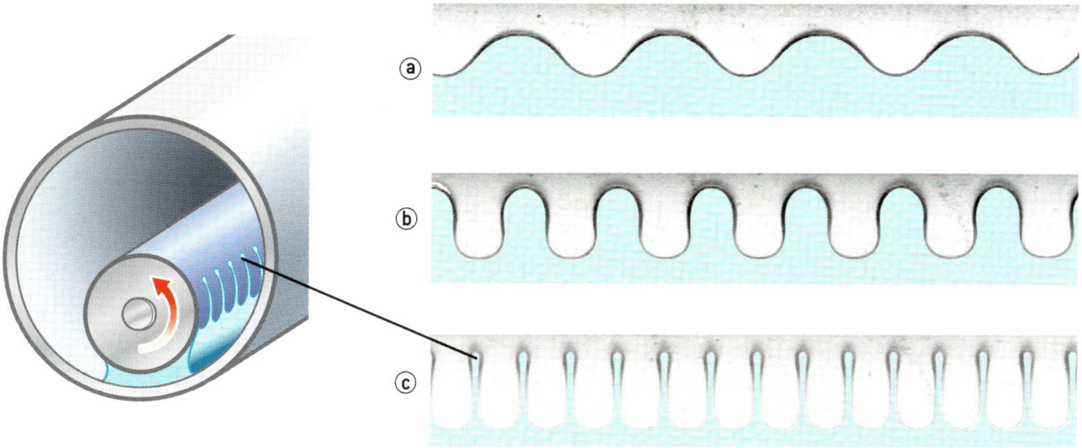

2. (À gauche) **Principe de l'instabilité** : des bandes étroites où le liquide visqueux (en vert) est plus épais sont entraînées par la rotation du cylindre intérieur, à partir de la couche continue inférieure.
(À droite) **Géométries du ménisque instable** pour trois vitesses de rotation croissantes du cylindre intérieur. (a) Structure sinusoïdale un peu au-dessus du seuil. (b) et (c) L'asymétrie est associée à des effets non linéaires. L'observation s'effectue par au-dessous, le long de l'axe des cylindres (l'air est en haut des images, le liquide en bas).

qu'on peut rapprocher des stries évoquées ci-dessus. On rencontre aussi des instabilités de même nature dans les fronts de solidification d'alliages métalliques. Le caractère générique de ces instabilités cellulaires conduit les spécialistes des phénomènes de physique non linéaire et les industriels à un dialogue inattendu mais fécond, les préoccupations abstraites des uns rejoignant les soucis pratiques des autres !

Le phénomène en détail

Étudions de plus près la géométrie de ces instabilités (Figure 2) dans une configuration simplifiée où la couche liquide remplit partiellement l'espace entre deux cylindres décentrés, et où seul le cylindre interne est mobile. En rotation lente (a), une distorsion sinusoïdale de l'interface apparaît lorsqu'une certaine vitesse seuil est atteinte ; cette distorsion devient dissymétrique (b) pour des vitesses supérieures, par suite d'effets non linéaires. Il s'ensuit la formation de doigts de liquide très étroits, entraînés par le cylindre et séparés par des doigts d'air.

Pour une vitesse de rotation donnée, la structure du front plissé n'est stable que dans une gamme assez étroite de distances entre doigts. On peut « forcer » une modification de cette structure en faisant varier brusquement la vitesse de rotation : ainsi, dans la figure 3, on voit apparaître un doigt nouveau à la suite d'une telle variation. Il est également possible de créer des défauts dans la périodicité des doigts en plaçant des obstacles au niveau du ménisque, voire de faire apparaître des régimes variables dans le temps, lorsque le système est forcé à adopter une longueur d'onde hors de sa gamme de stabilité.

Ainsi, c'est en jouant avec les structures géométriques des instabilités que les physiciens en déterminent les propriétés génériques.

3. **Évolution temporelle d'une structure typique de l'instabilité de l'imprimeur** suite à une variation de vitesse de rotation. La figure montre une séquence d'images prises à des intervalles de temps croissants. La création d'un nouveau doigt au niveau du centre de la rangée de doigts s'accompagne d'une diminution de la longueur d'onde de l'instabilité.

Flamme de prémélange

Écoulement et réaction chimique combinés structurent le front d'une flamme

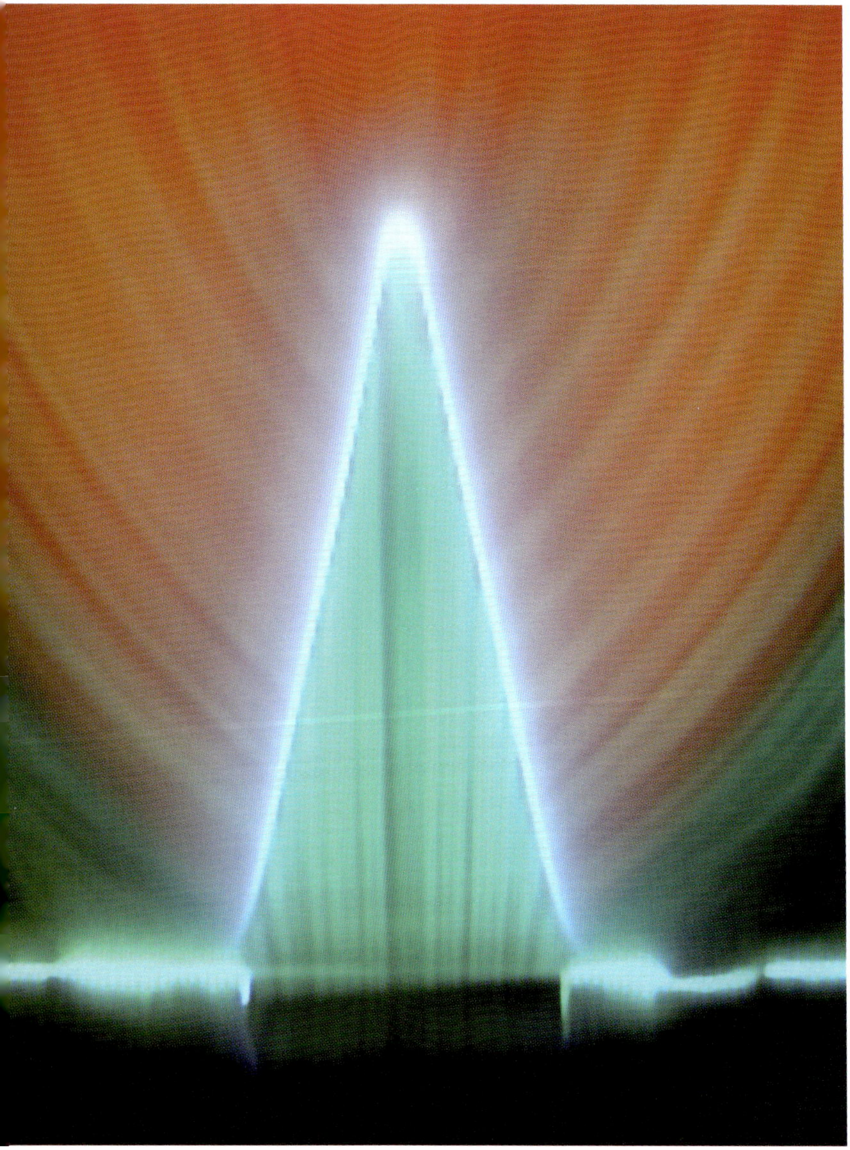

1. **Visualisation d'une flamme à la sortie d'un bec Bunsen.** La zone bleu clair marque la frontière entre les gaz frais (en bleu-vert) et les gaz brûlés (en rouge). C'est la région la plus chaude de la flamme. On distingue les lignes d'écoulement des gaz dans chacune des deux régions, et la déflexion qu'elles subissent à la traversée du front. Les gaz frais ont été ensemencés de petits grains réfractaires d'oxyde de césium, afin d'observer les lignes de courant tout au long de l'écoulement.

La flamme d'un brûleur de cuisinière, ou celle des becs Bunsen d'un laboratoire de chimie, racontent une histoire où la réaction chimique, les échanges thermiques et la mécanique des fluides jouent chacun un rôle important. Ces flammes, dites *de prémélange*, utilisent un mélange de gaz combustible et d'air qui sort froid du bec de gaz (en bleu-vert sur la figure 1). La combustion du mélange a lieu dans une zone réactive très étroite (en bleu clair) qui marque la frontière entre le mélange de gaz frais en amont, et les gaz brûlés chauds en aval (en rouge). C'est dans cette zone frontière que la température culmine : elle décroît en effet à la fois vers l'amont (très rapidement) et vers l'aval (plus lentement).

Pourquoi ce front de combustion reste-t-il si étroit ? La vitesse de réaction croît très vite avec la température. Ainsi, la combustion ne peut se produire que dans la mince zone où les gaz sont les plus chauds, en dégageant une forte énergie thermique. Cette énergie réchauffe à son tour les gaz frais qui arrivent, de sorte que la réaction s'auto-entretient.

Les flammes de prémélange sont à distinguer des flammes non prémélangées comme celle d'une bougie, où

le combustible et le comburant sont initialement séparés et réagissent dans leur zone de contact. L'interpénétration des gaz transversalement à cette zone frontière met en jeu la diffusion, si bien que les physiciens parlent, à leur propos, de *flammes de diffusion*.

Le phénomène en détail

Dans un mélange gazeux au repos, la zone où s'opère la réaction se propage à la *vitesse de déflagration c* (de l'ordre du mètre par seconde): cette grandeur mesure la rapidité avec laquelle la combustion se propage vers l'amont, en consommant les gaz frais et en les transformant en gaz brûlés. Ici, au contraire, le bec Bunsen apporte du gaz frais animé d'une vitesse v_f, et la flamme est fixe. Si cette vitesse est exactement égale en valeur absolue à la vitesse de déflagration c, la flamme reste fixe et le front est plan (Figure 2a). De façon générale, si la vitesse v_f est supérieure à c, la flamme est encore fixe mais de forme conique avec un angle au sommet tel que la composante de la vitesse v_f perpendiculaire au front de flamme soit égale et opposée à c. L'angle au sommet 2θ du cône est alors lié aux vitesses v_f et c par la relation simple: $\sin\theta = c/v_f$. Plus le débit de gaz est important, plus le cône est pointu. En revanche, si la vitesse des gaz était inférieure à c, la déflagration remonterait vers l'amont et la flamme serait « avalée » par le brûleur. Notons, sur la figure 1, que la direction de la vitesse des gaz est défléchie entre l'amont et l'aval de la zone de réaction: en effet, la composante de la vitesse du gaz normale au front varie par suite du changement de densité entre les gaz frais et brûlés, à cause de la conservation de la masse, alors que sa composante tangentielle reste constante.

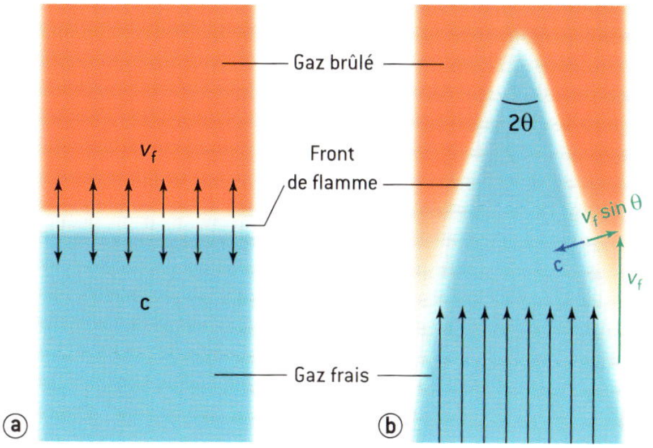

2 (a) **Flamme plane** pour laquelle la vitesse v_f des gaz frais est égale en valeur absolue à la vitesse de déflagration c.
(b) **Flamme conique** du type de celle de la figure 1 pour laquelle le front de flamme est incliné par rapport à la vitesse v_f des gaz frais. La vitesse c est dirigée vers les gaz frais et est exactement équilibrée par la composante $v_f \sin\theta$ de la vitesse normale au front.

Un physicien mélomane – un certain Lecomte – avait observé accidentellement, il y a plus d'un siècle, que la flamme d'un brûleur d'éclairage à gaz se mettait à danser régulièrement lorsqu'un violoncelle jouait des notes graves à proximité. Les oscillations de pression et de vitesse transportées par une onde sonore peuvent effectivement moduler la forme de la surface d'une flamme. Il est aussi possible de créer mécaniquement de telles modulations en faisant vibrer un obstacle près d'une flamme (Figure 3).

Notons que des structures semblables sont induites par les instabilités de l'écoulement de gaz frais en amont. Cette modulation du jet est d'ailleurs une source de bruit gênante dans les chalumeaux : on la réduit par un dessin adapté du brûleur. Plus dangereux, ce phénomène conduit parfois à l'extinction de la flamme par suite du couplage entre sa forme et la distribution de température et de composition chimique des gaz. Comme quoi il peut être dangereux de siffler en cuisinant !

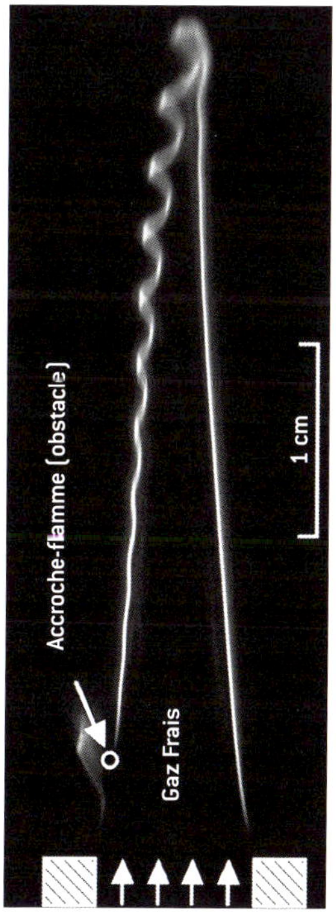

3. **Croissance de l'instabilité d'un front de flamme** induite par la vibration d'un obstacle (situé en bas à gauche sur la photographie).

PARTIE 8

Écoulements granulaires

Il peut sembler étrange de traiter de grains solides dans un livre consacré aux fluides. Et pourtant, le sable peut couler entre nos doigts ou à travers les orifices du sablier géant ci-contre, œuvre du « sculpteur de sable » Jean-Bernard Métais. Les analogies avec les fluides classiques sont nombreuses malgré la taille des grains auxquels nous nous intéressons, qui rend négligeable l'influence de l'agitation thermique et empêche toute comparaison directe avec les molécules d'un fluide. Ces analogies ont cependant facilité la compréhension des fluides habituels. Les pages qui suivent montrent de nombreux comportements spécifiques et contraires à l'intuition, à commencer par celui du sablier – très différent de sa « concurrente », la clepsydre ou horloge à eau.

Le sablier

Que de paradoxes dans une horloge de sable!

1. **Écoulement d'un mélange de grains dans un sablier.** On note que les gros grains (colorés) s'écoulent jusqu'au bas de l'avalanche, tandis que les plus petits (en blanc) restent au voisinage du sommet du cône inférieur. Cet effet de ségrégation est étudié p. 146.

Observer un simple sablier fournit des informations précieuses sur la façon dont les milieux granulaires s'écoulent. Voyons comment il se vide lorsqu'on le retourne (Figure 1). En premier lieu, à l'inverse de la surface horizontale d'un liquide, la surface du sable contenu dans le compartiment supérieur est fortement creusée: l'écoulement est donc plus rapide dans la partie centrale. Par ailleurs, il apparaît dans le récipient inférieur un tas conique, centré sur la verticale du jet de sable, dont l'angle au sommet ne varie pratiquement pas lorsque le tas grossit! Voilà qui oriente le chercheur vers une propriété-clé de ces milieux: les avalanches, en se déclenchant sur les flancs du tas, maintiennent l'angle à une valeur constante en moyenne, ainsi que nous le verrons plus loin (p. 144).

Un des points les plus importants (en particulier pour la mesure du temps) est la très faible variation du débit du sablier pendant la durée de l'écoulement. Pour cela, deux conditions doivent être vérifiées: le diamètre de l'orifice doit être grand devant la taille des grains afin d'empêcher les blocages, et petit devant la hauteur du sable dans le réservoir supérieur. Au contraire, lorsqu'une colonne d'eau se vide, le débit diminue continûment au cours du temps, car le poids de la colonne d'eau à la verticale de l'orifice décroît lorsque le niveau supérieur baisse.

La raison de cette différence entre le sablier et l'antique horloge à eau (la clepsydre) est la distribution

totalement différente des forces dans les deux cas. Dans le sablier, les grains présents dans l'orifice subissent seulement la pression des couches situées juste au-dessus d'eux. Le poids des grains plus éloignés est, de fait, redirigé vers les parois par des chaînes de forces entre grains: c'est un effet de voûte. Ainsi, c'est uniquement lorsque le réservoir est quasi vide que la pression sur les grains dans l'orifice, et donc le débit, diminue.

Que d'effets physiques dans ce simple sablier, comme pour celui de Jean-Bernard Métais en tête de partie: on ne voit pas passer le temps en les observant!

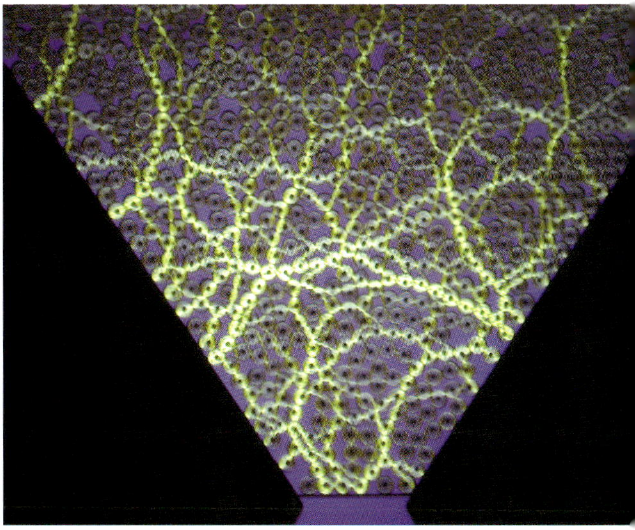

2. Visualisation par photoélasticimétrie d'un empilement de disques en plexiglas, s'écoulant dans une trémie simulant un sablier. Le dispositif est placé entre deux polariseurs croisés : les disques fortement contraints apparaissent jaunes et forment des chaînes continues de forces qui vont jusqu'aux parois. Les cylindres non contraints apparaissent en foncé.

Le phénomène en détail

L'*effet de voûte* résulte de la transmission des forces entre les grains en contact: elle s'effectue de proche en proche, jusqu'aux parois du récipient. Ce phénomène évoque la voûte d'une cathédrale qui renvoie le poids des éléments s'appuyant sur elle vers les murs latéraux. L'effet de voûte est crucial pour comprendre la statique et la dynamique des milieux granulaires.

Il est possible de visualiser la distribution instantanée des forces entre grains dans un sablier modèle grâce à une technique astucieuse, la *photoélasticimétrie* (Figure 2). Le poids des grains situés assez loin de l'orifice est renvoyé en permanence vers les parois latérales par un réseau continu de lignes de force. Ce réseau évolue en permanence lors de l'écoulement du sable, si bien que, dans certains cas, des voûtes stables se forment et provoquent un blocage complet. On observe facilement ce blocage en tentant de vider du riz par un entonnoir un tant soit peu étroit.

Revenons à la surface conique que nous avions remarquée dans le récipient supérieur du sablier. L'angle au sommet de ce cône est le même que celui du tas inférieur: il est, de façon identique, maintenu constant par des avalanches dirigées cette fois vers le fond du creux. Un tel cône inversé est fréquent au niveau du sol: les fourmilions l'exploitent pour attraper leurs proies (Figure 3)!

3. Tapies au fond du cône de sable qu'elles ont creusé en éjectant les grains à l'extérieur, les larves de fourmilion guettent leurs proies. Lorsqu'une fourmi imprudente s'aventure sur le bord de ce cône, elle sera entraînée inexorablement vers le fond par une avalanche. Si cette dernière ne se déclenche pas assez vite, le fourmilion lance quelques grains afin de précipiter la glissade.

Dilatance

Une anti-éponge à marée basse

1. La surface s'assèche autour du pied en appui sur le sable humide.

En marchant sur une plage à marée basse, nous avons tous noté la formation d'une zone sèche autour de nos pieds (Figure 1). En y songeant bien, cette observation est des plus surprenantes, à tel point qu'Osborne Reynolds (encore lui !) prit la peine d'attribuer un nom en 1860 au phénomène associé : la « dilatance ». Intuitivement, on pourrait s'attendre en effet à ce que l'eau emprisonnée dans les interstices entre grains migre vers le pourtour de la surface pressante, comme le ferait un liquide contenu dans une éponge comprimée. Comment expliquer que l'inverse se produise avec du sable saturé d'eau ?

Nous savons (p. 140) qu'un milieu granulaire peut se comporter à la manière d'un liquide, les différentes couches de grains glissant alors les unes par rapport aux autres. Cela n'est cependant possible que si les interactions entre grains sont faibles et que la *compacité* (c'est-à-dire le rapport du volume de grains sur le volume total) n'est pas trop élevée. Dans le cas du sable à marée basse, le mouvement de va-et-vient de l'eau à marée descendante déplace les grains, ce qui finit par compacter fortement le sable mouillé. Les grains sont alors

tellement proches qu'ils ne peuvent bouger qu'en s'écartant les uns des autres lorsqu'on cherche à déformer l'empilement : ce dernier se dilate alors, d'où le nom donné au phénomène. Comme le volume des grains eux-mêmes est invariable, c'est celui des interstices qui augmente : l'eau est donc aspirée sous la surface pressante, ce qui assèche la zone adjacente.

Pour vous convaincre du bien-fondé de ces explications, vous pouvez reproduire le phénomène avec un simple gobelet en plastique, du sable et de l'eau (Figure 2). La physique des milieux granulaires se prête bien à de telles expériences « de coin de table »... à condition de balayer soigneusement après !

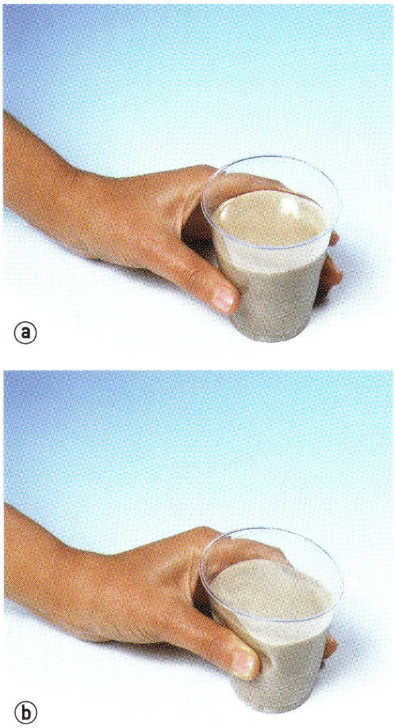

2. Démonstration du phénomène de dilatance : (a) un gobelet en plastique souple a été rempli d'eau et de sable bien mélangés. La quantité d'eau est juste suffisante pour qu'elle affleure au-dessus des grains. (b) En pressant le pourtour du gobelet, on voit la surface du sable s'assécher.

Le phénomène en détail

Étudions plus en détail le phénomène à l'échelle des grains (Figure 3) : sous l'effet de la contrainte de cisaillement exercée sur le milieu granulaire, le grain numéroté (1) est poussé vers la droite. Cependant, il ne peut se déplacer qu'à la condition de passer par-dessus le grain numéroté (2) : le milieu granulaire se dilate et diminue sa compacité (ou, ce qui est équivalent, augmente sa porosité à l'eau) pour autoriser ce mouvement. Nous verrons également la dilatance intervenir dans les phénomènes d'avalanches (p. suivante) : pour s'écouler sur le flanc d'une dune, les grains doivent d'abord s'écarter les uns des autres.

La dilatance est étroitement liée à l'arrangement intime des grains à l'échelle locale que la physique peine à modéliser. Les recherches actuelles portent ainsi sur la diversité des états désordonnés de la matière en grains qui, apparemment très voisins, présentent des propriétés très éloignées. Même pour un empilement de sphères de diamètres identiques, la compacité peut être très variable. Elle va de celle d'un empilement compact, obtenu en secouant et tassant en cours de remplissage (l'équivalent des va-et-vient de la marée descendante), à celle d'un état désordonné lâche, obtenu en remplissant d'un seul coup un récipient. Ces empilements peu denses ne présentent pas d'effets de dilatance.

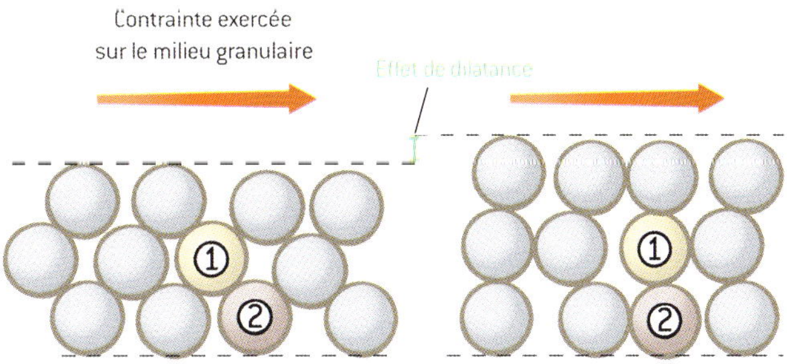

3. Sous l'effet de la contrainte exercée sur un milieu granulaire compact (très simplifié), le grain numéro (1) « monte » afin de passer par-dessus le grain numéro (2). Il en résulte une augmentation du volume global du milieu.

Réaliser des empilements compacts est nécessaire dans l'élaboration des matériaux de construction, tant pour assurer leurs performances mécaniques que pour diminuer leur perméabilité aux agents externes agressifs. Diverses stratégies sont exploitées à cet effet, comme l'utilisation de grains de tailles très diverses, allant de poudres fines à des gros graviers. Les petits grains remplissent alors les intervalles entre les gros : encore faut-il éviter qu'ils ne ségrégent (*cf.* p. 146) !

Les avalanches

À petite différence d'angles grands effets !

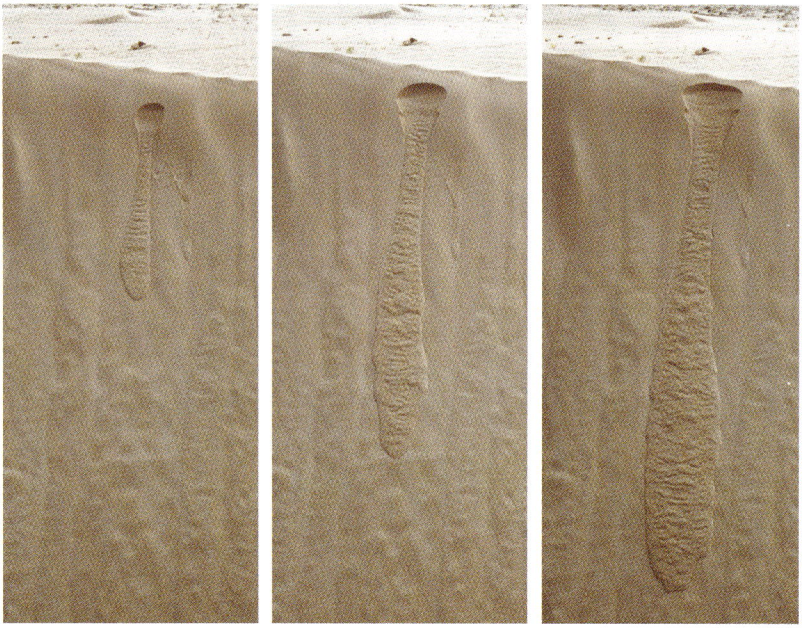

1. Déclenchement d'une avalanche sur le front arrière d'une dune. L'angle maximum de stabilité de la dune est supérieur de quelques degrés à l'angle de repos derrière l'avalanche (qui a été déclenchée par de faibles perturbations près du sommet). L'angle de l'avalanche est intermédiaire entre les deux valeurs.

Les grains de sable s'écoulent entre les doigts comme un liquide, mais se déposent sur une surface horizontale en un tas oblique alors que de l'eau s'étalerait en une large flaque. Ce phénomène qu'illustre la formation du cône inférieur d'un sablier (p. 140) a été étudié il y a plus de deux siècles par un ingénieur des fortifications, Charles Augustin Coulomb, davantage connu pour ses travaux en électrostatique.

Pour comprendre la stabilité de la surface d'un tas de grains, intéressons-nous (Figure 1) aux avalanches qui se déclenchent sur la face arrière d'une dune (celle située sous le vent, *cf.* p. 148). Un premier paramètre important est l'angle *maximum* α_M que peut adopter la surface de la dune avec l'horizontale sans qu'il y ait développement spontané d'avalanches. Cet angle dépend fortement du matériau : il est ainsi plus élevé pour des grains anguleux que pour des grains sphériques.

Pour un angle très légèrement inférieur à cette valeur, des avalanches peuvent pourtant être déclenchées en poussant du sable en haut de la dune : la pente finale de la surface derrière l'avalanche définit un second angle, l'*angle de repos* α_R, inférieur de quelques degrés à l'angle maximum. Pour une pente plus faible que celle définie par l'angle de repos, les avalanches ne se déclenchent plus. Entre ces deux angles α_M et α_R, il existe donc un domaine de *métastabilité* : les avalanches n'apparaissent pas spontanément, mais elles continuent de se propager une fois provoquées. C'est un phénomène bien connu des skieurs descendant une forte pente de neige fraîche : la moindre chute risque d'amorcer l'avalanche tant redoutée qui entraînera le sportif. L'existence de deux angles distincts explique aussi comment les dunes barkhanes avancent par une succession de telles avalanches (p. 148).

Le phénomène en détail

La valeur de ces angles est mesurée en laboratoire à l'aide d'un tambour cylindrique tournant autour d'un axe horizontal, et rempli partiellement de sable (Figure 2). En rotation lente depuis l'horizontale, le tas reste stable jusqu'à l'angle maximum α_M. La déstabilisation du tas induit alors une avalanche de grains en surface, ce qui a pour effet de réduire l'inclinaison de la pente jusqu'à la valeur α_R, inférieure de quelques degrés à α_M. Faisons maintenant tourner le tambour plus rapidement : les grains montent au voisinage de la paroi latérale, et redescendent en avalanche sur la pente libre supérieure par un écoulement permanent.

2. Superposition de deux photos prises juste avant et juste après le déclenchement d'une avalanche. L'avalanche a été produite en faisant tourner un cylindre à moitié rempli de grains, d'axe horizontal et de faible épaisseur suivant l'axe. La zone de couleur plus foncée résulte de la superposition des deux images.

L'existence de ces deux angles est liée au phénomène de dilatance (*cf.* sujet précédent), c'est-à-dire à l'augmentation de volume de la couche granulaire lorsqu'elle se met en mouvement. Chaque grain doit en effet passer par-dessus d'autres grains, et il ne le fera sans recevoir d'impulsion extérieure qu'au-delà de l'angle seuil α_M. Dans les avalanches de dunes, les couches de grains qui se déplacent vibrent parfois de façon synchrone, produisant un son pur – le fameux *chant des dunes* – par couplage avec l'air proche de la surface.

On peut comprendre simplement l'existence des deux angles en considérant le mouvement d'une bille sur une rangée de cylindres parallèles (Figure 3). Aux faibles inclinaisons de la rangée (cas 1), la bille est immobile et dans un état stable. Aux fortes inclinaisons, elle descend continûment le long de la chaîne sans qu'il soit nécessaire de la pousser (cas 2). Pour un angle d'inclinaison plus faible mais supérieur à l'angle de repos α_R (cas 3), la bille continue sa course une fois lancée, à condition donc de lui avoir communiqué une énergie cinétique initiale.

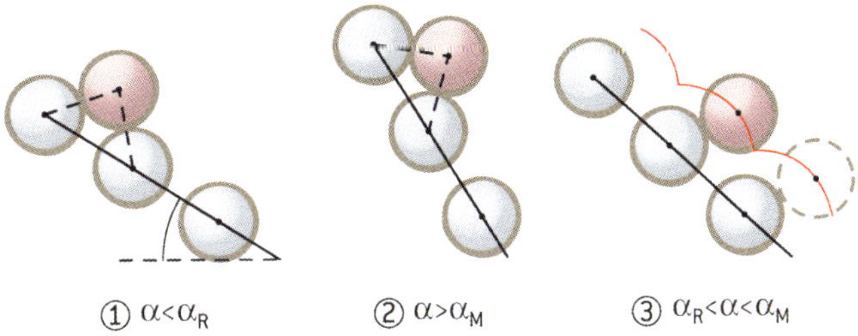

3. Modélisation des deux angles d'un talus de grains par le déplacement d'une bille (en rose) sur une surface rugueuse, constituée d'une rangée de cylindres (en gris) d'axe horizontal. Cas 1 : la bille est dans une position stable pour une valeur d'angle inférieure à l'angle de repos α_R. Cas 2 : pour un angle supérieur à α_M, la bille est dans une configuration instable : même lâchée sans vitesse initiale, elle descend le long de la surface. Cas 3 : entre ces deux valeurs d'angles, la bille une fois lancée peut poursuivre sa course en surmontant des petites buttes.

Stratification de grains en écoulement

Une organisation due à l'association d'effets de forme et de taille des grains

L'écoulement de grains de deux tailles différentes dans un sablier (Figure 1 p. 140) nous a montré un surprenant effet de ségrégation sur le tas conique formé dans le compartiment inférieur. Or les milieux granulaires naturels sont, eux aussi, des mélanges de grains de caractéristiques (taille, forme ou rugosité) différentes : en s'écoulant sur une pente, ces grains auront tendance à se séparer, même si le mélange est initialement homogène. C'est ainsi qu'on retrouve les plus gros cailloux au pied des tas de graviers ou des éboulis, comme pour le sablier.

L'expérience de la figure 1 illustre spectaculairement ce phénomène : elle consiste à verser entre deux plaques de verre, verticales et parallèles, un mélange initialement homogène de petites billes lisses de verre (en blanc), et de plus gros grains anguleux de sucre (en rouge). Au début de l'opération, les petits grains s'amassent à la verticale de l'endroit où est versé le mélange, alors que les gros vont plus loin. On observe alors une *ségrégation* des grains. En continuant l'expérience, il apparaît spontanément une *stratification* : des couches alternativement blanches et rouges se forment par paires (la couche la plus basse contient les petites billes).

Certaines roches sédimentaires présentent des alternances du même type (Figure 2). Le processus de stratification spontanée que nous venons de décrire est l'une des explications possibles de ces stries régulières.

1. Stratification spontanée d'un mélange de deux types de particules de taille et forme différentes entre deux plaques de verre verticales distantes de 6 mm. Le mélange est versé près du bord gauche de la cellule. Les particules blanches (60 % du mélange) sont des sphères de verre à peu près lisses, de 0,27 mm de diamètre ; les particules rouges (40 %) sont des grains de sucre anguleux de 0,8 mm environ.

Le phénomène en détail

La structure finale du milieu résulte d'une compétition entre deux processus. Le premier est la *ségrégation* due à la différence de taille entre les deux types de particules. En effet, lors d'une avalanche, les gros grains roulent assez facilement sur une couche de petits grains. En revanche, les petits grains tendent à tomber dans les espaces entre les gros, ou à se bloquer entre ces derniers en surface ; les particules de grande taille iront donc plus loin.

La *stratification* que l'on observe par la suite résulte de la différence entre les angles de talus des deux types de grains, qui résulte de leurs formes différentes. Cet angle est l'inclinaison maximum que peut présenter une couche de particules sans qu'une avalanche se déclenche (*cf.* sujet précédent) ; il est plus faible pour les grains sphériques seuls (26°) que pour les grains facettés seuls (35°). L'inclinaison des strates correspond à cette dernière valeur car la couche supérieure d'une paire est formée de gros grains. Décrivons un cycle de formation d'une telle paire. Initialement (Figure 3a), le mélange des deux types de particules roule sur toute la longueur du talus ; progressivement, il se forme une couche fine de petites particules, arrêtées sur la couche de gros grains de la paire précédente. Lorsque le mélange atteint le bas du talus, il apparaît un bourrelet qui bloque l'écoulement (Figure 3b) : les petites billes s'arrêtent les premières et les gros grains passent par-dessus (Figure 3d). Cette séparation crée les deux couches : elles se développent quand on continue de verser le mélange, tandis que le bourrelet remonte vers le haut du talus (Figure 3c) ; un nouveau cycle recommence ensuite.

La formation de cette structure en strates tient donc à un antagonisme entre les effets de taille et de forme : si le mouvement des petites billes est gêné par leur faible taille, il est en revanche facilité par leur forme ronde qui leur permet d'atteindre le bas de la pente. Avec une configuration inverse où les gros grains sont sphériques et les petits anguleux, les effets de forme et de taille se cumulent et les petits grains s'arrêtent rapidement près de la paroi de gauche. On a alors une simple *ségrégation* sans *stratification*.

2. Grès formé sur le site de Pétra (Jordanie) par dépôt éolien de sable constitué de grains grossiers (en rouge) et fins (en blanc). Le glissement des grains de différentes tailles le long des pentes des dunes est susceptible d'expliquer cette stratification.

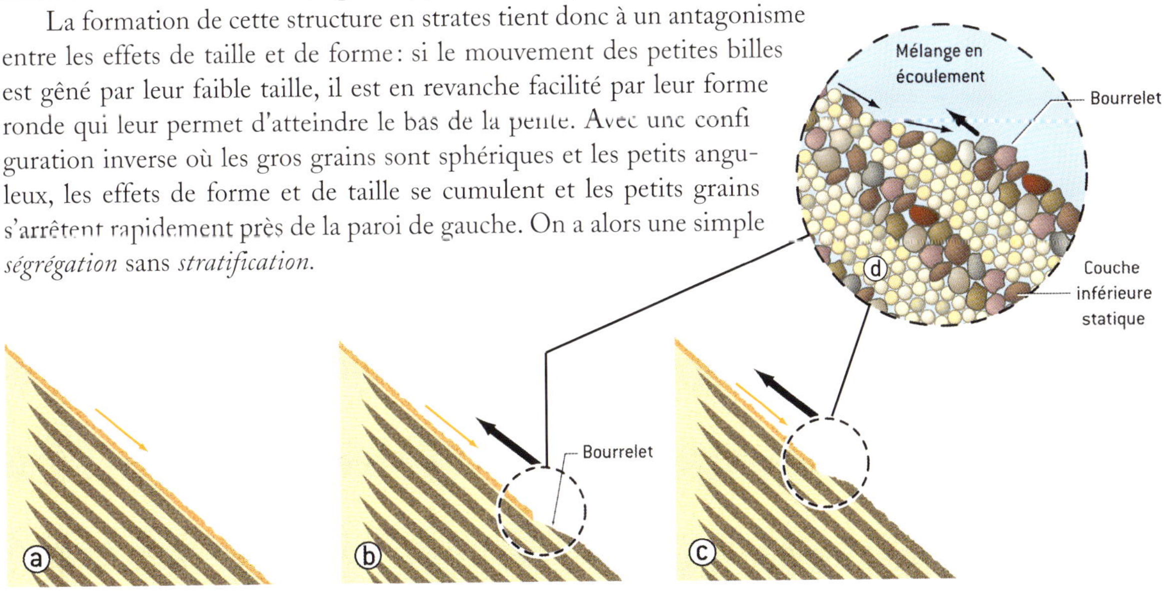

3. Formation, à partir d'un mélange de grains en écoulement (en orange), d'une paire de strates de particules fines (en jaune clair) et grossières (en marron) sur un talus déjà stratifié. (a, b, c) Formation d'une nouvelle paire de couches de particules. La zone d'écoulement du mélange de particules à la surface du talus est marquée en orange. (d) Vue de détail de la zone du bourrelet (les grains sont statiques mais la limite supérieure remonte vers le haut).

La genèse des dunes

Comment les mouvements conjugués du sable et de l'air façonnent les dunes

1. Vue d'une succession de dunes « barkhanes ». Le vent arrive par la gauche. Les dunes progressent vers la droite par une série d'avalanches sur leur face aval.

L'harmattan qui souffle régulièrement sur le Sahara transporte les grains de sable jusqu'au désert de l'Adrar en Mauritanie : il façonne des dunes aux formes harmonieuses et universelles, puisqu'on les retrouve à la surface de Mars ! L'écoulement de l'air au-dessus du sol et celui des grains sur le sol et dans l'air sont erratiques ; pourtant, ces désordres combinés conduisent à des dunes aux formes régulières, comme les « barkhanes » en croissant (Figure 1). Lorsque la direction du vent est variable au cours du temps, d'autres formes apparaissent comme les longs cordons dunaires orientées suivant une direction moyenne du vent.

On doit à un officier anglais spécialiste du désert et physicien à ses heures, Ralph Bagnold, la première description précise des mécanismes qui président à la formation des dunes. Son ouvrage *The physics of blown sand and desert dunes* (1941) a transformé la simple contemplation du désert en une science des plus actuelles (une série de cours de P.-G. de Gennes au Collège de France avait ainsi pour titre « Sur les pas de Bagnold »). Les menaces qui pèsent sur les pays guettés par l'avancée du désert (comme la Mauritanie ou la Chine) justifient le renouveau des recherches sur ces thèmes, associant des expériences sur le terrain comme en laboratoire. Les expériences et les simulations numériques aident à prévoir, par exemple, comment disposer des obstacles pour dévier le vent et le sable et protéger les zones urbanisées ou les voies de circulation.

Le phénomène en détail

Examinons tout d'abord le déplacement des grains individuels sous l'effet du vent (Figure 2). Les plus petits restent en *suspension* dans l'atmosphère et peuvent obscurcir la lumière du Soleil aussi sûrement qu'un brouillard intense. Les plus gros roulent sans pratiquement décoller du sol, selon un mécanisme dit de *reptation*. Enfin, les grains de taille intermédiaire (de diamètre compris entre 0,01 et 0,03 mm typiquement) se déplacent par sauts successifs : ce mécanisme de *saltation* joue un rôle-clé dans la formation des dunes. Dans ce régime, un grain individuel est soulevé par des forces de portance hydrodynamique (p. 42). En prenant de l'altitude, le grain rencontre des zones où la vitesse horizontale de l'air est plus élevée, ce qui accélère son mouvement. Il finit par retomber sur le sol avec une énergie cinétique importante, si bien que les grains qu'il heurte dans sa chute sont soulevés à leur tour. Des expériences de laboratoire avec un « canon à grains » ont confirmé qu'un seul grain en éjecte plusieurs au cours de sa progression : cela contribue à augmenter la concentration de particules dans l'air.

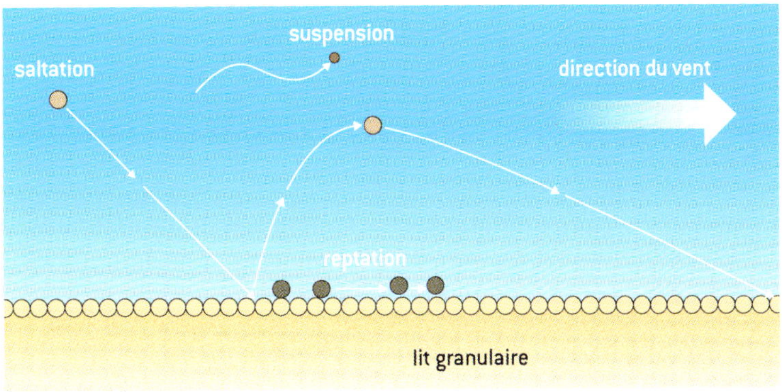

2. **Différents mécanismes de transport des grains par le vent au-dessus d'un lit granulaire.**

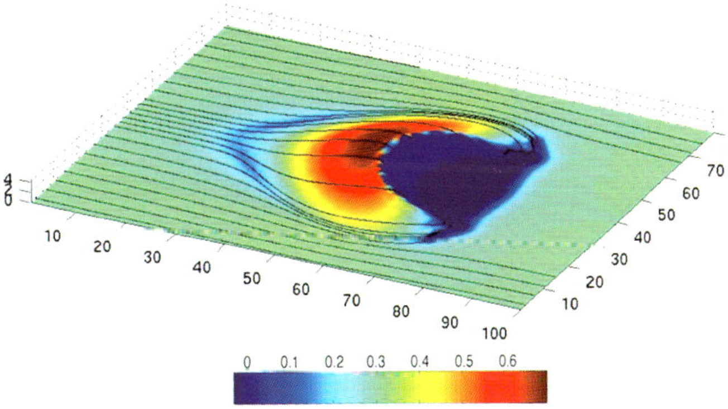

3. **Simulation numérique du champ de vitesse d'écoulement du vent autour d'une barkhane.** Les couleurs indiquent le niveau des contraintes s'exerçant sur la barkhane (unités arbitraires). Les dimensions sont en mètre.

Ainsi transportées, les particules finissent par rencontrer la face avant d'une dune en formation, et s'y déposent en modifiant son profil. Simultanément, le vent est défléchi par le relief des dunes. La forme globale résulte donc d'un couplage entre les modifications du profil par l'apport de particules et l'influence en retour de ces variations de forme sur l'écoulement du vent. Des simulations numériques prenant en compte ce couplage parviennent à reproduire la forme des barkhanes (Figure 3). Elles permettent, en plus, d'évaluer la taille minimale nécessaire pour qu'une dune croisse.

Alimentée par de nouveaux grains, la dune grandit. Sa face aval se raidit jusqu'à ce qu'elle atteigne l'angle maximum marquant le déclenchement spontané d'avalanches. Ces dernières s'arrêtent lorsque la pente de la dune revient à l'angle de repos (p. 144) : le processus recommence alors et permet la progression de la dune.

Rides sous-marines

Le va-et-vient de la mer construit des vagues de sable

Voici encore une observation à faire à marée basse : celle des rides régulières et parallèles au rivage, fréquentes sur les plages en pente douce (Figure 1). Pour comprendre leur apparition, mettons un masque et examinons la surface du sable immergé. Que constate-t-on ? Loin d'être immobiles, les grains de sable sont entraînés par un écoulement créé par le mouvement des vagues en surface. Le va-et-vient horizontal des grains de sable bâtit progressivement les rides en transportant des grains jusqu'à leur sommet. Cet effet serait cependant insuffisant à lui seul, car l'inversion du sens du courant devrait retirer les grains déposés lors de l'alternance précédente. Il faut donc tenir compte des altérations que les rides ainsi engendrées imposent en retour au champ de vitesse de l'écoulement. La croissance des rides résulte en somme du couplage entre le transport des particules et les modifications de l'écoulement induites par les déformations du fond.

Les différentes phases de la formation de ces rides ont pu être étudiées en laboratoire dans des conditions bien contrôlées (*cf.* insert de la figure 1). L'expérience utilise une cuve cylindrique d'axe vertical remplie d'eau avec, sur le fond, une couche de sable initialement plane. Cette cuve tourne autour de son axe alternativement dans un sens puis dans l'autre, avec une amplitude et une période ajustables. Au bout d'un certain nombre de cycles, de petites rides régulières apparaissent ; dans une seconde phase, elles grandissent en amplitude et en longueur d'onde jusqu'à saturation (Figure 2).

1. Rides sur le fond de la plage d'Argent dans l'île de Porquerolles (Var). Insert : expérience reproduisant en laboratoire la formation des rides. La zone centrale correspond à une vitesse du liquide trop faible pour produire des rides.

Il est tentant de regarder sur une vraie plage comment se forment les rides, en lissant préalablement une petite surface du fond de la mer. Malheureusement, dans les conditions naturelles, la croissance est très rapide et il est difficile de suivre la phase transitoire. Essayez quand même lors de vos prochaines vacances !

2. Vue de côté de l'évolution des rides formées dans l'expérience de la figure 1. Les temps croissent de (a) à (d). L'échelle verticale est dilatée d'un rapport 4 par rapport à l'horizontale. La figure (a) correspond au régime de grains roulants, les figures (c) et (d) aux rides à tourbillons. L'amplitude des oscillations est de 1,5 cm et leur fréquence de 1 Hz. L'image finale est obtenue après plusieurs heures d'oscillations.

Le phénomène en détail

Dans l'expérience modèle, et contrairement au cas réel, seules les particules au fond de l'eau et le liquide environnant sont animés d'un mouvement alternatif, tandis que la surface de l'eau est quasi au repos. Partons d'un fond quasiment plan formé de grains régulièrement tassés : dans la première phase, les grains à la surface de la couche roulent dans un sens puis dans l'autre par rapport à la cuve, selon un mode analogue à la *reptation* observée dans les sables du désert (Figure 3 du sujet précédent). Ce va-et-vient des grains provoque l'apparition de petites rides dont la hauteur est de quelques tailles de grains. Régulièrement réparties tout autour à la périphérie de la cuve cylindrique (Figure 2a), elles portent le nom de *rides à grains roulants.*

3. Vue d'un tourbillon formé derrière une ride semblable à celles de la figure 2d. Le champ de vitesse d'écoulement dirigé vers la gauche dans le fluide est déterminé par vélocimétrie par imagerie de particules (ou « PIV »). Les lignes représentent des lignes de courant et les couleurs correspondent au module de la vitesse.

Après une durée atteignant quelques heures pour une faible amplitude d'oscillation, ces rides se mettent à grandir assez brusquement (Figure 2b) puis se regroupent et forment des motifs plus prononcés (Figure 2c) jusqu'à atteindre une forme stable (Figure 2d). Ces bosses représentent des obstacles importants pour l'écoulement au fond du récipient, qui n'est plus symétrique entre l'amont et l'aval des rides : en aval de chacune des rides, il apparaît une zone de recirculation (Figure 3) qui change de côté à chaque alternance de l'écoulement. Pour cette raison, on qualifie ce régime de *rides à tourbillons.*

L'écoulement de recirculation fait remonter les grains sur la face aval de chaque ride, tout en les arrachant sur la face amont de la suivante. Notez que la distance entre les rides est de l'ordre de l'amplitude du mouvement oscillant horizontal.

Bibliographie

Références générales

É. Guyon, J.-P. Hulin & L. Petit, *Hydrodynamique Physique avec rappels de cours,* CNRS éditions-Edp Sciences (2001)

M. Fermigier, *Hydrodynamique physique ; problèmes résolus avec rappels de cours,* Dunod (1999)

O. Darrigol, *Worlds of flows,* Oxford University Press (2005)

M. Van Dyke, *An album of fluid motion,* Parabolic press (2002)

Multimedia Fluid Mechanics, Multilingual Version CD-Rom, coordinateur G.M. Homsy, Cambridge University Press (2004)

Viscosité

G.I. Taylor, «Flows at low Reynolds numbers» (film édité par le *National Committee for Fluid Mechanics Films*)

J.-L. Grossiord & P. Coussot, *Comprendre la rhéologie - de la circulation du sang à la prise du béton*; EDP Sciences (2001)

P. Oswald, *Rhéophysique – ou comment coule la matière*, Belin, coll. « Echelles » (2005)

Sur les traces d'Osborne Reynolds p. 10

S. Sutera, « The history of Poiseuille flow », *Ann. Rev. Fl. Mech*, 25 1 (1993)

O. Reynolds, « An experimental investigation of the circumstances which determine whether the motion of water shall be direct or sinuous and of the law of resistance in parallel channels », *Transactions of the Royal Society of London*, 174, 935-984 (1883)

Serre-Ponçon : un barrage poreux p. 12

F. A. Dullien, *Porous media : fluid transport and pore structure*, Acad. Press. (1992)

Réversibilité ou chaos ? p. 14

J.-M. Ottino, « Le mélange des fluides », *Pour la Science*, 137 32 (1989)

É. Guyon & J.-P. Hulin, *Granites et fumées*, O. Jacob (1997), chapitre 5

Le micromélange p. 16

P. Tabeling, *Introduction à la microfluidique*, Belin, coll. « Echelles » (2003)

A. Ajdari, « Lab-on-a chip », *Journal du CNRS*, mars 2002

Une corde de miel p. 20

M. Skorobogatyi & L. Mahadevan, « Folding of viscous sheets and filaments », *Europhys. Lett.*, 52 532 (2000)

N. Ribe, « Coiling of viscous jets », *Proc. Roy. Soc. London* 460 3223 (2004)

Stokes et la sédimentation p. 22

É. Guyon & R. Blanc « La physique de la sédimentation », *La Recherche*, 234 866 (1991)

Poiseuille et les écoulements sanguins p. 24

R.J. Jones, « Blood flow », *Ann. Rev. Fl. Mech.*, 1 223, (1969)

D. Quemada, J. Dufaux, P. Flaud, « L'hydrodynamique du sang », *La Recherche* 254, 584-90 (1993)

L'écoulement de la boue p. 26

P. Coussot, H. Vandamme & C. Ancey, « Des solides coulants », *Pour la Science* 273 34 (2000)

H. Vandamme, E. Lemaire & P. Levitz, « La physique de la boue », *Pour la Science* 167 82 (1991)

P. Coussot & C. Ancey, *Rhéologie des pâtes et suspensions,* EDP Sciences (2000)

L'effet Weissenberg et la viscoélasticité p. 28

G. Couarraze & J. Grossiord, *Initiation à la rhéologie*, Lavoisier Tech. et Doc (2000)

Des fleuves de glace p. 30

L.A. Lliboutry, *Very slow flows of solids. Basics of modelling in geodynamical glaciology,* M. Nijhoff (1987)

Pahoehoe ou a'a ? p. 32

D.W. Peterson & R.I. Tilling, « Transition of basaltic lava from pahoehoe to a'a, Kilauea Volcano, Hawaii : field observations and key factors », *J. of volcanology & geothermal research*, 7 271(1980)

Inertie

I. E. Rhyming *Dynamique des fluides*, Presses polytechniques universitaires romandes (1991), chapitre 5

Cavitation : des sous-marins et crevettes p. 38

H. Maris & S. Balibar, « Negative pressure and cavitation in liquid Helium », *Physics Today*, fév. (2000) p. 29

D. Lohse, B. Schmitz & M. Versluis, « Snapping shrimps make flashing bubbles », *Nature* 413 477 (2001)

S. Putterman & K.R. Weninger, « How bubbles turn sound into light », *Ann. Rev. Fl. Mech.* 32 445, (2000)

La cavitation. Mécanismes physiques et aspects industriels. J.-P. Franc et al., Collection Grenoble Sciences (1995)

Henri Coanda et l'effet théière p. 40

J. Walker, « L'effet théière », *Pour la Science* 86 116 (1984)

J.B. Keller, « Teapot effect », *J. App. Phys.* 28 859 (1957)

Magnus et les balles qui tournent p. 42

R.D. Mehta, « Aerodynamics of sport balls », *Ann. Rev. Fl. Mech.*, 17 151 (1985)

A. Durey, *Physique pour les sciences du sport,* Masson (1997)

Bordez le foc ... mais pas trop p. 44

L. Curry, *L'aérodynamique de la voile*, Coll. Bibliovoile (1991)

B. Doyle, « Les voiles de course », *Pour la Science* 239 40 (1997)

R. Garrett, *Symmetry of sailing : The physics of sailing for yachtsmen*, Sheridan House Inc. (1996) (1re édition chez Adlard Coles Nautical, 1987).

Méandres et détours p. 46

R.A. Callander, « River meandering », *Ann. Rev. Fl. Mech.* 10, 129 (1978)

Écoulements redressés p. 48

L. Petit & P. Gondret, « Redressement d'un écoulement alternatif », *J. Phys. II* 2115 (1992)

La chute tortueuse des feuilles mortes p. 50

L. Mahadevan, « Tumbling of a falling card », *C. R. A. S.* 23 IIb 729 (1996)

A. Belmonte, A. H. Eisenberg & E. Moses, «From flutter to tumble: inertial drag and Froude similarity in falling paper», *Phys. Rev. Lett.* 81, 345 (1998)

U. Pesavento & Z. J. Wang, « Falling Paper: Navier-Stokes Solutions, Model of Fluid Forces, and Center of Mass Elevation », *Phys. Rev. Lett.* 93, 144501 (2004)

Capillarité

P.-G. de Gennes, F. Brochard-Wyart & D. Quéré, *Gouttes, bulles, perles et ondes*, Belin, coll. « Echelles » (2002). Nouvelle édition avec Cd-Rom (2005)

Tout n'est que bulle de savon ? p. 54

C.V. Boys, *Soap Bubbles*, Dover Science Books (1959)

Stout ou Pilsner ? p. 56

D.L. Weaire, « De la bulle à la mousse », *La Recherche* 274 246 (1995)

Félix Savart et les cloches d'eau p. 58

C. Clanet, « Les nappes d'eau de Félix Savart », *Bull. SFP* 125 11 (2000)

Le buvard et l'imperméable p. 60

F.M. Auzerais et al., « Transport in sandstone : a study based on 3D microtomography », *Geoph. Res. Lett.* 23 705 (1996)

F.A. Dullien, *Porous media : fluid transport and pore structure*, Academic Press (1992)

Perles d'eau sur une toile d'araignée p. 62

D. Quéré, « Fluid coating on a fiber », *Ann. Rev. Fl. Mech.* 31 347 (1979)

Marangoni et les larmes du vin p. 64

J. Walker, « Les larmes du vin », *Pour la Science* 69 117 (1983)

J.B. Fournier & A.-M. Cazabat, « Tears of wine », *Europhys. Lett.* 20 517 (1992)

A.E. Hosoi & J.W.M. Bush, « Evaporative instabilities in climbing films », *J. Fl. Mech.* 442 217 (2001)

Le discours du champagne p. 66

G. Liger-Belair, « Histoire illustrée d'une bulle de champagne », *Bull. SFP* 127, 9 (2000)

E. Zarifan, C. Coutant, G. Liger-Belair, « *Bulle de champagne* (album) » (2005)

Tourbillons

Une tordade dans votre baignoire p. 70

É. Guyon & L. Petit, « De la vidange d'une baignoire à la cascade turbulente », *Eur. J. Phys.* 1 (1980)

P. Petitjeans & F. Bottusci, « Structures tourbillonaires étirées : les filaments de vorticité », *Bull. SFP*, 132, 4 (2001)

Cyclones et force de Coriolis p. 72

M. Rochas, « La prévision pour le jour J », *Atmosphériques* (Méteo France) juillet 2004 p. 38

Trou d'ozone et vortex polaire p. 74

B. Legras, « Le trou d'ozone et le vortex polaire », *Bull. SFP* 115 4 (1998)

La tache rouge de Jupiter p. 76

R. Hide, « Origin of Jupiter's great red spot », *Nature* 190 895 (1961)

R. Hide, « Jupiter's Great Red Spot », *Scientific American*, 218, février (1968), p. 74 - 82

J. Sommeria, S.D. Meyers & H.L. Swinney, « Laboratory simulation of Jupiter's great red spot », *Nature*, 331 689 (1998)

T.E. Dowling & A.P. Ingersoll, « *Jupiter's Great Red Spot as a shallow water system* », *J. Atmos. Sci.* 46, 3256-3278 (1989)

Hydrodynamique et constante de Planck p. 78

J.R. Abo-Shaeer, C. Raman, J.M. Vogels & W. Ketterle, « Observation of vortex lattices in Bose-Einstein condensates », *Science* 292, 476-479 (2001)

G.A. Williams & R.E. Packard, « A technique for photographing vortex positions in rotating superfluid helium », *J. Low. Temp. Phys.* 39 553 (1980)

Les ronds de fumée : de l'Etna aux dauphins p. 80

H. Yamada, T. Matsui, « Preliminary study of mutual slip through a pair of vortices », *Phys. Fluids* 21, 292 (1978)

Avions et circulation p. 82

D. Anderson et Scott Eberhardt, *Understanding Flight*, McGraw-Hill (2001)

J.-P. Hulin, É. Guyon & P. Petitjeans, « Avions et tourbillons », *Bulletin de l'Union des Physiciens* n° 852, 97, 377-386 (2003)

Comment marcher sur l'eau ? p. 84

D.L. Hu, B. Chang & J.W.M. Bush, « The hydrodynamics of water strider locomotion », *Nature*, 424 663 (2003)

Turbulence

U. Frisch, *Turbulence; the legacy of A.N. Kolmogorov,* Cambridge University Press (1995)

M. Lesieur, *La turbulence,* Presses universitaires de Grenoble (1994)

P. Chassaing, *Turbulence en mécanique des fluides,* Cépaduès (2000)

Léonard de Vinci et la turbulence p. 88

R. Livi et A. Vulpiani (sous la dir. de), *L'héritage de Kolmogorov en physique*, Belin, coll. « Echelles » (2003)

L'automobile ... et son C_x p. 90

W.H. Hucho & G. Sovran, «Aerodynamics of road vehicles», *Ann. Rev. Fl. Mech.* 25, 485, (1993)

Le secret des longs drives p. 92

J. Wesson, *La science du football,* Belin, coll. « Regards » (2004)

Grands et petits champignons p. 94

L.W. Sigurdson, « Flow visualization in turbulent large scale structure research, atlas of visualization », vol. III, *Flow Vis. Soc. Japan*, eds. CRC Press (1997) p. 99-113.

B. Peck & L.W. Sigurdson, « The 3 dimensional vortex structure of an impacting water drop », *Physics of Fluids* 6, 564-78 (1994)

J.E. Burkhalter & E.L. Koschmieder, « Steady supercritical Taylor vortex flow » 58, 547-69 (1973)

E.L. Koschmieder, « Turbulent Taylor vortex flow », *J. Fluid. Mech.* 93, 515 (1979)

Allées de tourbillons derrière un obstacle p. 96

C. Mathis, M. Provansal & L. Boyer, « The Bénard von Karman instability : an experimental study near the threshold », *J. Phys. Lett.* Paris 45, L483 (1984)

M. Provansal, C. Mathis & L. Boyer, « Bénard-von Karman instability : transient and forced regimes », *J. Fluid Mech.* 182, 1-22 (1987)

S. Goujon-Durand, P. Jenffer & J.-E. Wesfreid, « Downstream evolution of the Bénard–von Karman instability », *Phys. Rev. E* 50, 308 (1994)

L'arroseur arrosé... p. 98

E. de Langre, *Fluides et solides,* Ed. de l'École Polytechnique, chapitre 3 (2001)

Z. Zhang, S. Childress, A. Libchaber & M. Shelley, « Flexible filaments in a flowing soap film as a model for a one-dimensional flag in a 2 D wind », *Nature*, 408, 835 (2000)

Jeux en tous genres p. 100

O. Darrigol, « From organ pipes to atmospheric motions: Helmholtz on fluid mechanics », *Historical Studies in the Physical and Biological Sciences*, 29, part 2, 1 (1999)

B. Fabre & A. Hirschberg, « Physical modeling of flute instruments », *Acustica* 86 599 (2000)

Des vagues dans les nuages p. 102

S.A. Thorpe, « Experiments on the instability of stratified shear flows : immiscible fluids », *J. Fl. Mech.* 39 25 (1971)

Tourbillons de marée à Naruto p. 104

G.L. Brown & A. Rohsko, « On density effect and large structure in turbulent mixing layers », *J. Fluid. Mech.* 64 775 (1974)

Petit tourbillon deviendra grand ! p. 106

« Turbulence à une et à deux dimensions », *Images de la Physique 2001-2002*, CNRS département SPM, téléchargeable sur :
www.spm.cnrs-dir.fr/actions/publications/idp/IdP01-02/14.pdf

Y. Couder, « Two dimensional grid turbulence in a thin liquid film », *J. Phys. Lett.* 45 353 (1984)

H. Kellay & J. Rouch, « Velocity fluctuations of a column of water streaming down a wire », *Eur. Phys. J/ B*, 4, 121 (1998)

Un mauvais mélange dans l'Amazone p. 108

« Hydrological & geochemical processes in large scale river basins », numéro spécial de *Hydrological Processes*, 17 n° 7, P.T. Seyler et N.E. Peters éditeurs, Wiley Interscience (2003)

Ondes

I. E. Rhyming *Dynamique des fluides*, Presses polytechniques universitaires romandes (1991)

La diversité des vagues p. 112

M.J. Lighthill, *Waves in fluids*, Cambridge University Press (1978)

Mascarets, pororocas, et autres barres p. 116

D. Lynch, « Les mascarets », *Pour la Science* 62 50 (1982)

F. Hélein, « Les promesses des solitons », *La Recherche* 343, p. 54 (2001)

M. Peyrard et T. Dauxois, *Physique des Solitons*, EDP Sciences-CNRS Editions (2004)

Ressauts en tous genres p. 118

J. Walker, « Ressaut hydraulique dans un évier », *Pour la Science* 44 139 (1981)

Ondes de choc et bang sonique p. 120

R.P. Feynman, R.B. Leighton et M. Sands, *Le cours de physique de Feynman Mécanique 2* Dunod, chap. 26 (1998)

Du canard au porte-avions p. 122

F.S. Crawford, « Elementary derivation of the wake pattern of a boat », *Am. J. Phys.* 52 782 (1984)

Instabilités

Rayleigh-Bénard et les nuages p. 126

K.A. Emanuel, *Atmospheric convection*, Oxford University Press (1994)

Des doigts de sel p. 128

C.J. Talbot & M.P.A. Jackson, « Les remontées de sel », *Pour la Science* 120 46 (1987)

« The time for depth imaging», *Schlumberger Oilfield Review*, vol. 14, n° 1 9 (2002)

Rayleigh-Taylor et les fontaines liquides p. 130

M. Fermigier, L. Limat, J.-E. Wesfreid, J.-E. Boudinet & C. Quillet, « Two dimensional patterns in Rayleigh-Taylor instability of a thin layer », *J. Fluid. Mech.* 236 349 (1992)

Doigts et dendrites p. 132

Y. Couder, O. Cardoso, D. Dupuy, P. Tavernier & W. Thom, « Dendritic growth in the Saffman-Taylor instability », *Europhys. Lett.*, 2 L437 (1986)

L'instabilité de l'imprimeur p. 134

L. Bellon, L. Fourtune, V. Terminassian & M. Rabaud, « Wave number seclection and parity breaking bifurcation in directional viscous fingering », *Phys. Rev. E* 58 565 (1998)

Flamme de prémélange p. 136

P. Pelcé & P. Clavin, « Influence of hydrodynamics and diffusion upon the stability limits of laminar premixed flames », *J. Fl. Mech.* 124 219 (1982)

L. Boyer, *Feu et flamme*, Belin, coll. « Bibliothèque scientifique » (2006)

Granulaires

J. Duran, *Sables émouvants*, Belin, coll. « Bibliothèque scientifique » (2003)

É. Guyon & J.P. Troadec, *Du sac de billes au tas de sable*, O. Jacob (1994)

Le sablier p. 140

R.M. Nedderman, *Statics and kinematics of Granular Materials*, Cambridge University Press (2005)

Dilatance p. 142

J. Duran, *Sables, poudres et grains*, Eyrolles (1997)

Les avalanches p. 144

S. Douady, B. Andreotti, A. Daerr, & P. Cladé, « From a grain to avalanches : on the physics of granular surface flows », *Comptes Rendus Phys.* 3 177 (2002)

Stratification de grains en écoulement p. 146

H.A. Makse, S. Havlin, P.R. King, & H.E. Stanley, « Spontaneous stratification in granular mixtures », *Nature* 386 379 (1997)

La genèse des dunes p. 148

G. Sauermann, P. Rognon, A. Poliakov & H.J. Herrmann, « The shape of the barkan dunes of the southern Morocco », *Geomorphology* 36 47 (2000)

Rides sous-marines p. 150

A. Stegner & G. Rousseaux « Dynamique de l'interface sable-fluide; des rides de sable aux dunes sous-marines », *Bull. SFP* 129 4 (2001)

Retrouvez des liens Internet et d'autres compléments sur le site des Éditions Belin :
http://www.editions-belin.com/belin.asp?ad=o003557

Anémométrie : mesure de la vitesse d'un fluide. L'anémométrie à fil chaud et l'anémométrie laser Doppler permettent de suivre en un point des variations rapides d'une ou plusieurs composantes de la vitesse de l'écoulement. La vélocimétrie par imagerie de particules déduit, elle, le champ de vitesse du fluide à partir du déplacement de fines particules entre deux images obtenues à des temps très voisins.

Cavitation : pour un écoulement liquide, la baisse de pression associée à une forte augmentation de vitesse (voir équation de Bernoulli*) peut induire l'apparition de bulles ou de poches de vapeur.

Circulation : intégrale curviligne, le long d'un circuit fermé tracé dans un écoulement, de la composante de la vitesse d'écoulement tangente à la courbe. Elle caractérise la force d'un filament de tourbillon.

Cisaillement : écoulement tel que les couches de matière glissent les unes par rapport aux autres. Un écoulement de cisaillement simple aura une vitesse toujours parallèle à la même direction, mais variable quand on se déplace dans la direction perpendiculaire.

Contraintes : forces s'exerçant sur l'unité de surface d'un fluide ou un solide. Dans les écoulements simples (newtoniens), elles sont associées à la pression (contraintes purement normales) ou à la viscosité (contraintes tangentielles dans le cas d'un cisaillement simple*).

Couche de mélange : zone frontière entre deux écoulements parallèles contigus de vitesses différentes.

Couche limite : couche sur laquelle s'effectue aux grands nombres de Reynolds* la transition entre une vitesse relative nulle sur une paroi solide (condition imposée par la viscosité), et un champ de vitesse extérieur. Elle est d'autant plus mince que le nombre de Reynolds est élevé.

Diffusion : processus de transport dans lequel le flux de la quantité transportée (e.g. la masse) est proportionnel au gradient (ou variation locale) de la quantité (e.g. la concentration) dont les variations sont à l'origine du flux.

Écoulement de Couette : écoulement entre deux cylindres concentriques en rotation l'un par rapport à l'autre, ou entre deux plaques parallèles en mouvement relatif parallèlement à leur plan. Le fluide entre les surfaces solides est soumis à un cisaillement* simple.

Écoulement élongationnel : écoulement dans lequel les volumes de fluide sont étirés dans une direction, et comprimés dans les directions perpendiculaires. Dans ce cas, il existe des contraintes normales dues à la viscosité.

Écoulement laminaire : écoulement tel que la vitesse, constante ou lentement variable au cours du temps, varie lentement avec la distance (s'oppose à la notion d'écoulement turbulent*). Des écoulements parallèles peuvent rester laminaires jusqu'à des nombres de Reynolds élevés tant que des instabilités ne se développent pas.

Écoulement de Poiseuille : écoulement laminaire* entre deux plaques parallèles fixes (ou à l'intérieur d'un tube) induit par un gradient de pression uniforme parallèle aux plaques (ou à l'axe du tube). La vitesse du fluide est partout parallèle au gradient de pression, et présente un profil parabolique de variation avec la distance aux parois (elle s'annule sur ces dernières et est maximale à mi-distance entre les plaques ou sur l'axe du tube).

Écoulement stationnaire : écoulement pour lequel la vitesse est constante au cours du temps en tout point.

Écoulement turbulent : écoulement à grand nombre de Reynolds* caractérisé par une composante de vitesse qui fluctue rapidement au cours du temps et avec la distance, superposée à un écoulement moyen plus lentement variable.

Équation de Bernoulli : pour un fluide parfait sans viscosité*, la conservation de l'énergie d'un volume de fluide dans son mouvement s'exprime pour un écoulement stationnaire* par l'invariance de la quantité $p + \rho v^2/2 + \rho g z$ le long d'une ligne de courant (p est la pression, v et ρ la vitesse et la masse volumique du fluide, g la valeur de la pesanteur et z l'altitude). Dans le cas particulier d'un écoulement sans vorticité*, cette quantité est constante dans tout le volume de fluide.

Équation de Laplace-Young : pour une interface sphérique de rayon de courbure R, la différence de pression de part et d'autre de l'interface résultant de la tension superficielle est donnée par $\Delta p = 2\gamma/R$ (γ est la tension superficielle*). La pression est plus élevée du côté du centre de courbure. Pour une surface plus complexe, $2/R$ doit être remplacé par la courbure moyenne.

Équation de Navier-Stokes : équation de mouvement d'un fluide visqueux simple (dit newtonien):

$$\rho \frac{\mathrm{d}v}{\mathrm{d}t} = \rho \frac{\partial v}{\partial t} + \rho\,(v.\ \mathrm{grad})\ v = -\mathrm{grad}\ p + \rho g + \eta \Delta v$$

Elle exprime la relation entre l'accélération $\mathrm{d}\boldsymbol{v}/\mathrm{d}t$ d'un volume unitaire de fluide, la pression p, les forces dues à la viscosité* (notée η) et les forces externes, comme la pesanteur g. L'accélération $\mathrm{d}\boldsymbol{v}/\mathrm{d}t$, dite lagrangienne, correspond à la variation de vitesse observée lorsqu'on suit la trajectoire du volume de fluide ; la dérivée $\partial \boldsymbol{v}/\partial \boldsymbol{t}$ correspond à la variation de vitesse en un point fixe dans le référentiel du laboratoire.

Équation de Stokes : forme de l'équation de mouvement pour des écoulements rampants (Re << 1) stationnaires ou quasi-stationnaires, pour lesquels le premier membre de l'équation de Navier-Stokes* peut être considéré comme nul.

Force de Coriolis : force exercée sur les éléments d'un fluide en rotation à vitesse angulaire Ω. Sa valeur par unité de volume est : $\boldsymbol{f}_c = -2\boldsymbol{\Omega} \wedge \boldsymbol{v}$ où Ω est le vecteur rotation et où $\boldsymbol{v}$ représente la vitesse du fluide dans le repère tournant.

Force de Magnus : un obstacle cylindrique placé dans un écoulement de vitesse $\boldsymbol{U}$ perpendiculaire à son axe est soumis à une force $\boldsymbol{F}_M$ proportionnelle à U et à la circulation C du vecteur vitesse autour de l'obstacle. La force de Magnus $\boldsymbol{F}_M$ est perpendiculaire à $\boldsymbol{U}$ et à la longueur du cylindre, avec $\boldsymbol{F}_M = \rho \boldsymbol{U} \wedge \boldsymbol{C}$ où le vecteur circulation $\boldsymbol{C}$ est parallèle à la longueur du cylindre et de norme C, et ρ est la masse volumique.

Force de Stokes : force sur une sphère induite par un écoulement rampant (Re << 1) autour de cette dernière, de valeur $F_s = 6\pi\eta RU$ (η est la viscosité*, R le rayon de la sphère et U la vitesse relative du fluide par rapport à la sphère loin de cette dernière).

Géostrophique : se dit d'un écoulement dans un référentiel tournant à une vitesse angulaire Ω, dans lequel les forces de Coriolis dominent celles d'inertie ($\Omega >> U/L$) et sont alors équilibrées uniquement par les gradients de pression. Les écoulements atmosphériques à grande échelle (centaines ou milliers de kilomètres) peuvent être considérés comme géostrophiques.

Hélium superfluide : état de viscosité nulle de l'hélium liquide (au-dessous de 2,17 K pour l'isotope 4) : la circulation du vecteur vitesse autour d'un filament de tourbillon est multiple de h/m (h est la constante de Planck, et m la masse de l'atome d'hélium). La superfluidité a été aussi mise en évidence dans l'isotope 3 de l'hélium au-dessous de 2.10^{-3} K et dans des phases condensées d'atomes (les condensats de Bose-Einstein).

Instabilité de Bénard-Marangoni : une couche horizontale liquide dont la surface supérieure est libre, chauffée par en dessous, devient instable au-delà d'une valeur seuil du gradient de température. Les forces déstabilisantes sont les gradients de tension superficielle entre des points de la surface de températures différentes (effet Marangoni*).

Instabilité de Bénard-von Karman : émission périodique de tourbillons de sens alternés en aval d'un obstacle cylindrique perpendiculaire à un écoulement. La structure apparaît au-delà d'un nombre de Reynolds* seuil et persiste même quand l'écoulement devient turbulent.

Instabilité de Kelvin-Helmholtz : l'instabilité se développe à la frontière entre écoulements parallèles de vitesses différentes. Elle est à l'origine du développement des couches de mélange*.

Instabilité de Rayleigh-Bénard : instabilité apparaissant dans une couche fluide horizontale limitée par deux plaques solides et chauffée par en dessous, au-delà d'une valeur seuil du gradient de température. Elle est liée à la poussée d'Archimède résultant des variations de densité du fluide dues aux hétérogénéités de température.

Instabilité de Taylor-Couette : instabilité d'un fluide entre deux cylindres concentriques en rotation relative, apparaissant en particulier lorsque seul le cylindre intérieur tourne. Cette instabilité est liée à la force centrifuge et prend la forme de rouleaux toriques de sens de circulation alterné.

Lignes de courant : réseau de lignes continues tangentes en tout point au vecteur vitesse local à un instant donné.

Loi de Darcy : relation entre le gradient de pression $\Delta p/L$ et le débit moyen Q/S de fluide par unité de surface dans un milieu poreux : $\frac{Q}{S} = \frac{K\Delta p}{\eta L}$. La géométrie et la structure de l'espace des pores du milieu est caractérisée par la perméabilité* K.

Longueur capillaire : distance caractéristique $l_c = \sqrt{\frac{\gamma}{\rho g}}$ sur laquelle les effets de gravité et de capillarité sont du même ordre de grandeur

Marangoni (effet) : écoulement et déformation de surface induits par des variations de tension superficielle d'un point à l'autre d'une interface.

Nombre de Froude : rapport entre la vitesse d'un liquide à la surface libre (ou une interface avec un autre liquide) et la vitesse des ondes à la surface de ce liquide

Nombre de Mach : rapport $M = v/c$ (v est la vitesse relative d'un corps solide et d'un fluide, et c la vitesse du son dans le fluide). On parle d'écoulement subsonique si M < 1 et supersonique si M > 1.

Nombre de Reynolds : rapport $Re = vd/\nu$ (v est la vitesse du fluide, d la taille caractéristique de l'écoulement, et ν la viscosité cinématique*). Il caractérise le rapport des effets de la convection à ceux de la viscosité.

Aux petits nombres de Reynolds (Re << 1), on a des écoulements rampants pour lesquels la viscosité est dominante, et, aux nombres de Reynolds très élevés, des écoulements turbulents* pour lesquels l'inertie domine.

Ondes de choc : surface sur laquelle la vitesse d'écoulement passe brusquement d'une valeur inférieure à une valeur supérieure à la vitesse du son. Une onde de choc est également marquée par une discontinuité brusque de la pression. Il apparaît en particulier des ondes de choc dans les écoulements supersoniques à l'intérieur d'un canal ou d'une tuyère, ou près de mobiles se déplaçant à une vitesse proche de celle du son ou supérieure à cette dernière.

Onde de gravité : ondes à la surface d'un fluide dont la propagation résulte des forces d'inertie et de gravité.
- ***En eau profonde*** : Quand la profondeur h de la couche d'eau est grande devant la longueur d'onde λ ($h >> \lambda$), la vitesse de phase de l'onde vérifie $c_\varphi = \sqrt{\frac{g\lambda}{2\pi}}$ et varie avec la longueur d'onde λ : l'onde est dite dispersive et la vitesse de transport de l'énergie, ou vitesse de groupe*, vérifie $c_g = \frac{c_\varphi}{2}$. Il existe également des ondes capillaires de plus courte longueur d'onde dont la propagation est liée aux forces de capillarité et à l'inertie.
- ***En eau peu profonde*** : quand l'épaisseur h est faible devant la longueur d'onde ($h << \lambda$) la vitesse de l'onde vérifie $c = \sqrt{gh}$ et est indépendante de la longueur d'onde : l'onde est non dispersive, et on a $c_\varphi = c_g = c$.

Perméabilité : grandeur caractérisant la facilité avec laquelle un fluide passe à travers un milieu poreux, et introduite dans la loi de Darcy*.

Porosité : fraction du volume d'un matériau poreux occupée par les espaces vides ou pores.

Portance : composante de la force exercée sur un objet ou un mobile en mouvement, par rapport à une direction perpendiculaire à la vitesse relative du fluide et de l'objet. La portance résulte de la force de Magnus*.

Ressaut hydraulique : discontinuité de l'épaisseur et de la vitesse d'une couche liquide. Elle correspond à une transition entre un régime à nombre de Froude* supérieur à l'unité, tel que les ondes de surface ne peuvent remonter le courant, et un nombre de Froude inférieur à 1.

Rhéologie : science étudiant la relation entre la déformation et l'écoulement des matériaux sous contrainte d'une part, et les sollicitations imposées de l'autre.

Sédimentation : chute de particules ou d'une suspension de particules à l'intérieur d'un fluide moins dense que ces particules.

Sillage : zone derrière un objet solide en mouvement par rapport à un fluide, où l'écoulement du fluide est perturbé par la présence de l'objet.

Tension superficielle : énergie par unité de surface d'une interface entre un liquide et un gaz (ou entre deux liquides). Elle s'exprime aussi comme une force par unité de longueur de ligne tracée sur l'interface.

Tourbillon (ou vortex) : structure d'écoulement pour lequel la vorticité est concentrée dans une zone centrale de petit diamètre (le cœur) et est nulle en dehors de cette dernière. Les filaments de tourbillons doivent soit avoir leurs extrémités sur une paroi solide, soit se refermer en boucle (anneau tourbillon). Un tourbillon est caractérisé par sa circulation*.

Trajectoires : ensemble des positions successives d'un très petit volume matériel de fluide (volume toujours formé des mêmes atomes).

Traînée : composante de la force exercée sur un objet ou un mobile en mouvement, suivant la direction de la vitesse relative du fluide et de l'objet.

Viscosité cinématique : $\nu = \eta/\rho$ est le rapport de la viscosité dynamique* η à la masse volumique ρ du fluide. La viscosité cinématique est le coefficient de diffusion* de la quantité de mouvement, analogue au coefficient de diffusion moléculaire pour la concentration.

Viscosité dynamique : caractérise les forces de friction dans un liquide soumis à un gradient de vitesse. Pour deux plaques parallèles en regard de surface S, séparées d'une distance d et en mouvement relatif dans leur plan à une vitesse V, la contrainte F/S exercée sur les plaques est reliée à la viscosité dynamique η par :

$$F/S = \eta\, V/d$$

Vitesse de propagation (ou célérité) d'une onde
- ***Vitesse de phase :*** vitesse de propagation d'une onde monochromatique correspondant à une oscillation sinusoïdale simple de fréquence et longueur d'onde bien définie (de la surface d'un fluide par exemple).
- ***Vitesse de groupe*** : vitesse de propagation de l'énergie d'un paquet d'ondes de fréquences et de longueurs d'onde différentes.

Vorticité : rotationnel de la vitesse caractérisant la rotation locale du fluide sur lui-même. Elle peut être distribuée dans tout l'écoulement, ou concentrée dans des cœurs de vortex ou de filaments de tourbillons*.

Vortex : voir tourbillon.

Crédits photographiques

Couverture : Reprinted with permission from B. J. Fischer, A. A. Darhuber and S. M. Troian, « Front Propagation and Branching Dynamics in Surfactant Driven Spreading », Phys. Fluids 13 (9), S11 (2001). Copyright 2001, American Institute of Physics.

Partie 1 p. 8 : Document NASA, Landsat • p. 10 : 1. O. Cadot et T. Pichon, ENSTA, Palaiseau ; 2 Dessin O. Reynolds (1883) ; 3. P. Jenffer et J.-C. Deroche, U.P. 11, Orsay ; p. 12 : 3 Doc. ENSTA communiqué par M. Devillers ; p. 14 : 1 et 3 D'après A. Ould El Moctar, N. Aubry et A. Goullet, NJIT, New-Jersey (USA) ; p. 16 : 1 et 2 Doc. A. Ajdari, A.D. Stroock, S. Dertinger, I. Mezic, H.A. Stone and G. Whitesides communiqués par A. Ajdari, PCT-ESPCI, Paris • p. 18 : 1 et 2 O. Dapremont et M. Martin, PMMH-ESPCI, Paris ; 3. V. Widmer, CAMAG, Muttenz (Switzerland) • p. 20 : 1a F. Frankel et L. Mahadevan, M.I.T. (USA) ; 1b et 3 N. Ribe, IPGP, Paris ; 2 C. Mitescu & J. Koulakis, Pomona College, CA, USA • p. 22 : 1 Christophe Michel/Paxal Image ; 2 M. Coutanceau, Laboratoire d'études aérodynamiques, U. Poitiers • p. 24 : 1 et 3 P. Dantan, MSC, U. Paris 7, Paris ; 2. ISM/D. Kunkel ; 4. J.-J. Durussel, MSC, U. Paris 7, Paris • p. 26 : 1 Coll. C.E.V ; 2 et 3 d'après P. Coussot et O. Coussy • p. 28 : 1 et 3 J. Bico, R. Welsh et G. McKinley, Non-Newtonian Fluid Dynamics Research Group, MIT, MA (USA) ; 2 C. Allain, P. Perrot, D. Senis, FAST, Orsay • p. 30 : 1 Cliché A.R. Post, 1957, Glacier Photograph Collection, National Flow and Ice Data center, U. Colorado, Boulder, CO (USA) ; Canadian Space Agency/NASA/Ohio State U., satellite Radarsat, J.P.L., Alaska SAR facility (Fév. 2001) • p. 32 : 1 M. Moreira, Lab. Géochimie et Cosmochimie, I.P.G., Paris ; 2 United States Geological Survey (USGS), www.ngdc.noaa.gov ; 3 W.W. Chadwick, USGS, www.ngdc.noaa.gov.

Partie 2 p. 34 : Doc. M. Chombart de Lauwe communiqué par P. Bot • p. 36 : 1 Christophe Michel/Paxal Image • p. 38 : 1 HSVA (Hamburgische Schiffbau-Versuchsanstalt Gmbh, Hamburg-Allemagne). 2 L.A. Crum, acoustics and electromagnetics dept., Applied Physics Lab., Univ. Washington USA ; 3 P. Jenffer, PMMH, ESPCI, Paris • p. 40 : 1 Christophe Michel/Paxal Image ; 3 C. Rousselin, Palais de la Découverte, Paris • p. 42 1 Montage réalisé à partir d'une vidéo analysée par M. Fermigier, PMMH, ESPCI, Paris. 3 R.D. Mehta, NASA Ames Research Center et Cislunar Aerospace Inc., CA (USA) • p. 44: 1 M. Rabaud, FAST, Orsay (France) ; 3 M. Tlas, M. Talice, G. Delussu, CFD area, CRS4 Center for Advanced Studies, Research and Development in Sardinia, Cagliari (Italie) • p. 46 : 1 Cliché Dominik Photos 08, Monthermé, Ardennes (remerciements à P. Avril et A. Paterson pour la recherche et l'obtention de ce document) ; 2 Cliché station spatiale internationale communiqué par le Earth Observations Laboratory, NASA, Johnson Space Center • p. 48 : 1 J. Badro et L. Petit, Lab. Physique - Ens Lyon ; 3 M. Simon, Dept. of Physics, UCLA (USA) (expérience conçue par I. Rudnick) • p. 50 1 J. Wang, Dept. of Theoretical and Applied Mechanics, Cornell University, NY (USA) ; 2 A. Belmonte, Dept. of Physics, Pennsylvania State University, PA (USA).

Partie 3 p. 52 : A. Hart-Davis, Bristol, G.B. • p. 54 : 1 National Gallery of Art, Washington ; 3 Christophe Michel/Paxal Image ; 4 (g) C. Rousselin, Palais de la Découverte, Paris. (d) J.-P. Laporte, ENS, Paris • p. 56 : 1 Christophe Michel/Paxal Image ; 2 J.-J. Cilliers, Froth and Foam Research Group, Dept. of Chemical Engineering, UMIST, Manchester, G. B ; 3 A. van der Net & S. Hutzler, Phys. Dept, Trinity College, Dublin (Irlande) ; 4 R. Mokso, P. Cloetens et F. Graner, Lab. Spectrométrie Physique, U. Joseph Fourier, Grenoble. Reconstitution 3D d'après des images de tomographie X réalisées à l'ESRF • p. 58 : 1 avec l'aimable autorisation de Tim Davis, Houston, TX (USA) ; 2 et 4 C. Clanet, IRPHE, U. Marseille I • p. 60 : 1 avec l'aimable autorisation de Schlumberger Oilfield Review (printemps 2002) ; 2 C. Clanet (IRPHE), D. Quéré, LPMC, Collège de France ; M. Fermigier. PMMH, ESPCI, Paris • p. 62 : 1 Digital Vision ; 2 C. Clanet (IRPHE), D. Quéré (LPMC, Collège de France) ; M. Fermigier, PMMH, ESPCI, Paris • p. 64 : 1 Christophe Michel/Paxal Image ; 3 A.M. Cazabat, LPMC, Collège de France, Paris • p. 66 : 1 R. Loisiel, Studio Amarante, Putot-en-Bessin (Calvados) ; 2 G. Liger Belair. Lab. d'Œnologie et de Chimie Appliquées, U. Reims.

Partie 4 p. 68 : Martine Manfredi • p. 70 :1. T. Bohr, Biophysics and complex systems group, Technical Univ. of Denmark, Lyngby, Danemark ; 3. P. Petitjeans, PMMH-ESPCI, Paris • p. 72 : 1 Document NASA ; 3 Document mis en forme par C. Fons et communiqué par la revue Atmosphériques (Météorologie Nationale) • p. 74 : 1 Doc. NOAA (National Oceanic and Atmospheric Administration) communiqué par C. Long ; 2 NCEP - National Centers for Environmental Prediction ; 3 B. Legras et T.Y. Koh, LMD, ENS, Paris • p. 76 : 1. NASA/JPL/Univ. of Arizona, sonde Voyager 2 ; 2 T.E. Dowling et A.P. Ingersoll, Div. of geological and planetary sciences, Caltech, Pasadena, CA ; J. Sommeria, S.D. Meyers et H.L. Swinney, Center for non linear dynamics, U. of Texas (Austin) • p. 78 : 1 W. Ketterle, MIT-Harvard Center for ultracold atoms, MIT, MA (USA) ; 2 R. Packard et G. Williams, Department of Physics, U.C. Berkeley, CA (USA) • p. 80 : 1. Dr. J. Alean, Eglisau (Suisse) ; 2. Earthtrust's Project Delphis ; 4. avec l'aimable autorisation de H. Yamada et T. Matsui • p. 82 : 1. NASA Langley research center ; 2. O. Cadot et T. Pichon, ENSTA, Palaiseau • p. 84 : 1 et 2 Reprinted by permission from Nature (« The hydrodynamics of water strider locomotion » by David L. Hu, Brian Chan & John W. M. Bush © 2003, Macmillan Publishers Ltd ; 3. D'après un schéma de J. Bush et D.L. Hu, Dept. of Mathematics, MIT, MA (USA).

Partie 5 p. 86 R. M. Weikle, II University of Virginia, Charlottesville, VA (USA) • p. 88 : 1 Windsor Royal Library (Ref. 12660v), extrait du Codex Atlanticus ; 2 M. Farge, K. Schneider, G. Pellegrino, A.A. Wray et R.S. Rogallo, LMD, ENS, Paris ; Y. Couder, O. Cadot, LPS, ENS, Paris • p. 90 : 1a et b Document Photothèque Renault ; 2 PSA Peugeot-Citröen, Vélizy-Villacoublay, communiqué par J.-L. Aider • p. 92 : 1 J.-M. Pallis et R.D. Mehta, NASA Ames Research Center et Cislunar Aerospace Inc., CA (USA) ; 2 H. Werlé, ONERA, Châtillon • p. 94 : 1 Montage L.W. Sigurdson, Vortex Fluid Dynamics Lab. Department of Mechanical Engineering, Univ. Alberta, Edmonton (Canada). (d) : B. Peck et L.W. Sigurdson. (g) : avec l'aimable autorisation du US Department of Energy ; 2 J.E. Burkhalter et E.L. Koschmieder • p. 96 : 1 Jeff Schmaltz, MODIS Rapid Response Team (NASA-GSFC) ; 2 B. Thiria, S. Goujon-Durand, J.E. Wesfreid, PMMH, ESPCI, Paris • p. 98 : 1 O. Doare, LadHyx, École Polytechnique, Palaiseau ; 2 J. Zhang et S. Childress, CIMS, Dept. of Physics and Courant Institute, New York University, New-York • p. 100 : 1 Archive photographique www.777life.com ; 3 S. Dequand et A. Hirschberg, Technische Univ. Eindhoven (Pays-Bas) • p. 102 : 1 B.E. Martner, NOAA Environmental Technology Laboratory, Boulder, CO (USA) ; 3 O. Pouliquen, Ladhyx, École Polytechnique, Palaiseau • p. 104 : 1 Doc. Asia-Air-Survey Co. Ltd. et Honshu-Shikoku-Bridge-Authority communiqué par T. Nishimura, Tokyo University of Science, Japon ; (insert) Victoria & Albert Museum, Londres ; 2 L. Bernal, G.L. Brown et A. Roshko, California Institute of Technology, Pasadena, CA (USA) ; 3 G. Silvestrini. Doc. communiqué par M. Lesieur, Laboratoire LEGI, Université de Grenoble • p. 106 : 1 S. Schwartzenberg, © Exploratorium, www.exploratorium.edu, San-Francisco, CA (USA) ; 3 H. Kellay, CPMOH, Univ. Bordeaux, Talence • p. 108 : 1 NASA/GSFC/METI/ ERSDAC/JAROS et US/Japan ASTER Science Team ; 2 H. Bendjoudi, Laboratoire Sisyphe, U. P. et M. Curie, Paris ; 3 F. Muller-Karger, Institute for Marine Remote Sensing/College of Marine Science, Univ. South Florida, St. Petersburg (USA).

Partie 6 p. 110 : J.-P. Parisot, Observatoire de Bordeaux • p. 112 : 3 Mrs. Harry A. Simms Sr. archivé par National Geophysical Data Center www.ngdc.noaa.gov • p. 114 : 1 Cliché Chappert-Butin ; 2 Document Terra Tec As, Lysaker, Norvège transmis par J. Borgeraas et K.A.Garshol et suggéré par F. Ardhuin (services hydrographiques de la marine (SHOM/CMO/REC) ; 3 Belin • p. 116 : 1 Document communiqué par l'Office de tourisme de Moncton, New-Brunswick (Canada) ; 2 J.-P. Parisot, Observatoire de Bordeaux • p. 118 : 1 C. Clanet, IRPHE, U. Marseille I ; 2 T. Bohr, Biophysics and complex systems group, Technical Univ. of Denmark, Lyngby, Danemark ; 3 C. Coronel - Itaipu Binacional (Brésil-Paraguay) • p. 120 : 1 J. Gray, communiqué par Visual News Service, US Navy, Washington DC (USA) ; 2 Doc. Lab. aérothermie Meudon Bellevue (92) communiqué par la Photothèque CNRS • p. 122 : 1 Montage suggéré par C. Lazzarotto et W. Casselman : http://www.math.ubc.ca/ ~cass/courses/m309-01a/carmen/Mainpage.htm). Cliché C. Eskelund, communiqué par le Navy Visual News Service, US Navy, Washington DC (USA). Insert : cliché M. Rabaud, FAST, Orsay ; 3 Doc. communiqué par Dr. H.C. Raven, Maritime Research Institute Netherlands (MARIN) et réalisé à l'aide du code RAPID (MARIN).

Partie 7 p. 124 GettyImages/Darryl Torkler • p. 126 : 1 Y. Hezi, Blaustain Inst. for Desert Research, Ben Gurion Univ. (Israël). Insert Y.-C. Hu et G. Ahlers, UC Santa Barbara, CA (USA) ; 3 Document NASA • p. 128 : 1 Cliché senseur ASTER, réalisé par la collaboration scientifique NASA/GSFC/METI/ERSDAC/JAROS (USA-Japon) ; 3 avec l'aimable autorisation de Schlumberger Oil field Review et Western Geco • p. 130 : 1 Jean Dieuzaide ; 2 M. Fermigier, PMMH, ESPCI, Paris • p. 132 : 1. Y. Couder, O. Cardoso, D. Dupuis, P. Tavernier et W. Thom, LPS, ENS, Paris ; 2 A. Lindner, PMMH, ESPCI, Paris • p. 134 : 1 J.-M. Buchlin. Institut von Karman de Dynamique des Fluides, Rhodes-Saint Genèse (Belgique) ; 2 et 3 Y. Couder, M. Rabaud, L.P.S, ENS, Paris • p. 136 : 1 J. Quinard, IRPHE, U. Marseille I ; 3 J.-M. Truffaut, IRPHE, U. Marseille I.

Partie 8 p. 138 avec l'aimable autorisation de J.-B. Métais. Photo André Morin • p. 140 : 1 S. Bourlès, Lab. GMCM, U. Rennes 1 ; 2 F. Melo, U. de Santiago de Chile, Santiago (Chili) ; 3 Anne et Jacques Six • p. 142 : 1 T. Mourier, IRD, Paris ; 2 Christophe Michel/Paxal Image • p. 144 : 1 B. Andreotti, LPS, ENS, Paris ; 2 S. Bourlès, Lab. GMCM, U. Rennes 1 • p. 146 : 1 et 2 H. Makse, Ben Levich Institute, CUNY, New-York (USA) ; 3 D'après des documents de H. Makse • p. 148 : 1 Goodshoot ; 2. D'après un schéma de F. Rioual, Laboratoire GMCM, U. Rennes 1 ; 3 V. Schatz et H.J. Herrmann, ICA1, Université de Stuttgart (Allemagne) • p. 150 : 1 G. Rousseaux et M. Fermigier, PMMH, ESPCI, Paris ; 2 et 3 G. Rousseaux, PMMH, ESPCI, Paris.

Documents non référencés : É. Guyon, J.-P. Hulin et L. Petit.
Schémas : Thomas Haessig

Imprimé en France par Clerc à Saint-Amand-Montrond
N° d'édition : 003557-01 - Dépôt légal : octobre 2005